Heinz Maier-Leibnitz / Traude Cless-Bernert
Mikrowellen-Kochkurs für Füchse

Heinz Maier-Leibnitz / Traude Cless-Bernert

Mikrowellen-Kochkurs für Füchse

Piper
München Zürich

ISBN 3-492-03026-2
2. Auflage, 7.–11. Tausend 1986
© R. Piper GmbH & Co. KG, München 1986
Umschlag: Federico Luci
Gesetzt aus der Bembo-Antiqua
Gesamtherstellung: Mühlberger, Augsburg
Printed in Germany

Inhalt

> Hier werden in Kästen auch kleine Ratschläge und
> spezielle Erfahrungen beim Kochen aufgeführt.

Bei 600 W erwärmen sich 100 g Wasser in einer Minute
um 60 Grad.
Bei 600 W verdampfen in einer Minute 12 g Wasser.

Bei gleicher MW-Leistung sind die Erhitzungszeiten von
der Kochgutmenge abhängig (zum Beispiel doppelte
Menge – doppelte Kochdauer).

Die verdampfte Wassermenge ist unabhängig von der
vorhandenen Kochgutmenge. Sie wird von der
MW-Leistung und von der Kochdauer bestimmt.

Fisch, in nahezu kochendes Wasser gelegt, braucht
4 Minuten pro cm Dicke.

> Der MW-Herd soll niemals leer, das heißt ohne Wasser
> oder wasserhaltige Substanz betrieben werden.

> 2 cm Wasser vermindern die Wirkung der MW
> auf etwa die Hälfte.

> Geriebene Mandeln und Nüsse sind aus Geschmacks-
> gründen in manchen Fällen in der Messermühle
> zerkleinerten vorzuziehen.

> Vorausplanung vermindert Küchenstreß.

> Tiefgekühltes Obst und Beeren nur unter Luftabschluß
> auftauen, damit Farbe und Geschmack erhalten bleiben.

Geschälte Tomaten lassen sich in Plastiktüte einige Tage
aufbewahren.

Frische Tomaten schälen: in kochendes Wasser geben.
Tiefgekühlte Tomaten schälen: in kaltes Wasser
geben.

Nüsse und aromatische Substanzen im Kühlschrank
aufbewahren.

Zweite Lektion

Die einfachsten Dinge 69

Kein Warmhalten von Speisen! Erkalten lassen und bei
Bedarf kurz aufwärmen.

Achtung: Eier können leicht zerplatzen.

Abdeckung mit Kunststoff-Folie anstelle eines Deckels:
Dampfatmosphäre vermindert Austrocknen an der
Oberfläche.

Folie erleichtert Kochzeitbestimmung, gewölbte Folie zeigt
Kochen an.

In Sauce schwimmende Fleischstücke taucht man durch
Auflegen eines kleinen Tellers unter, um Austrocknen zu
vermeiden.
Überkochen verhindert man durch kurzfristiges
Ausschalten des MW-Herdes oder kleine Leistung.

Speckauslassen unter Schutzdeckel.
Zarte Fleischsorten nicht bis 100 Grad erhitzen.

Nur wasserhaltige Fettsorten erwärmen sich im MW-
Herd, Rinds- und Schweineschmalz werden nur indirekt
(zum Beispiel durch Zugabe von Zwiebeln) heiß.

> Weißbrotwürfel lassen sich gut im MW-Herd rösten.

> Schokolade vorsichtig im MW-Herd schmelzen.

Vierte Lektion

> Kochen und Dünsten sollen so kurz als möglich dauern.

> »Blanchieren« im Tuch: eine MW-spezifische Methode.

> Bedecken mit Folie. Verminderung des Austrocknens der
> Gemüse. Auch bei Trockengemüsen kein Anbrennen oder
> Zerfallen. Kurze Kochdauer bei Tomaten oder Spinat.

> Abschluß gegen Luftsauerstoff verhindert Bitterwerden
> von Auberginen.

Porree gehört zu den wenigen Gemüsen, die mit Wasser
gekocht werden müssen.

Fünfte Lektion

> Das Aussehen des Kuchens bewirken Zutaten wie Nüsse,
> Schokolade oder Dotter.

> Beim Backen niedrige Leistungsstufe verwenden,
> auch Kuchen backen wir mit Folie bedeckt.
> Folie erst knapp vor Ende entfernen.

> Für Unterhitze Backform auf Tassen stellen.

Sechste Lektion

> Schonungsvolles Garen bei Temperaturen,
> die die notwendige Höhe nicht überschreiten.

> Kochen von Fleisch in möglichst kleiner Flüssigkeitsmenge

21

Siebte Lektion: Schlußteil

Die höchste Wärmeentwicklung tritt knapp unterhalb der Oberfläche des Kochguts auf.

Schokolade oder Meringuen können von innen heraus »verbrennen«.

Bei den konventionellen Kochmethoden ist immer die Oberfläche am wärmsten.

Folienabdeckung schafft gleichmäßigere Wärmeverteilung und erspart oft das Rühren.

War das Ausgangsprodukt im Kühlschrank (2–6 Grad), dann dauert das Anwärmen entsprechend länger.

23

> Nach erstem Aufkochen bei voller Leistung,
> zum Fertiggaren auf kleine Leistung umschalten.

> Folienabdeckung empfohlen. Das Aufwölben der Folie
> läßt Kochbeginn bequem erkennen.

> Große Flüssigkeitsmengen kocht man besser in Gefäßen
> mit Deckel; Marmite und Römertopf schließen am besten.

Vorwort

Dieser Band lädt Sie zu kulinarischen Spaziergängen ein, mit Haltepunkten, wo Sie wollen – überall im Buch –, um ein Rezept, das Sie lockt, zu kochen, wenn Sie schon einen Mikrowellenherd haben, um besser zu verstehen, was anders ist als beim normalen Kochen, oder wenn Sie noch keinen haben, um zu prüfen, was die Vor- und Nachteile sind. Wir haben nicht systematisch mit der neuen Technik begonnen, ihren Möglichkeiten und Bedingungen, sondern gleich mit Rezepten, mit Menüs und dazwischen eingestreuten Erklärungen. Sie sollen gleich anfangen können und auf dem Weg weiterlernen. Sie können – so hoffen wir – mit jedem Rezept im Buch beginnen, ohne zurückzublättern. (Von der einzigen Ausnahme, die den Umgang mit den verschiedenen Herdtypen betrifft, wird gleich nach dem Vorwort die Rede sein.)

Die Technik des Mikrowellenkochens ist wirklich neu und anders als die jahrhundertealte Kochkunst, an die wir uns gewöhnt haben. Das für eine neue Methode notwendige neue Denken sollen Sie allmählich anhand der Rezepte kennenlernen, wobei wir im Text mehr und mehr davon erklären. Am Schluß finden Sie dann noch eine systematische Darstellung dafür. Dort erscheinen auch noch einmal alle Rezepte in der in den Kochbüchern üblichen Reihenfolge aufgelistet, mit kurzen Erklärungen. Dies ist ein Kochkurs, deshalb wird vieles mehrmals gesagt. Wer etwas schon kennt, mag es das zweite Mal überschlagen.

Das Mikrowellenkochen ist weltweit noch in einer stürmischen Entwicklung begriffen, natürlich sehr unterschiedlich in den verschiedenen Ländern. In Japan und in den USA ist es am meisten verbreitet, Deutschland hat mit drei Prozent der Haushalte einen guten Mittelplatz, wir erleben aber gerade jetzt eine rasche Ausweitung um 40 Prozent im Jahr. Auch die Kochtechnik hat noch nirgendwo so etwas wie einen endgültigen Stand erreicht. Vieles von dem, was Sie bei uns lesen können, steht noch nirgends, und wir lernen wie die anderen Mikrowellenköche immer weiter dazu. Wir haben von der Tatsache, daß wir Physiker sind, profitiert, um Vorgänge zu erklären, die meist falsch oder lückenhaft dargestellt werden, besonders, aber nicht nur, wenn es sich um Unterschiede zwischen den Kochtechniken handelt.

Aber dies soll trotzdem kein technisches Buch sein. Technisch richtig zu kochen ist auch mit dem Mikrowellenherd leicht. Die Technik soll dazu dienen, Ihnen eine gesunde und wohlschmekkende Ernährung zu ermöglichen. Wir sind keine Gourmetköche, aber was den Geschmack betrifft, möchten wir anspruchsvoll sein. Wir verzichten auf Konserven und überhaupt auf das meiste, was man besser auch frisch haben kann. Aber wir haben nichts gegen ganz einfache Rezepte, etwa Pellkartoffeln oder Forelle blau, wenn wir glauben, daß ihr Geschmack in seiner Art vollkommen ist.

Nicht zuletzt soll dies aber ein menschliches Buch sein. Wir wollen an die berufstätige Hausfrau denken, die seufzt, wenn ein Snob behauptet, zum Kochen müsse man unbegrenzt Zeit haben, sonst könne es nicht gut sein. Und wir wollen es leicht machen, als Köchin oder Koch denen zu dienen, die bei uns essen. Wir haben selbst viel Freude erlebt, mit unseren Kindern, unseren Gästen, zum Teil durch das, was wir ihnen vorgesetzt haben, und durch Gastlichkeit und Geselligkeit überhaupt. Von dieser Freude möchten wir etwas weitergeben.

Wir sind zwei Autoren mit unterschiedlicher Umgebung und Tradition, österreichisch und deutsch. Wir haben natürlich über alles gesprochen, was im Buch steht, aber wir haben nicht versucht, für alles einen Mittelwert unserer Meinungen zu finden. Wir haben geglaubt, daß es dem Leser lieber ist, wenn das Individuelle noch sichtbar ist. Das betrifft natürlich vor allem die Küche, die ja bekanntlich in Österreich sehr deutlich anders ist als in Deutschland, wo wir uns in vielen Gegenden auf Regionales plus französische Einflüsse geeinigt haben. Das geht bis in die Sprache. Ein österreichisches Rezept, in dem das Wort Sahne vorkommt, ist ein Widersinn. Im Zweifelsfall steht neben dem Wort des jeweiligen Autors das der anderen »Sprache«.

Vor dem Kochen aus diesem Buch zu lesen!

Kochen mit verschiedenen Typen von Mikrowellenherden; Leistungsangaben

Natürlich gibt es die verschiedensten Marken und Typen von Mikrowellenherden, und wir werden oft gefragt, wie man unter diesen Umständen Rezepte schreiben kann, die nicht für die verschiedenen Typen verschieden sein müssen. Wir wissen, daß das Verwirrung stiften kann. Wir haben selbst mit etwa sechs verschiedenen Typen gearbeitet. Aber wir glauben, daß wir nach diesen Erfahrungen einen Vorschlag machen können, der sehr einfach ist und deshalb für alle akzeptabel sein könnte.

Wir nehmen einen »Normalherd« an, der eine Mikrowellenleistung von 600 Watt hat, und Leistungsstufen mit 50% und mit 25% dieser Leistung.

Wenn nun ein Herd 720 Watt hat oder 500 Watt, dann bedeutet das, daß die Zeiten bis zum Aufkochen eines Gerichts im ersten Fall um etwa 20% kürzer, im zweiten Fall um ebensoviel länger sein werden. Wer einen solchen Herd hat, wird das bald gewohnheitsmäßig berücksichtigen. Die Garzeiten nach dem Aufkochen hängen nicht so sehr von der Leistung ab, daß man davon viel sprechen müßte.

In den Rezepten werden die drei Leistungsstufen als »volle Leistung« (100%), »mittlere Leistung« (50%) und »schwache Leistung« (25%) angegeben.

Fast nie wird es notwendig sein, daß die schwächeren Leistungsstufen genau definiert sind. Wenn etwa bei der schwächsten Leistungsstufe eine kleine Menge immer noch zu stark kocht, kann man ein Glas mit Wasser dazustellen, oder man kann den Herd an- und abstellen. Ein Herd mit kontinuierlich einstellbarer Leistung ist angenehm, aber nicht notwendig. Wir kochen an einem unserer Wohnsitze immer noch mit einem Herd, der überhaupt keine Leistungsstufen hat – ohne ernsthafte Schwierigkeiten.

Die Probleme sind relativ gering, wenn es sich um eine Speise handelt, die zum Kochen gebracht wird. Schwieriger ist es bei Speisen, die nicht kochen dürfen, etwa bei Fisch. Wir sind aber der Meinung, daß man da weniger nach Zeiten gehen, sondern Indikatoren für den Zustand suchen wird, etwa den Beginn des Aufgehens am Rand bei der Verwendung von Eiern oder Anzeichen von Kochen am Rand. Fisch wird man nach solchen Anzeichen für eine von der Dicke abhängige Zeit nur ziehen lassen, oder man wird mit ganz geringer Leistung der Abkühlung entgegenwirken. Davon wird bei den einzelnen Rezepten die Rede sein und noch einmal, zusammenfassend, im Abschnitt »Praxis« des Buches.

Wir wissen natürlich, daß es Herde gibt, bei denen man den Kochvorgang mit Hilfe eines Thermometers im Kochgut steuern kann, daß es Herde gibt, bei denen man mehr als eine Leistungsstufe zeitlich vorprogrammieren kann, ja solche, bei denen der Kochvorgang automatisch abläuft, wenn man gewisse Angaben über das Gericht, etwa das Gewicht, eingibt. Vieles davon ist sicher nützlich, aber wir sprechen in unserem Buch nicht davon, weil wir den Leser nicht verwirren wollen. Wir müssen ihn also auf die Anleitungen zu diesen speziellen Mikrowellenherden verweisen.

Eine Ausnahme haben wir gemacht: Wir sprechen auch ein wenig von Herden, bei denen die Mikrowelle gleichzeitig mit Ofen oder Grill angewandt werden kann. Der Mikrowellenherd kann ja nie den ganzen Bereich der Kochtechnik abdecken, auch wenn in den Anleitungen oft der Anschein erweckt wird. Wir meinen, daß es oft nützlich sein wird, bei derselben Speise mehr als eine Methode anzuwenden. Wenn das gleichzeitig geschehen kann, dann kann das von Vorteil sein, vielleicht in der Zeit, aber vielleicht auch für das Resultat. Für manche Speisen ist das Optimum die Kochstelle oder der Backofen. Für andere ist es die Mikrowelle. Und für noch andere kann es eine Kombination beider sein.

Erste Lektion

Ziel und Anlage der Lektionen

Das Mikrowellenkochen findet in Europa nur langsam Eingang
in die Haushalte, und selbst wer einen Mikrowellenherd (MW-
Herd) hat, weiß oft nicht viel damit anzufangen, besonders
wenn sie oder er Wert auf gute Küche legt und nicht nur Fertig-
gerichte auftauen und wärmen will. Das ist aber kein großes
Wunder, denn die heutige Kochkunst mit Herd und Ofen ist in
vielen Jahrhunderten entwickelt worden, und was man heute
mit dem MW-Herd anders und oft besser machen kann, das
müssen wir zum großen Teil noch lernen und verbreiten. Die
bisherigen Kochbücher sind keine rechte Hilfe. Da lernt man
zwar Fehler vermeiden, aber zu oft wird alles recht und schlecht
der neuen Methode angepaßt, und dazu wird man sagen können, daß die Gourmet-Komponente fehlt. Noch kein großer
Koch der Weltklasse hat sich, soweit ich weiß, der Mikrowellen-
methode angenommen und darüber publiziert, und dadurch
fehlt es uns an Vorbildern.

Wir haben uns vor etwa zehn Jahren für die neue Methode
begeistert, nachdem wir vorher jahrzehntelang bestrebt waren,
für Familie und Gäste gut und ohne unnötigen Aufwand zu
kochen, in verschiedenen Ländern und unter verschiedenen
Bedingungen. Wir haben versucht, diese Erfahrungen zu übertragen. Dabei ist uns auch zugute gekommen, daß wir beide im
Hauptberuf Experimentalphysiker sind oder waren und so
wenigstens einen Teil der Erscheinungen beim Kochen verstehen können. Mit den Lektionen möchten wir versuchen, unsere
neuen Erfahrungen in kleinen Schritten an unsere Freunde wei-

terzugeben. Die Rezepte sollten auch von weniger erfahrenen Köchen ausgeführt werden können. Wir wissen, wie schwer es ist, verständlich zu schreiben, wie leicht man etwas wegläßt und Fehler macht. Deshalb bitten wir alle unsere Freunde und Leser um Tadel und Korrekturen.

Wir wollen in den Lektionen bestimmte Speisen oder Lebensmittel mit ausführlichen Angaben, Rezepten und Analysen behandeln, vorzugsweise für den MW-Herd, aber nicht ganz auf ihn beschränkt, auch mit Vergleichen zwischen verschiedenen Methoden; denn der MW-Herd soll zwar überall da eingesetzt werden, wo er praktische oder geschmackliche Vorteile verspricht, aber kaum jemand wird an eine Küche denken, in der der konventionelle Herd keine Rolle mehr spielt.

Des weiteren soll in den einzelnen Lektionen versucht werden, einen Teil der Vorgänge zu beschreiben und zu analysieren, die für das Kochen mit Mikrowellen und die dabei verwendeten Hilfsmittel typisch sind – mit dem Ziel, schließlich zu einer einigermaßen vollständigen Kenntnis zu kommen, die über das, was man bisher darüber lesen kann, hinausgeht.

Es soll ferner jeweils viele Rezepte geben, die aus der österreichischen Tradition kommen; Verfasserin ist T. Cless. Ihre Beiträge sind mit (T.) gekennzeichnet, während die Beiträge von Heinz Maier-Leibniz mit (H.) kenntlich gemacht sind. Schließlich sollen (jedenfalls diesmal) zwei Menüs ausführlich behandelt werden, eines, das wenig Arbeit macht und vielleicht gleichzeitig künftige Mahlzeiten vorbereitet, und eines für besondere Gelegenheiten. Ungezwungene Gastlichkeit ist ein Anliegen, das uns auch bei diesen Lektionen motiviert. Diese Einteilung gilt in dieser Form allerdings nur für die Lektionen 1 und 2, später werden wir sie freier handhaben.

Fragen wie Vorratshaltung oder Organisation in der Küche, die sich jeweils aus dem vorher Behandelten ergeben, sollen diesmal in einem letzten Abschnitt behandelt werden.

Arbeitsparende Techniken, auch die dafür geeigneten Geräte einschließlich der Tiefkühltruhe, sollen überall berücksichtigt werden. Der allgemeine Standard soll etwa der sein, den einer von uns in einem früheren Buch (H. Maier-Leibnitz, »Kochbuch für Füchse«, Piper Verlag, München 1980) angestrebt hat: keine Konserven, Erhaltung der Frische und des natürlichen Geschmacks der Lebensmittel, keine Häufung von Gewürzen und Geschmacksnuancen. Wir wollen diese Tendenzen, die natürlich nicht nur wir vertreten, nicht für die einzig richtigen erklären. Aber der Leser hat zumindest den Vorteil, daß von unserer Methode her der Übergang zu einer anderen, etwa der Verwendung von Konserven und Fertigprodukten, leichter ist als umgekehrt.

(Die Mengen der nun folgenden Rezepte gelten allgemein für **4 Personen,** andernfalls steht die Personenzahl neben dem Rezepttitel.)

Beispiele für das Mikrowellenkochen mit Zwiebeln

Wir beginnen mit nichts Spektakulärem, ja mit einem Stiefkind der Küche, weil wir meinen, daß man daran viel lernen kann. Zwiebeln werden in zahlreichen Gerichten als Zutat verwendet. Wir möchten von den Gerichten sprechen, in denen Zwiebeln der Hauptbestandteil sind und wo deshalb ihr charakteristischer und erstaunlich variabler Geschmack voll zur Geltung kommt. Wir werden zudem sehen, daß für die meisten Zubereitungen der MW-Herd besonders geeignet ist.

Es gibt viele Arten von Zwiebeln, auch wenn wir heute nicht sprechen wollen von den Frühlingszwiebeln (auf Englisch *scallions*), bei denen Knolle und Stengel fast wie beim Lauch ineinander übergehen, oder von den Schalotten, die in einer Klasse von feinen Zubereitungen wie etwa der Duxelles unentbehrlich, aber mit den Zwiebeln nicht austauschbar sind. Wir verwenden am häufigsten die gelben Zwiebeln mit relativ fester äußerer Haut. Kleine Exemplare von diesen, mit 2 bis 3 cm Durchmesser, verwende ich gern anstelle der Perlzwiebeln, die beim Schälen viel Mühe machen. Die großen weißen Zwiebeln sind milder, aber auch weniger geschmackvoll als die gelben. Sehr gut sind die roten spanischen und besonders zart die violetten italienischen, die man zur Verwendung in rohem Zustand vorziehen wird.

Ein Problem ist, daß Zwiebeln, zumindest, wenn man nicht besondere Methoden anwendet, oft bitter schmecken. Sicher ist das je nach Sorte verschieden, man muß also probieren. Aber entscheidend ist offenbar die Frische der Zwiebeln. Die großen Köche wie Ali Bab empfehlen ausdrücklich frische Zwiebeln in ihren Rezepten. Es lohnt also, auf den Bauernmarkt zu gehen im Sommer oder Frühherbst, wenn es frische Zwiebeln gibt. Aber es kommt, wie gesagt, auch auf die Zubereitung an. Zwiebeln, wenn man sie in größeren Stücken oder Mengen verwendet, verlangen eine relativ lange Garzeit, *mindestens 20 Minuten*. Langsames Garen in Fett oder vor allem in Milch oder Sahne scheint die Bitterkeit zu vermindern oder ganz wegzunehmen. In Zweifelsfällen, etwa bei der sehr zarten und deshalb besonders empfindlichen *Sauce Soubise*, wird man deshalb die Zwiebeln blanchieren, das heißt, sie, in nicht zu dicke Stücke geteilt, in kochendem Salzwasser *2 Minuten* lang kochen und das Kochwasser wegschütten, auch wenn man den dabei entstehenden Verlust an Mineralstoffen und Vitaminen, an denen Zwiebeln reich sind, bedauert.

Das Schälen vor allem kleiner Zwiebeln kann mühsam sein. Es gelingt leicht, wenn man die Zwiebeln einige Minuten in kochendes Wasser bringt. Den Zwiebelgeruch an den Händen kann man vermeiden, wenn man, soweit möglich, unter fließendem Wasser arbeitet und im übrigen die Hände mit ein paar Tropfen Essig oder Zitrone befeuchtet.

Doch nun zu den Rezepten. Wir gehen von einer Menge von **250 g Zwiebeln** aus, was im allgemeinen für **4 Personen** richtig ist. 250 g entsprechen etwa 200 g in geputztem Zustand.

Zwiebeln und Speck als heißer Aufstrich für Canapés

100 g geschnittenen Frühstücksspeck (Bacon) in quadratzentimeter-große Fleckchen schneiden, in einem flachen Gefäß etwa *4 Minuten* bei voller MW-Leistung zugedeckt erhitzen, bis die Oberfläche Blasen wirft. Inzwischen *250 g Zwiebeln* schälen und mäßig kleinschneiden, mit dem Speck mischen, *3 EL gutes Olivenöl* zugeben und zugedeckt bei voller Leistung zum Kochen bringen. Dann Leistung auf etwa ein Viertel verringern und etwa *15 Minuten* weiterkochen, bis die meiste Flüssigkeit verdampft ist und die Zwiebeln gelb (nicht braun!) zu werden beginnen. *1 kleine Messerspitze Cayenne-Pfeffer* zugeben. Heiß auf geviertelte *Toastscheiben* oder dünne Scheiben von *kleinen Baguettes* streichen und sofort als Appetithappen zum Cocktail reichen.

Kleine Zwiebeln à la grecque

250 g kleine Zwiebeln schälen, in einem flachen Gefäß in einer Lage anordnen, *50 ml (3 EL) gutes Olivenöl* zugeben, mit einem gut passenden Deckel (zum Beispiel einem Porzellanteller) bei voller Leistung *7 Minuten* erhitzen, *70 g Rosinen, 1 TL Zucker, Salz, wenig Pfeffer, 100 ml nicht zu trockenen Weißwein, 1 EL guten Weinessig oder Zitronensaft* und *50 ml Wasser* zugeben und *noch 15 Minuten* bei voller Leistung zugedeckt kochen. (Wir erinnern daran, daß »volle Leistung« für einen MW-Herd von 600 Watt wirksamer Leistung gilt.) Die Flüssigkeit soll sich auf etwa die Hälfte vermindern. Abkühlen lassen, in einer Kristallschale servieren, zusammen mit anderen Vorspeisen, etwa Schinken, Bündnerfleisch oder feinen Wurstwaren.

Gemüse à la grecque (Pilze, Lauch, Auberginen, Artischocken usw.) sollten wieder mehr in Mode kommen. Sie halten sich gut im Kühlschrank.

Französische Zwiebelsuppe

250 g Zwiebeln schälen, mäßig kleinschneiden, mit *30 g Butter* und *4 EL Sahne* zugedeckt bei voller Leistung bis zum Kochen erhitzen, dann bei halber Leistung weiterkochen, bis alle Flüssigkeit verdampft ist, die Zwiebeln aber noch nicht verfärbt sind. Mit ¾ l *Wasser, oder halb Wasser, halb Weißwein, oder halb Fleischbrühe, halb Weißwein, Salz, Pfeffer* auffüllen, zugedeckt bei voller Leistung aufkochen und *5 Minuten* durchkochen. In 4 feuerfeste Tassen verteilen, je *5 g Käse* (Emmentaler oder Parmesan oder beides) darüberstreuen, ein passendes Stück *Weißbrot*, mit *Butter* bestrichen, in jede Tasse geben, noch *je 6 g Käse* darüberstreuen und im Backofen unter dem Grill *etwa 5 Minuten* erhitzen, bis sich Brot und Käse zu bräunen beginnen und die Flüssigkeit wieder kocht. Auf das Grillen kann man auch verzichten.

Die Flüssigkeit bei dieser Suppe ist ein Streitfall. Escoffier ist für Wasser wegen der Reinheit des Zwiebelgeschmacks. Der Zeitgeist ist wohl mehr für Fleischbrühe, für »mehr« Geschmack.

Zwiebel-Rahmsuppe

250 g Zwiebeln schälen, grob kleinschneiden, mit *30 g Butter* und *4 EL Sahne* zugedeckt bei voller Leistung aufkochen und bei halber Leistung *etwa 15 Minuten* weiterkochen, bis alle Flüssigkeit verdampft ist, ohne daß die Zwiebeln verfärbt werden. *1 EL Mehl* untermischen und bei halber Leistung erhitzen, bis die Bläschenbildung aufhört. *1 l Milch* einrühren, zugedeckt bei voller Leistung aufkochen und bei halber Leistung *noch 10 Minuten* kochen, *Salz, Pfeffer, Muskat* und *30 g Butter* zugeben.

Dies ist eine sanfte und sehr wohlschmeckende Suppe, die man heute fast nirgends mehr bekommt.

Zwiebelsuppe Suprême; Zwiebelsuppe Suprême mit Käse

250 g Zwiebeln, geschält und püriert, mit *30 g Butter 8 Minuten* zugedeckt bei voller Leistung erhitzen; sie sollen sich nicht verfärben. *⅛ l Weißwein* zugeben, aufkochen und bei halber Leistung *15 Minuten* zugedeckt erhitzen. *⅛ l Milch, ⅛ l Sahne* einrühren; *2 Eigelb* zugeben und mit dem Schlagbesen gut verrühren. Mit Haushaltsfolie nicht ganz dicht bedecken (oder mit einem spitzen Messer einige Löcher hineinstechen), bei voller

Leistung erhitzen, bis die Folie sich zu wölben beginnt (nach *etwa 3 Minuten* einmal durchschwenken; das Gefäß soll hoch genug sein, damit das möglich ist). Dann die Leistung sofort auf ⅓ verringern und *6 Minuten* erhitzen, dazwischen das Gefäß ein- oder zweimal schwenken. Zum Schluß die Masse, die teilweise dick geworden sein soll, noch einmal mit dem Schneebesen durchschlagen.

Wenn die Suppe eine *Käsesuppe* sein soll, *30 g sehr fein geriebenen Käse, Emmentaler oder Parmesan oder beides,* einrühren.

Béchamelsauce

Obwohl heute jedermann sagt, daß Saucen kein Mehl enthalten dürfen, ist die Béchamel unsterblich. Wir nehmen etwa dreimal weniger Mehl als in den alten Rezepten *(3 TL statt 2 EL)* und kochen die Zwiebeln, dann das Mehl und schließlich die Milch etwa *20 Minuten lang* durch. Das Rezept geht genau wie das für Zwiebelsuppe; es wird aber nur *etwa ½ l Milch* zugegeben, und zum Schluß wird mit *Sahne* bis zur gewünschten Konsistenz aufgefüllt und noch einmal aufgekocht, ehe man die Butter zugibt. Man kann die Menge der Zwiebeln halbieren oder sogar noch kleiner machen.

Sauce Mornay

Auch bei der klassischen Käsesauce gibt es keinen Ersatz für die Béchamel. Die Sauce Mornay entsteht aus ihr, indem man zum Schluß mit der Butter je *3 EL geriebenen Gruyère und Parmesan* einrührt. Die Menge der Zwiebeln kann man, wenn man will, halbieren. Man wird auch nur etwa halb soviel Mehl nehmen.

Zwiebelsauce für Spaghetti

Ein flaches Gefäß mit *1 Knoblauchzehe* ausreiben, *250 g Zwiebeln,* geschält und grob geschnitten, *1 Lorbeerblatt* und *2 Nelken, 4 EL gutes Olivenöl* zugeben, zugedeckt bei voller Leistung kochen, bis die Zwiebeln anfangen, braun zu werden *(etwa 15 Minuten).* Während dieser Zeit einige Male umrühren. *⅛ l Rotwein, 4 geschälte, in Stücke geschnittene Tomaten, 1 EL mildes*

Paprikapulver, wenig Thymian, etwas mehr Bohnenkraut zufügen, bei voller Leistung aufkochen und bei kleiner Leistung *noch etwa 20 Minuten* kochen. *Pfeffer und 30 g Butter* (oder weiteres Öl) zugeben. Die Sauce soll recht dick sein.

Über *250 g gekochten Spaghetti* servieren (250 g sind das Rohgewicht).

Sauce Soubise

1 l gesalzenes Wasser zugedeckt bei voller MW-Leistung (oder in einem feuerfesten Glas- oder Keramikgefäß auf dem normalen Herd) zum Kochen bringen, *250 g Zwiebeln*, geschält und in dicke Scheiben geschnitten, *2 Minuten* zugedeckt kochen (blanchieren), die Flüssigkeit über ein Sieb abschütten, die Zwiebeln wieder in das Gefäß geben und wie bei der Béchamelsauce verfahren, aber nur ½ *EL Mehl* und ¼ *l Milch* verwenden. Zum Schluß *60 g Butter* zugeben. Die Sauce Soubise ist ein Zwiebelmus, nicht eigentlich eine Sauce.

Sehr gute Beilage zu gebratenem Hammel oder Schweinefleisch.

Nudelauflauf mit Sauce Soubise

250 g breite Nudeln nicht ganz weich kochen. Eine flache Form mit *20 g Butter* ausstreichen, die Hälfte der Nudeln einfüllen, darüber die noch heiße Sauce Soubise vom vorherigen Rezept, vermischt mit *70 g feingeschnittenem rohem Schinken, 4 hartgekochte geviertelte Eier*, den Rest der *Nudeln, 4 EL Sahne, 50 g frisch geriebene Weißbrotbrösel* und zum Schluß *50 g Butter*. Im Backofen bei 200 Grad etwa *15 Minuten* backen. Man kann auch 10 Minuten bei mittlerer MW-Leistung erhitzen.

Kleine glacierte Zwiebeln

250 g kleine Zwiebeln schälen, in einer Lage in einem flachen Gefäß anordnen, mit *Fleischbrühe* fast bedecken, *30 g Butter* zugeben, bei voller Leistung zugedeckt kochen, bis die Flüssigkeit fast verdampft ist. Mit ⅛ *l Weißwein* (nicht zu trocken) wie bei »Zwiebelsuppe Suprême (S. 34 f.) auffüllen, *1 TL Zucker* zugeben und wieder kochen, bis die Flüssigkeit eingedickt ist. Noch *10 g Butter* zugeben, und die Zwiebeln in der dicklichen Masse wälzen (glacieren). Sie dürfen keine Farbe angenommen haben. Der Kochprozeß soll insgesamt mindestens *20 Minuten* dauern.

Die Zwiebeln dienen als Beilagen zu Fleischgerichten wie Bœuf à la mode. Bei Gerichten wie Hühnerfrikassée werden sie zum Schluß der Sauce zugefügt.

Gedämpfte Zwiebeln

250 g Zwiebeln nicht schälen, oben und unten ein wenig abschneiden, quer halbieren, mit der Schnittfläche nach unten in ein mit 40 g Butter ausgestrichenes Gefäß in einer einzigen Schicht legen, *Salz, Pfeffer, frischen Rosmarin, 40 ml Weißwein, 40 ml Fleischbrühe* zugeben, *20 Minuten* zugedeckt bei voller Leistung kochen. Die Flüssigkeit soll fast völlig verdampfen. Die äußeren Schalen abheben, die Zwiebeln noch einmal mit Butter bestreichen.

Als Beilage zu gebratenem Fleisch servieren.

Zwiebelmus-Salat

250 g Zwiebeln, geschält und kleingeschnitten, mit *25 g gutem Olivenöl* zugedeckt etwa *20 Minuten* bei halber Leistung erhitzen, bis die Zwiebeln gelb, aber noch nicht braun sind. Noch *2 EL Öl, Salz, Pfeffer, 1–2 EL guten Weinessig* einrühren.

Zusammen mit anderen Salaten, vor allem Kartoffelsalat, servieren.

Gebräunte Zwiebelringe

60 g feingeschnittene Zwiebelringe in *40 g Butter* bei voller Leistung erhitzen. Vorsicht, das Bräunen nimmt gegen Ende rasch zu, am stärksten unter der Oberfläche, also nicht gut sichtbar. Statt der Butter kann man auch Schweineschmalz oder Gänsefett nehmen. Zwiebelringe sind sehr gut auf Polenta, Erbsen- oder Kartoffelpüree und natürlich zu Zwiebelrostbraten.

Technisches

Wir müssen mit einer Vorstellung beginnen: Es gibt heute eine Unzahl verschiedener Marken und Typen von MW-Herden; allein in den USA füllt ihre Liste Seiten. Die wirkliche Vielfalt ist geringer, und wir glauben, daß man mit den meisten Typen, auch wenn sie billig sind, gut arbeiten kann, wenn sie nur zuverlässig sind; und das sieht man nicht vorher.

Wir haben bisher mit vier Typen gearbeitet und benützen alle vier an verschiedenen Orten bis heute ohne Beanstandungen. Der einfachste hat nur einen Zeitschalter bis zu 15 Minuten, und die Leistung ist nicht variabel. Der zweite hat einen Drehteller, damit das Kochgut möglichst gleichmäßig erhitzt wird, und für die Leistung gibt es zwei Stufen: volle Leistung und etwa ⅓ davon. Das letztere ist sehr nützlich, und ich nehme an, daß in Zukunft alle MW-Herde mindestens zwei Leistungsstufen haben werden. Ob der Drehteller bleiben wird, scheint uns nicht ganz sicher; er kann durch seine Drehung Ungleichmäßigkeiten nur in der Verteilung der Mikrowellen ausgleichen, aber nicht die zwischen Mitte und Rand und nicht die, die durch die Form des Kochguts selbst entstehen.

Wir haben einen anderen Vorteil des Drehtellers ausgenützt: Man kann daraus eine Rühreinrichtung machen, indem man zum Beispiel einen schweren Glasstab oder ein Pistill an einem Faden in eine runde Schüssel legt und den Faden in der Türfüllung einklemmt. Damit wird zum Beispiel das Binden einer Suppe oder Sauce mit Ei und Rahm erleichtert (s. das Rezept S. 34 f. »Zwiebelsuppe Suprême«). Wir hoffen, daß die Fabrikanten in Zukunft auch bei Geräten ohne Drehteller Rührer mitliefern werden.

Das dritte Gerät hat eine Zeitschaltung bis 2 Stunden, und die Leistung ist stufenlos variabel von 100 bis 10 Prozent. Das ist angenehm, man muß aber erst lernen, welcher Leistung jede Stellung entspricht. Die Leistungsänderung geschieht durch periodisches An- und Abschalten der vollen Leistung. Dies sollte schnell gehen, denn schon in einigen Sekunden kann etwas überkochen.

38

Bei diesem Modell gibt es auch ein Thermometer, das man in das Gericht, etwa ein großes Fleischstück, stecken kann, damit sich bei einer vorher eingestellten Temperatur der Herd abschaltet.

Es gibt neuerdings auch automatisch arbeitende Geräte, die mittels spezieller Sonden Temperatur und Feuchtigkeit innerhalb des Herdraums messen und daraus die richtige Kochdauer bestimmen.

Das vierte Gerät hat eine maximale Leistung von 720 Watt, was vor allem bei größeren Mengen angenehm sein kann, und sieben Leistungsstufen bis herunter zu 70 Watt. Die Zeitschaltung geht bis zu 9 Stunden. Die Leistungsstufen lassen sich nach einem Zeitprogramm vorwählen, man kann also etwa bei voller Leistung ankochen und dann automatisch auf geringere und weiter auf schwache Leistung übergehen.

Wir werden in unserem Text weder die Temperaturvorwahl noch das automatische Programm verwenden, um den Leser nicht zu verwirren. Auf eine fünfte Art von Herd, bei dem die Mikrowelle gleichzeitig mit Grill oder Backofen eingesetzt werden kann, werden wir in der sechsten Lektion eingehen.

Die Leistung der für den Haushalt bestimmten MW-Herde scheint sich in der Gegend von 600 Watt einzupendeln. Das ist die Leistung, die im Kochgut aufgenommen wird. 600 Watt bedeutet, daß *100 g Wasser (und etwa ebenso 100 g aller Lebensmittel) in 1 Minute um 60 Grad erwärmt* werden oder 200 g um 30 Grad oder daß, wenn die Flüssigkeit einmal kocht, *12 g Wasser in 1 Minute in Dampf verwandelt* werden. Mit diesen Zahlen kann man schon gut abschätzen, was beim Kochen passiert. Wenn die Leistung 500 bzw. 720 Watt ist, sind die Zahlen entsprechend niedriger bzw. höher.

Die Leistungsaufnahme des ganzen Geräts in Watt, das heißt in Volt mal Ampere, ist etwa doppelt so hoch wie die Wirkleistung; bei 220 Volt braucht man also etwa 6 Ampere, und weil beim Einschalten der Strom höher ist, braucht man eventuell eine sogenannte träge Sicherung.

Die Chefredakteurin einer großen Zeitschrift hat sich in

einem Gespräch darüber beklagt, daß man mit Mikrowellenrezepten deshalb wenig anfangen könne, weil die Industrie nicht bereit sei, sich auf einheitliche Angaben für die Leistungsstufen zu einigen und damit gute Angaben über die Kochzeiten zu ermöglichen. Wir halten das Problem nicht für so ernst. In unseren Rezepten werden wir, wie schon im Vorwort gesagt, versuchen, etwa mit drei Leistungsangaben auszukommen: »*Volle Leistung*« heißt 600 Watt abgegebene Leistung; 500 oder 720 Watt bedeutet, daß die Zeiten bis zum Sieden 20 % länger beziehungsweise kürzer sind und daß die verdampfte Wassermenge 20 % kleiner beziehungsweise größer ist. Die zweite Stufe soll heißen »*halbe Leistung*«, also 300 Watt; und die dritte soll sein »*schwache Leistung*«, 25 %, 150 Watt. Wir erinnern noch einmal daran, daß die Erhitzungszeiten bei der doppelten Kochgutmenge doppelt so lang sind wie bei der einfachen. Dagegen ist die verdampfte Wassermenge unabhängig von der Menge des Kochguts. Man wird also, wenn wenig verdampfen soll und doch, wie wir bei den Zwiebeln gesehen haben, eine gewisse Kochzeit notwendig ist, nach dem Aufkochen die Leistung verringern, besonders wenn man ein Überkochen befürchten muß. Wir sagten schon, daß ein solches Verringern auch eintritt, wenn wir eine zweite Speise, die der ersten im Gewicht gleicht oder schwerer ist, dazustellen.

Dies alles unterscheidet sich nicht sehr von dem Kochen mit Gas oder auf dem Elektroherd. Jeder weiß, daß viel Wasser in einem Topf später kocht als wenig, und jeder stellt das Gas oder die Herdplatte kleiner, um ein Überkochen zu vermeiden. Der Unterschied ist eigentlich nur, daß man beim MW-Herd mit dem Zeitschalter arbeitet und deshalb gern vorher wissen will, wie lang die Kochvorgänge dauern. Einschalten und dann vergessen können, das ist ein ganz wichtiger Vorteil der neuen Methode, aber wir dürfen nicht erwarten, daß das immer und überall funktioniert.

Der große Unterschied zwischen Mikrowellen- und normalem Kochen liegt in der Art, wie die Wärme auf das Kochgut übertragen wird. Beim Kochen mit Gas oder auf dem Elektroherd tritt die Wärme durch Wärmeleistung in das Kochgut ein. Die Außenfläche des Topfes wird warm, und sofort tritt ein Wärmestrom nach innen auf. Der Wärmestrom fließt immer von den heißeren zu den kälteren Regionen, und die transportierte Wärmemenge an einer Stelle ist um so größer, je größer die Temperaturunterschiede sind (man spricht von Temperaturgradienten, das ist die Temperaturänderung pro Längeneinheit entlang dem Wärmestrom). Bei festen Lebensmitteln, etwa im Innern einer Kartoffel, muß aber der Temperaturunterschied zwischen benachbarten Stellen für einen gegebenen Wärmestrom viel größer sein als bei einem Metall und besonders bei Kupfer und Aluminium. Deshalb ist bei der Kartoffel oder bei einem großen Stück Siedefleisch die Kochdauer durch die Wärmeleitung weitgehend mitbestimmt: Außen kocht das Wasser, aber innen dauert es lange, bis die zum Garen notwendige Temperatur (zum Beispiel 90 Grad) erreicht ist. Die Kartoffeln sind außen weich und innen hart; große Kartoffeln werden später gar als kleine. Bei Fisch, den man in kochendes Wasser legt und ziehen läßt, rechnet man mit 4 Minuten pro cm Dicke des Fisches, bis die erwünschte Temperatur von 65 Grad im Innern erreicht ist. Ziehenlassen statt Kochen ist übrigens ein Mittel, um große Unterschiede im Garungszustand zwischen innen und außen zu vermeiden: Während die Wärme von außen nach innen wandert, kühlt sich das Wasser und damit die Außenfläche des Fisches schon ein wenig ab.

Vielleicht sollten wir gleich bemerken, daß die Wärmeleitung nicht die einzige Art ist, Wärme zu übertragen. Darauf werden wir später zurückkommen müssen.

Die Mikrowellen füllen den metallischen Hohlraum, in dem das Kochen stattfindet, ziemlich gleichmäßig, weil sie von den Wänden immer wieder reflektiert werden. Wenn der Raum leer ist, kehrt ein Großteil von ihnen durch die einzige Öffnung, den Eingang, zur Quelle zurück und erzeugt dort vielleicht schädliche Erwärmung. Deshalb soll man den MW-Herd nicht leer betreiben.

Ist aber eine wasserhaltige Substanz im Kochraum, dann werden in den Molekülen Bewegungen angeregt, die zur Erwärmung führen. Bei jeder Anregung wird ein Quant, ein sehr kleiner Teil der Mikrowellenenergie, absorbiert. Beim Eindringen in Wasser wird also ein Mikrowellenstrahl geschwächt. Nach etwa 2 cm ist er nur noch etwa halb so stark. Für fast alle Lebensmittel gilt etwa dasselbe, denn sie bestehen großenteils aus Wasser.

Mikrowellenenergie wird also nicht, wie etwa die Wärmestrahlung eines Grills, direkt an der Oberfläche absorbiert, sondern in einem ganzen Volumen von etwa 2 cm Tiefe und noch etwas mehr. Gefäße aus Glas, Porzellan, vielen Arten von Keramik und manchen Kunststoffen absorbieren die Mikrowellenstrahlung nicht oder wenig. Sie werden warm in erster Linie nur durch den Wärmeübergang von dem heiß werdenden Kochgut.

Die Wärmeleitung erfolgt aus dem Volumen, wo die Wärme entsteht, nach zwei Richtungen: nach außen zu den kälteren Gefäßwandungen und vor allem nach innen zu den Lagen, die weiter als 2 cm von der Oberfläche entfernt sind und deshalb nur wenig Mikrowellenstrahlung empfangen. Hier innen, bei großen Stücken, sind die Verhältnisse wie beim normalen Kochen, die Wärme gelangt nur durch Übertragung von außen dorthin. Aber im äußeren Bereich entsteht die höchste Temperatur nie im äußersten Rand wie etwa bei einem Kochtopf auf dem Herd, sondern in einer Tiefe von vielleicht einem halben Zentimeter. Das ist der Grund, warum wir unsere Zwiebeln unbesorgt ohne Anbrennen erhitzen können. Vom Rand her brennt nichts an, und wenn wir nach dem Aufkochen die Leistung kleinstellen, breitet sich die Wärme langsam und einigermaßen gleichmäßig nach innen aus. Komplikationen ergeben sich erst, wenn eine Region durch Verdampfen austrocknet. Davon werden wir später sprechen.

Dieses »einigermaßen« bedeutet allerdings eine Grenze auch für den MW-Herd. Er ist zwar auch in dieser Hinsicht besser als ein Topf auf dem Herd, aber er ist nicht vollkommen. Auch davon muß später noch die Rede sein.

Bei voller Mikrowellenleistung vollzieht sich die Erhitzung

dort, wo die Mikrowellen wirken, also in den äußeren 2 cm, wesentlich schneller als der Wärmeausgleich zu anderen Schichten hin. Das ist der Grund dafür, daß man, wenn man nicht durch Rühren die Temperatur ausgleichen kann, nach dem ersten Aufkochen die Leistung auf etwa 25 % zurückdreht.

Rezepte aus der österreichischen Tradition (T.)

Es ist reizvoll, groß- und urgroßmütterliche Kochbücher durchzustöbern, um Rezepte aus der Zeit der Donaumonarchie aus deren verschiedenen Regionen zu suchen, die sich für die Zubereitung im MW-Herd eignen. Vor allem bieten sich natürlich Suppen und Saucen, stark wasserhaltige Gemüsearten, in Saft gedünstete Fleischgerichte an, deren Herstellung man im MW-Herd sozusagen auf Anhieb versuchen kann.

Eine Entdeckung war es festzustellen, daß auch verschiedene Sorten von Knödeln, die normalerweise in kochendem Salzwasser garziehen müssen, ganz ohne Wasser von außen, rohgeformt in den MW-Herd gesetzt und mit Hilfe des im Knödelteig enthaltenen Wassers gegart werden können. Auch unter den Mehlspeisen beziehungsweise Desserts findet sich einiges, für das die MW-Methode prädestiniert erscheint, weil sie echte Geschmacksvorteile und beträchtliche Verminderung an Arbeitsaufwand ermöglicht. So eignet sich alles, bei dem die Kochtemperatur niedrig gehalten werden muß, das bisher im Wasserbad gegart wurde, ganz besonders für die Herstellung im MW-Herd. Durch die Besonderheit der Wärmeerzeugung verkürzt sich überdies oft die sonst stundenlange Kochzeit auf wenige Minuten. Verschiedene Lieblingsspeisen, mit Umständlichkeit und Plage verbunden, für die sich Koch oder Köchin nur zu besonderen Anlässen bereit erklärten, zum Beispiel der unten angeführte »Mohr im Hemd« (S. 48 f.) haben ihre Schrecken verloren.

Wie das gemacht wird, sollen einige Rezepte zeigen. (Auch sie gelten **immer für 3–4 Personen**, es sei denn, es wird ausdrücklich anders vermerkt.)

Kohlrabicreme-Suppe

300 g Kohlrabi netto, 100 g geschälte rohe Kartoffeln, 10 g – später weitere 20 g – Butter, Salz, 500 ml warmes Wasser, 200 ml saurer Rahm, 2 Dotter.

Grob zerkleinerte Kohlrabi mit 10 g Butter, Salz, 100 ml Wasser in einer großen Schüssel, in der später die ganze Suppe Platz haben soll, werden *6 Minuten* bei voller Leistung zugedeckt gekocht. Inzwischen schält und zerkleinert man die Kartoffeln. Nach Zugabe der Kartoffeln kocht man weiter *ca. 6 Minuten*; die Masse soll gerade so weich sein, daß sie bequem im Mixer püriert werden kann. Die Zugabe von weiteren 100–200 ml Wasser in den Mixer verkürzt die Zeit, die man braucht, um einen sämigen Brei zu erhalten. Man leert die Masse zurück in die Kochschüssel (bei Verwendung älterer Kohlrabiknollen durch ein Sieb), füllt das restliche warme Wasser auf und erhitzt die Masse bei voller Leistung. In einem Rührbecher verquirlt man die Dotter, den Rahm, einen Schöpfer voll heißer Suppe mit etwa 20 g Butter und fügt das Gemisch zu der übrigen Suppe, die man nicht mehr aufkochen läßt, sondern nur auf die zum Servieren nötige Temperatur erwärmt. Man bestreut die fertige Suppe mit feingehackter frischer Petersilie.

Will man die Suppe Gästen servieren, dann kann man sie bis auf das Einrühren von Dotter und Rahm schon am Vortag zubereiten. Sie schmeckt dann fast noch besser, und man gewinnt Zeit für den nächsten Tag.

Semmelknödel

Semmelknödel sollen einen angenehm »nußartigen« Geschmack haben und leicht und flockig sein. Um das zu erreichen, dürfen sie nur wenig Mehl enthalten. Bei der üblichen Kochweise in Salzwasser spielt die Zugabe der genau richtigen Mehlmenge eine ausschlaggebende Rolle, da zu wenig Mehl die Knödel im Wasser zerfallen läßt und mehr Mehl leicht zu kleisterartig schmeckenden, zähen Endprodukten führen kann. Der MW-Herd enthebt uns dieser Sorge, da die Knödel nicht in Wasser garziehen müssen und darum auch mit wenig Mehl ihre Form behalten.

Den Hauptbestandteil bilden trockene Weißbrotwürfel, den Geschmack erhalten die Knödel von glasig gedünsteten Zwiebeln, reichlich Fett und viel Petersilie. Die verwendete Fettart hat Einfluß auf den Geschmack. In alten Kochbüchern wird Schweineschmalz vorgeschrieben. Sehr gut ist auch das ausgelassene Fett von Räucherspeck. Werden auch die Speckgrammeln in die Masse gemischt, erhält man die sogenannten *Speckknödel*. Mit Butter lassen sich vorzügliche Knödel bereiten, darum haben wir hier das folgende Rezept (für 10 Knödel) ausgewählt:

50 g Butter, 1 Zwiebel, 150 g Weißbrotwürfel (etwa 5 mm), 1 Handvoll Petersilie, 20 g Mehl, 1 Ei, Salz, 250 ml Milch, 20 g weitere Butter.

Die in der Messermühle nicht allzu fein zerkleinerte Zwiebel wird in 50 g Butter bei voller Leistung *5 Minuten* glasig gedünstet. Das Kochgeschirr soll ausreichend groß sein, um anschließend gleich als Rührschüssel dienen zu können. Das trockene Weißbrot wird sehr gründlich mit Butter und Zwiebeln gemischt, damit möglichst alle Würfelchen etwas von dem Fett aufsaugen. Dann rührt man der Reihe nach feingehackte Petersilie, einen schwach gehäuften EL Mehl, das Ei, Salz und zuletzt ¼ l Milch zu den Brotwürfeln. Die Masse wird mindestens 20 Minuten beiseite gestellt, um zu quellen. Sie ist auch dann noch etwas feuchter und weicher als die für konventionelles Kochen übliche Masse. Trotzdem lassen sich mit nassen Händen leicht Knödel formen. Ihr Durchmesser soll nicht mehr als etwa 5 cm betragen, damit sie im MW-Herd gleichmäßig und in kurzer Zeit (siehe S. 41 und 103) durchhitzt werden. Auf eine flache, möglichst große Schüssel, zum Beispiel einen Tortenteller, setzt man Butterflocken und darauf die Knödel. Die Abstände zwischen den einzelnen Knödeln sollen dabei möglichst groß sein, damit die Knödel nicht aufeinander »Schatten« werfen. Die Kochzeit beträgt bei voller Leistung *6 Minuten*, dabei wird man vorteilhaft nach Ablauf der ersten *3 Minuten* die Knödel wenden, also Oberseite mit Unterseite vertauschen.

Tirolerknödel

100 g in Würfel geschnittenes gekochtes Selchfleisch (geräuchertes Schweinefleisch) werden der Semmelknödelmasse beigefügt. Im übrigen verfährt man wie angegeben.

Zwetschkenknödel aus Kartoffelteig

Knödel mit Obst eignen sich ganz besonders gut für den MW-Herd. Zwar enthält der Teig selbst nicht die ausreichende Feuchtigkeit, dafür reicht der aus der stark wasserhaltigen Frucht austretende Dampf aus, um das Mehl in der Teighülle quellen zu lassen und die Knödel zu garen.

250 g reife Zwetschken, 500 g Kartoffeln, 100 g Mehl, 1 Ei, Salz, 100 g Butter, 70 g Brösel, Zucker zum Darüberstreuen.

Mehlige Kartoffeln werden mit der Schale weichgekocht, geschält und, je nach Möglichkeit, gestampft, gepreßt oder passiert. Die homogene Masse verarbeitet man mit 100 g Mehl und Salz zu einem weichen Teig, aus dem man, mit bemehlten Händen, um jede Zwetschke eine dünnschichtige Hülle formt. Die Teigschicht muß gut verknetet und möglichst gleichmäßig sein, damit die Knödel nicht platzen.

Unterdessen hat man auch die Brösel vorgeröstet (über die richtige Art des Röstens im MW-Herd wird später noch ausführlich gesprochen): In einer möglichst großen flachen Schüssel (vgl. S. 45) werden 100 g Butter, aufgeteilt in mehrere Schnitten, *1 Minute* hindurch geschmolzen, mit 70 g Bröseln gründlich vermischt, *2 Minuten* geröstet, wieder gut verrührt und *weitere 2 Minuten,* jedesmal bei voller Leistung, geröstet. Die Zwetschkenknödel legt man in der auf S. 45 beschriebenen Weise, möglichst mit Abstand voneinander, auf die Bröselmasse und setzt den MW-Herd für *2 Minuten* bei voller Leistung in Gang, wendet hierauf alle Knödel, tauscht Unterseite mit Oberseite und in der Mitte der Schüssel befindliche mit solchen, die am Schüsselrand plaziert waren. Einen Teil der die Knödel umgebenden Butterbrösel kann man schon jetzt mit einem Löffel über die Knödel streuen, damit diese während der folgenden *3 Minuten* Garzeit nicht mehr an der Oberseite antrocknen. Die fertige Speise wird reichlich mit Zucker bestreut und gleich serviert. Es stört nicht, wenn der eine oder der andere der Knödel doch geplatzt ist, vorausgesetzt, es sind nicht zu viele, die Speise erhält dadurch Farbigkeit, und es schadet dem Geschmack nicht. Zu dicke Teighüllen bleiben leicht pappig und schmecken unangenehm.

Zwetschkenknödel werden heute meist als Nachtisch serviert, sie eignen sich aber auch als Hauptgericht. Früher, als es noch Köchinnen gab, gutmütig genug, um für eine Mahlzeit über 100 Knödel zu kochen, war Zwetschkenknödel-Wettessen unter jungen Leuten ein beliebter Sport. 42 Stück, auf einen Sitz gegessen, sind eine historisch verbürgte Spitzenleistung.

Marillen- (Aprikosen-) und Erdbeerknödel
bereitet man in der gleichen Weise. Bei Marillen ist es günstig, sie teilweise zu öffnen, zu entkernen und anstelle des Kerns ½ Stück Würfelzucker einzulegen, denn gekochte Marillen schmecken besonders sauer. Bei Gartenerdbeeren, die der Volksmund in Österreich komischerweise Ananas nennt, muß die Teighülle besonders dünn geformt sein, damit der Fruchtgeschmack besser zur Geltung kommt.

Anmerkung (Tiefkühlen)
Sämtliche Früchte können ebensogut in tiefgekühltem Zustand mit Kartoffelteig überzogen und auch im übrigen gleich behandelt werden. Der Geschmack leidet nicht, wenn die Früchte unaufgetaut und luftabgeschlossen durch die Teighülle gesotten werden. Früchte, die man offen an der Luft langsam auftauen läßt, bekommen einen unangenehm blechernen Geschmack.

Da man gefrorene Marillen nicht entkernen kann, bringe ich sie bereits zuckergefüllt in die Tiefkühltruhe.

Das »Dunstkoch«
Wie schon auf S. 43 erwähnt, kann der MW-Herd das Wasserbad früherer Kochgenerationen ersetzen, nicht nur bei Pudding, Flan, Soufflé und dem altwienerischen Dunstkoch, sondern, wie

in einer späteren Lektion gezeigt wird, auch bei vielen Cremes, die Dotter enthalten.

Für Pudding und ähnliche Speisen im MW-Herd ist es allerdings günstig, einen kleinen Trick anzuwenden: Die Puddingmasse wird in kleine Schälchen portioniert, jede Person erhält den eigenen kleinen Pudding. Obwohl die Schälchen gleichzeitig im Herd stehen, erreicht man durch diese Aufteilung der Puddingmasse, daß trotz der geringen Eindringtiefe der Mikrowelle (S. 42) die Gesamtmenge gleichmäßige Erwärmung erfährt. Diese Art der Aufteilung empfiehlt sich immer dann, wenn weder durch Rühren noch durch Warten Wärme in das Innere des Kochguts gelangen kann.

Die Puddingschälchen werden im Herd, damit sie sich nicht gegenseitig beschatten, wieder mit größtmöglichem Abstand voneinander eingesetzt. Das »Aufgehen« der Masse läßt sich, solange der MW-Herd im Gange ist, sehr schön durch die Glastüre beobachten. Der Kochvorgang ist zu Ende kurze Zeit, nachdem die Puddings ihre größte Ausdehnung erreicht haben und nicht mehr weiter wachsen. Die Kochzeit hängt von der Zahl der Schälchen bzw. von der Menge des Puddings ab.

Nach dem Ausschalten des Herdes sinkt die Masse merklich in sich zusammen, aber das ist auch das Schicksal der meisten herkömmlich bereiteten Puddings. Einige Arten, besonders die Gemüseflans, lassen sich sehr gut stürzen, andere wirken ansehnlicher, wenn man sie im Schälchen beläßt. Der hier beschriebene »Mohr« schmeckt gestürzt oder ungestürzt sehr gut.

Mohr im Hemd
Masse: 60 g bittere Schokolade (1 EL Wasser), 70 g ungeschälte geriebene Mandeln, 3 Dotter, 3 steifgeschlagene Eiklare, wenige Tropfen Vanille-Extrakt.

Hemd: Gezuckertes Schlagobers (Schlagsahne), je nach Geschmack steif oder cremig belassen, wird dem Mohren »angezogen«.

Schokolade enthält so wenig Wasser, daß sie im MW-Herd

48

nur bei Zugabe von etwas Flüssigkeit, zum Beispiel 1 EL Wasser, Milch oder Fruchtsaft, je nach Rezept, schmilzt. Sie kann aber auch zusammen mit reichlich Butter weich werden, da sich Butter im MW-Herd stark erhitzt. Um das Schmelzen zu fördern, zerkleinert man die Schokolade mit einem starken Messer auf einem Holzbrett. In unserem Falle geben wir Butter und Schokolade in die Rührschüssel des Mixers, deren Kunststoffmaterial die Temperaturen im MW-Herd gut verträgt. Bei niedriger Leistungsstufe, um die Schokolade nicht auszudörren, statt zu schmelzen, und unter häufigem Rühren erzeugt man ein homogenes Gemisch, dem dann im Mixer Zucker, Dotter und die geriebenen Mandeln beigefügt werden. (Flockig geriebene Mandeln sind hier aus Geschmacksgründen der Zerkleinerung in der Messermühle vorzuziehen.)

Zum Schluß wird der steifgeschlagene Schnee aus 3 Eiklaren untergezogen und die Masse in 4 gut gebutterte Schalen mit 200 ml Fassungsvermögen eingefüllt. Allgemein gilt, daß man Schalen mit Pudding oder Soufflémasse nur bis zu ⅔ Höhe füllen darf, damit nichts überfließt.

Den MW-Herd schaltet man zunächst auf volle Leistung und beobachtet das Quellen des Puddings. Droht die Masse überzufließen, wird rasch auf eine niedrigere Leistungsstufe umgeschaltet, was den Pudding etwas niedriger werden läßt. Nach kurzer Zeit kann man es nochmals mit mehr Leistung versuchen, um Zeit zu sparen. Die Masse hat dann schon die nötige Festigkeit angenommen. Das Ende der Kochzeit ist erreicht, wenn die Oberseite ganz wenig zu schrumpfen beginnt, wenn also ein ganz feiner Spalt längs der Schälchenwand sichtbar wird. Die Kochdauer beträgt für die angegebene Menge *5–6 Minuten.*

Achtung: Der Pudding soll nicht zu trocken werden. Wenn man alle Feuchtigkeit entzieht, gelingt es auch im MW-Herd, Kohle zu erzeugen!

Ganze Mahlzeiten (H.)

Zunächst eine schnell hergestellte vollständige Mahlzeit für spät angekündigte Gäste (für 4 Personen):

Französische Zwiebelsuppe
   Filet Chateaubriand, Sauce Béarnaise, Spinat m. Sahne, Polenta
   Tomatensalat
   Käse
   Rosetten-Backäpfel oder Vanille-Eis mit Cassis, Friandises
   Mocca
   Wein: zur Suppe, vielleicht schon zum Cocktail, Grüner Veltliner oder Fendant, später Chianti Classico oder Julienas oder ein schöner Burgunder.

Wir nehmen an, daß sich sehr liebe Gäste am Nachmittag melden, so daß man sie gern ein wenig verwöhnen und erfreuen will, und daß zu Hause nichts vorbereitet ist und auch die Vorräte in der Kühltruhe nicht so sind, daß man viel davon verwenden will. Es kann auch sein, daß man erst mit den Gästen heimkommt und gerade noch auf dem Heimweg ein bißchen einkaufen kann. Oder man hat plötzlich Lust, heute zu kochen, vielleicht weil ein Abendtermin ausgefallen ist, und lädt jemanden ein, mit dem man schon lange gern einen freundlichen Abend verbracht hätte. Ich gestehe, daß das bei mir häufig vorkommt. Es erspart mir und auch den Freunden den Alptraum langfristiger Verpflichtungen.

Zeitplan
Auf dem Heimweg: Rinderfilet, Käse, Baguettes, eventuell jungen Blattspinat kaufen. Wir nehmen an, daß es nur einen Gastgeber gibt, weil das der schwierigste Fall ist. Zu zweit kann man sich beliebig helfen.
½ Stunde Coktail: Zuerst Wein aus dem Keller holen. Wer gleich Weißwein will, bekommt Gläser mit Eis, das vor dem Eingießen weggeschüttet wird. Anschließend kommt die Flasche in den Eisschrank. Der Rotwein wird geöffnet. Ein Gast wird zum Barkeeper ernannt.

In der Küche: Zwiebeln schälen, grob zerkleinern, mit Butter und Sahne 10 Minuten im MW-Herd kochen. 4 kleine Weißbrotscheiben buttern, Käse reiben, wenig davon auf das Brot streuen.

Maisgrieß, Wasser, Salz, Pfeffer verrühren, in den MW-Herd zu den inzwischen kochenden Zwiebeln stellen.

Grill anheizen. Wasser und Wein auf dem Herd kochen. Inzwischen deckt, wenn dem Gastgeber die Zeit nicht reicht, ein freundlicher Gast den Tisch, wobei er vom Koch angeleitet und zugleich nach dessen schwachen noch überschüssigen Kräften unterhalten wird.

Die Zwiebeln auf 4 feuerfeste Tassen verteilen, mit wenig Käse bestreuen, das Brot daraufgeben und mit dem kochenden Wasser und Wein, Salz und Pfeffer auffüllen. 10 Minuten unter den Grill stellen. Polenta schwach stellen.

Herdplatte anheizen. Béarnaise-Masse aus der Kühltruhe in flammfestem Keramikgefäß 2 Minuten im MW-Herd auftauen, 2 Eigelb zugeben.

Öl und Butter in Pfanne erhitzen, Filet in 2 Scheiben teilen, anbraten, wenden und 8 Minuten schwächer weiterbraten, wenden.

Inzwischen Spinat waschen (Blattspinat hat keine Stiele und braucht nicht geputzt zu werden) oder Spinat aus der Kühltruhe 3 Minuten im MW-Herd auftauen, Salz, Pfeffer, Muskat zugeben.

Sofort nach dem Wenden des Filets die Suppe servieren. Bis zum nächsten Gang sind etwa 20 Minuten vorgesehen. Nach 8 Minuten die Filets herausnehmen, in Alu-Folie warmstellen. Pfanne mit Wein ablöschen, Butter zugeben, in kleine Sauciere füllen.

Auf zwei Herdplatten gleichzeitig Spinat und Sauce Béarnaise unter Rühren fertigmachen. Vorher Polenta mit Butter mischen.

Eventuell Vanille-Eis aus dem Gefrierfach nehmen.

Hauptgang auftragen. Für diesen sind wieder etwa 20 Minuten vorgesehen.

Nach 15 Minuten den Tomatensalat mit geschälten Tomaten

aus dem Kühlschrank und Vinaigrette aus dem Vorrat herstellen, vielleicht etwas kleingeschnittene Petersilie darüber.

Tomatensalat auftragen. 10 Minuten.

Nach 5 Minuten Käse auswickeln, Baguette schneiden.

Käse servieren. 15 Minuten.

Nach 5 Minuten Äpfel zurichten, mit Zutaten zugedeckt 8 Minuten im MW-Herd kochen. Oder: Eis in Portionen teilen. Friandises aus der Kühltruhe auf Platte anrichten.

Nachtisch servieren. 15 Minuten.

Nach 8 Minuten Kaffee aufstellen. Wenn man zum Nachtisch Champagner anbietet, was meist sehr beliebt ist, wird der Kaffee wesentlich später serviert.

Merke: Wenn alles länger dauert, macht das überhaupt nichts aus. Nur die Kochzeiten sollen nicht allzu lang werden. Insbesondere beim Filet und beim Spinat ist das wichtig.

Wir geben dieses Menü an, weil wir zeigen wollen, daß man auch eine relativ reiche Mahlzeit ohne große Vorbereitungen anbieten kann, selbst wenn man als Gastgeber allein ist. Wir nehmen in diesem Fall in Kauf, daß der Koch etwa die Hälfte der Zeit in der Küche bleibt. Bei entsprechenden Vorräten in der Kühltruhe verringert sich diese Zeit auf etwa ⅓. Das ist schon erheblich besser und auch für die Gäste angenehmer. Auf jeden Fall muß jemand da sein, der die Unterhaltung ohne den Koch lebhaft in Gang hält.

Wenn es nur einen Gastgeber gibt und wenn die Gäste vor allem seinetwegen gekommen sind, muß man anders planen. Für diesen Fall werden wir später noch Beispiele bringen.

Das hier beschriebene System funktioniert nur, wenn der Koch fröhlich ist und nicht unter seinen Pflichten leidet. Man lasse sich also die Zeit, um nicht in Streß zu geraten. Und vor allem (das gilt eigentlich immer): Man lade nur Leute ein, für die man sich gern bemüht und die sich freuen zu kommen.

Hier hat der Amateur alle Vorteile vor dem Berufskoch, und die Gäste werden es zu schätzen wissen.

Nun die Rezepte. Es handelt sich, wie das ja auch in der

Wirklichkeit immer der Fall ist, nicht nur um Mikrowellenrezepte. Damit wäre der MW-Herd bald überlastet.

Filet Chateaubriand

800 g Rinderfilet, gut abgehangen aus der Mitte des Filets, *in 2 Scheiben* in eine Pfanne geben, in die sie gerade hineinpassen und in der bei starker Hitze *20 g Butter* und *1 EL Öl* bis zum Ende der Bläschenbildung erhitzt sind. Rasch *(je 1 Minute)* auf jeder Seite anbraten. Die angebratenen Seiten mit je *5 g Butter* bestreichen, *Salz, Pfeffer*.

Die Hitze auf mittelstark verringern und auf jeder Seite *etwa 8 Minuten* braten. Es soll sich keine Flüssigkeit in der Pfanne sammeln, und der Satz in der Pfanne darf nicht schwarz werden.

Die Filets aus der Pfanne nehmen, in Alu-Folie wickeln und *etwa 10 Minuten* an einem warmen Ort stehen lassen, damit sich der Fleischsaft im Innern gleichmäßig verteilt und bindet. Die Pfanne mit etwa *70 ml Weißwein* ablöschen, *20 g Butter* und eventuellen Saft aus der Folie einrühren. In einer kleinen Saucière servieren. Die Filets auf dem Tranchierbrett anrichten und schräg zur Faser in 1 cm dicke Scheiben schneiden.

Sauce Béarnaise

Vorrat an Sud für die Kühltruhe (das 4fache der hier gebrauchten Portion): *200 g Schalotten*, mäßig kleingeschnitten, *100 g Estragon, 100 g Kerbel* (beides frisch) mit *200 ml Weißwein* und *4 EL Weinessig 20 Minuten* im MW-Herd kochen, nach dem Aufkochen von voller auf halbe Leistung stellen und mit einem Teller zudecken. Die Flüssigkeit (und damit auch zum Teil der Essig) soll zur Hälfte verdampft sein. Durchpassieren, in flacher Schicht einfrieren. Zum Gebrauch ¼ abbrechen.

Den *Sud* in einem flachen Gefäß auf dem Herd auftauen, nicht heiß werden lassen. Mit *2 Eigelb, Salz, Pfeffer* verrühren und bei guter Hitze mit einem Kochlöffel mit flachem Ende stark rühren, dabei gleich von Anfang an Butter nacheinander in Stücken von 20 g zugeben, bis *60 g Butter* verbraucht und geschmolzen sind. Wenn die Masse am Boden zu stocken droht, auf eine kalte

Unterlage stellen und weiterrühren. Die Sauce soll mäßig fest sein, aber noch fließen.

Blattspinat mit Sahne
Für 4 Personen als kleine Beilage:
150 g Blattspinat in einem nicht zu flachen Topf in *20 g Butter* bei starker Hitze rühren, bis er zusammenfällt. *50 g Sahne, Salz, Pfeffer, Muskat* zugeben und weiterrühren, bis die Flüssigkeit fast verdampft ist. Das Ganze soll nur *5 Minuten* dauern. Zum Schluß *noch 5 g Butter* zugeben. Sofort servieren.

Polenta mit Butter
100 g Maisgrieß, Salz mit *½ l Wasser* verrühren und zugedeckt im MW-Herd bei voller Leistung aufkochen, rühren, 15 Minuten bei schwacher Leistung kochen, *30 g Butter, Pfeffer, Paprika* nach Geschmack einrühren, *noch 5 Minuten* kochen.

Tomatensalat
8 mittelgroße Fleischtomaten, vom Butzen befreit, in Portionen *10 Sekunden* in kochendes Wasser tauchen, halbieren, Wasser und Kerne herausdrücken und in Scheiben schneiden. Wenn man will, *Petersilie* mit der Schere darüberschneiden. Unmittelbar vor dem Servieren eine Salatsauce, bestehend aus *3 EL bestem Olivenöl, 1 EL mildem Weinessig, Salz, Pfeffer,* kurz verrührt, darübergießen und leicht mischen.

Apfelrosetten
4 wohlschmeckende Äpfel mit dem Apfelentkerner ausbohren, von oben in Abständen von 5 mm fast durchschneiden, um 90 Grad drehen und noch einmal in derselben Weise schneiden, so daß der Apfel aus 5 × 5 mm dicken senkrechten Stäbchen besteht, die unten zusammenhängen. In einer passenden Form (nicht zu flach) nebeneinandersetzen, *20 g Butter oder mehr* darübergeben, *100 ml Wein* (weiß oder rot, ich neige zu rot) und *30 ml Calvados* zugeben und mit *3 EL Zucker* bestreuen. *8 Minuten* zugedeckt im MW-Herd bei voller Leistung erhitzen.

Das Problem bei dem hier beschriebenen Menü ist der Aufwand an Butter, Öl, Sahne; nach den Rezepten sind es *über 60 g Fett pro Person*, dazu noch etwas für den Fettgehalt des Käses (Butter serviere ich bei französischem oder italienischem Käse nie).

Nun sind die Portionen, wenn man die Zahl der Gänge berücksichtigt, eher reichlich. Die Zwiebelsuppe sollte man, wenn keine jungen Esser dabei sind, vielleicht auf ⅔ reduzieren, sie stört den späteren Appetit. Die Bratensauce wird wahrscheinlich großenteils übrigbleiben (man fügt sie dann einer Fleischbrühe zu), sicher auch die Hälfte der Polenta und vielleicht, wenn es dafür nicht ausgesprochene Liebhaber gibt, auch der Spinat. Die Sauce Béarnaise bleibt sicher nicht übrig, dafür schmeckt sie viel zu gut, sowohl mit den Filets wie mit dem Spinat. Man kann sie hier weglassen, und überhaupt soll man sie nicht zu oft geben. Aber einen fettarmen Ersatz würde ich nicht gern anbieten.

Vielleicht soll ich noch einen Vorteil der hier beschriebenen Menü-Methode hervorheben: Alles kommt ganz frisch auf den Tisch, und das tut dem Geschmack fast immer sehr gut. Hier ist der Amateurkoch gegenüber allen, außer den feinsten und teuersten Restaurants, im Vorteil.

Eine Serie von Mahlzeiten (T.)

Meine kulinarische Situation ist eine ganz andere, als in den bisherigen Abschnitten S. 50–55 beschrieben: Wir wohnen auf dem Lande, 7 km von der nächsten Einkaufsquelle für Fleisch und frisches, wenn auch ländliches Gemüse und 70 km von den Wiener Märkten und Delikatessengeschäften entfernt. Mindestens einmal pro Woche fährt einer von uns nach Wien und kann mitbringen, was in der Gegend nicht erhältlich ist. Im übrigen gibt es ausreichend Platz in Tiefkühltruhen und Kühlschränken und außerdem einen kleinen Gemüsegarten, so daß es nicht schwer ist, Frisches auf den Tisch zu bringen.

Ich habe in der Küche sehr oft, aber nicht immer eine Unterstützung. Freunde kommen oft zu uns heraus, manche bleiben auch einige Zeit im Hause unsere Gäste. Auch überraschend angesagte Freunde können mit Hilfe der stets vorhandenen Vorräte bewirtet werden. Manchmal besuchen uns ausgesprochene Gourmets oder Neugierige, die die MW-Küche kosten wollen. Das ist dann eine Herausforderung. Im übrigen will ich kleine Gerichte und einfache tägliche Mahlzeiten beschreiben, für 3 oder 4, manchmal auch mehr Personen. Suppen sind nicht immer erwünscht, man fürchtet um die »schlanke Linie«. Auf leichte Bekömmlichkeit wird geachtet, einem reichlichen Hauptgericht folgt ein Nachtisch, der im wesentlichen aus Früchten besteht. Andererseits, sollte »die Mehlspeis« eine Sünde wert sein, werden die vorherigen Gänge immer leicht sein. Verschiedene Käsesorten stehen immer kühl im Keller. Bei den folgenden Menüs wird der Käsegang darum nicht extra erwähnt. Man kann sich, wenn gewünscht, den Käse dazu wählen.

Im allgemeinen treibt mich in der Küche nichts zur Eile, aber ich verbringe auch nicht gern mehr Zeit, als unbedingt nötig, an diesem Ort.

Sind Gäste angesagt, bin ich bestrebt, möglichst viel vor dem Eintreffen der Gäste fertig zu haben, um mich dann ohne Streß ihnen widmen zu können, sozusagen auch mein eigener Gast zu sein.

Die Menüfolge versuche ich so zu planen, daß alles, was mehr Küchenarbeit erfordert, auch Basis für mehrere Mahlzeiten sein kann. Wie ich das meine, möchte ich an den folgenden Menü-Beispielen zeigen:

TK: *Gut geeignet für Aufbewahrung in der Tiefkühltruhe;*
KS: *Aufbewahrung im Kühlschrank bis zum nächsten Tag oder nur wenig länger.*

1. Tag

Gefüllte Zucchini: Mit dem runden Ausstecher ausgehobene Zucchini-Halbkugeln: KS, *Fülle:* TK. *Estragonhuhn:* Überschüssiger Saft mit Fett und Aroma: KS. *Reis:* Menge so bemessen, daß etwas Rest bleibt: KS. *Salat:* frisch. *Honig- oder Zuckermelone*

56

mit heißer Himbeersauce: Außer während der Saison, Himbeeren in TK.

2. Tag
Klare Tomatensuppe mit Estragon, Reis. Für *Suppe* »klare« Flüssigkeit von Tomaten vom Vortag verwenden. *Tomatenmark* für TK geeignet, diesmal aber für den nächsten Tag aufgehoben: KS. *Nudelgericht:* Zucchinistücke vom Vortag etwas vermehrt durch frische Zucchini. *Nudeln:* Doppelte Menge gekocht, die Hälfte davon: TK. *Naturgebratene Rumpsteakschnitten:* Frisch, gelegentlich auch aus TK. *Gedünstete Marillen (Aprikosen) mit Ribisel(Johannisbeer)sauce:* Beide Fruchtarten sehr gut in TK aufzuheben.

3. Tag
Porreesuppe: TK: Hühnerbrühe vom 1. Tag. *Spaghetti mit Zwiebelsauce:* KS: Tomatenmark vom Vortag. *Schweinskotelett in kurzem Natursaft:* frisch oder aus TK. *Kohlrabi in Butter gedünstet:* immer frisch. *Fruchtreis:* sehr oft aus TK.

1. Tag
Zeitplan
a) Anders als auf S. 50–52 müssen wir bei der Zubereitung der Mahlzeit meistens nicht mit Minuten geizen, aber wir wollen auch nicht Zeit verschwenden. Um die Vorteile des MW-Herds möglichst auszunutzen, ist es gut, sich die Reihenfolge der Kochvorgänge zu überlegen.

b) Bei unserem 1. Menü beginnt man mit dem *Reis* – längere Zeit, bevor man mit der Hauptarbeit des Kochens anfängt, um dann den MW-Herd wieder frei zu haben. Die Kochweise unterscheidet sich kaum von der allgemein üblichen: 1 Teil Reis mit 2 Teilen Wasser wird in einer ausreichend großen Schüssel (wegen leichten Überkochens) zugedeckt im MW-Herd bei voller Leistung zum Kochen gebracht, um das Quellen in Gang zu setzen. Danach läßt man den Reis im Inneren des ausgeschalteten Herdes, dessen Wände gut wärmeisolierend wirken, so daß die Quelltemperatur lange erhalten bleibt.

Die Zeit für das Ankochen richtet sich nach der eingesetzten Wassermenge, sie läßt sich nach S. 39 leicht abschätzen (100 ml Wasser erwärmen sich in einer Minute um 60 Grad). Nach dem Herausnehmen aus dem Herdraum hält man die Schüssel warm. Kurz vor dem Servieren erwärmt man den Reis, je nach der noch vorhandenen Feuchtigkeit, bei offener oder bedeckter Schüssel. *Anmerkung:* Steht insgesamt nur wenig Zeit zur Verfügung, dann wird man den Reis besser auf der Kochplatte zubereiten. Dabei ist der Stromverbrauch zwar größer, geschmacklich gibt es aber keinen Unterschied.

c) Vorausgesetzt, man hat keinen tiefgekühlten Rest von Auberginen à la grecque, die sich sehr gut als *Fülle von Zucchini* eignen, beginnt man mit dem Vorbereiten der Auberginen, die mit Salz oder Zitronensaft vorbehandelt werden, damit sie ihren brennenden Geschmack verlieren.

d) Als nächstes kommt die *Melone* dran, die geteilt, geschält, von den Kernen befreit, auf einer hübschen Schüssel arrangiert, mit Maraschino und Zucker imprägniert, mit Klarsichtfolie abgedeckt, für einige Zeit in den Kühlschrank wandert.

e) Der *Salat* kann auch schon früher vorbereitet werden, damit wir später zeitlich nicht ins Gedränge geraten. Gewaschen, in einzelne Blätter zerlegt, in ein Tuch eingeschlagen, wird er im Kühlschrank aufbewahrt. Er bleibt dadurch besonders resch. Knapp vor dem Servieren wird er mit ebenfalls schon früher vorbereiteter Salatsauce gut durchmischt.

f) Die *Zucchini-Füllung* schmeckt um so besser, je länger die gedünsteten Gemüse gemeinsam »ziehen« können. Als erstes kommen die Auberginen in den MW-Herd. Während sie im Öl dünsten, zerkleinert man die Rosinen und Zwiebeln in der Messermühle, häutet die Tomaten und drückt die Kerne aus. Sobald man das gesamte Gemüse in den MW-Herd gesetzt hat, kann man mit dem nächsten Programmpunkt beginnen.

g) Bei unserem Großeinkauf haben wir 3 *Hühner* besorgt. Wenn Zeit und Kräfte reichen, bereiten wir 2 davon zum Tiefkühlen vor. Die Schenkel und die Hühnerschnitzel und -filets der vorgerichteten Brustteile werden einzeln, luftdicht in Alu-

Folie verpackt und gleich versorgt (vgl. Abschnitt *Tiefkühlen* S. 67 f.). Das 3. Hühnchen wird wie üblich vorbereitet. Flügel und Knochen der beiden Hühner und das Hühnerklein von allen 3 Hendln setzt man mit viel Suppengrün und 2 l Wasser auf dem Küchenherd zu. Nach Aufkochen und Abschäumen läßt man, auf kleine Kochstufe geschaltet, *mindestens 1 Stunde*, besser mehrere Stunden lang, leise weiterköcheln. Die entstehende kräftige Brühe ist Basis für die Porreesuppe bei unserem 3. Menü.

h) Nun ist es an der Zeit, mit der heutigen Mahlzeit fortzufahren. Die Bauchhöhle des 3. Hühnchens wird mit den Kräutern angefüllt, das Hühnchen mit Küchenspagat gebunden, damit es im Griller seine Form behält, und in Bratfolie verpackt. Die Verweilzeiten im MW-Herd und hierauf im Griller betragen *jeweils ungefähr 15 Minuten*.

i) Die Bratzeit des Huhns im MW-Herd reicht aus, um die *Zucchini* unterdessen zu schälen und becherförmig zuzuschneiden. Die ausgeschnittenen Zucchiniteile finden Verwendung bei einem Gericht für den folgenden Tag. Hat man das Huhn dann auf den Spieß und in den Griller gesteckt, ist der MW-Herd für das Vorkochen der Zucchini frei *(ca. 8 Minuten)*. Die schon fast gargekochten Becher werden gefüllt und kommen nochmals für *3–4 Minuten* in den MW-Herd. Dann können sie serviert werden.

j) Bevor man sich zu Tisch setzt, überprüft man den *Reis*, setzt ihn zum Wärmen in den MW-Herd und stellt die Zeituhr auf *2 Minuten*. Der Griller wird ausgeschaltet, das *Hähnchen* mit Alu-Folie gegen die Restwärme der Grillstäbe abgedeckt, es kann bis zum Tranchieren etwas abkühlen.

k) Nach dem Abservieren der Vorspeise wieder in der Küche, überzeugt man sich als erstes, ob der *Reis* ordentlich trocken und krümelig ist, um ihn nötigenfalls nachheizen zu können.

Die *Himbeeren* kommen mit dem Zucker anschließend in den MW-Herd. Die Zeit wird vorgewählt, die Einschalttaste aber erst dann gedrückt, wenn der Hauptgang die Küche verläßt.

Aus dem Kühlschrank nimmt man den *Salat* und mischt ihn mit der vorbereiteten Salatsauce. Das *Huhn* wird tranchiert und angerichtet.

l) Die *heißen Himbeeren* gießt man über die gekühlte *Melone* und serviert sofort.

Die Rezepte

Gefüllte Zucchini

Fülle für *10 Portionen*, der Rest wird tiefgekühlt. *350 g Zucchini, 20 ml Olivenöl.* Etwas dickere Zucchini werden geschält, in 4–5 cm lange Stücke geteilt und mit dem runden Ausstecher für Kerngehäuse vorsichtig von einer Seite her ausgehöhlt, so daß kleine Becher entstehen. Der Boden soll etwa 1 cm dick bleiben, die Wände können etwas dünner sein. Die ausgestochenen Teile verwahrt man unter Luftabschluß (Folie) im Kühlschrank. Man erhält 8 Becher, etwa 200 g schwer. Nebeneinander in eine flache Schüssel gestellt, werden sie in *6 Minuten* weich.

Füllung:

100 g Rosinen, 100 g junge Zwiebeln, 200 g gehäutete, ausgedrückte Tomaten (netto), 1 mittlere Aubergine (200 g oder etwas mehr) 50 ml Wein, 40 ml Olivenöl, Salz, etwas weißer Pfeffer, Zitronensaft.

Die Aubergine wird längsgeteilt und entweder gründlich mit einer Zitrone abgerieben, gleich mit den Schnittflächen nach unten in eine geölte, flache Schüssel gedrückt, im MW-Herd *5 Minuten* lang bei voller Leistung gegart, oder man ritzt sie mit einem spitzen Messer kreuz und quer und rundherum, reibt sie mit Salz ein, stellt sie für mindestens *30 Minuten* beiseite, drückt das gesammelte Wasser aus und dünstet sie wie oben. Beide Methoden sollen verhindern, daß die Aubergine durch Lufteinwirkung einen brennenden oder seifigen Geschmack erhält. Die Hälfte der Rosinen und die kleinen Zwiebeln werden zerkleinert (Messermühle, kurz, damit kein Mus entsteht), in Öl gedünstet, bis die Zwiebeln glasig werden (*4 Minuten*, volle Leistung).

Inzwischen häutet man die Tomaten und drückt sie aus, schabt die weichgedünsteten Auberginen mit einem Löffel aus der Schale, fügt beides, grob zerkleinert, zusammen mit dem Wein, dem restlichen Öl, den übrigen Rosinen, Salz, Pfeffer zu den vorgedünsteten Zwiebeln, mischt die Masse gut durch und gart sie im MW-Herd *6 Minuten* bei voller Leistung, wobei man einmal zwischendurch rührt. Das Gemisch soll pikant süßsauer schmecken, man kann, wenn man will, einige Tropfen Zitronensaft oder Wein zufügen.

Estragonhuhn
1,4 kg Brathuhn, 2 Hände voll Estragonzweigspitzen und -blätter, gemischt mit etwas Kerbelkraut, Zitronensaft, Salz.
In die Bauchhöhle des zum Braten vorgerichteten Huhns tropft man Zitronensaft, reibt das Huhn innen und außen mit Salz, stopft es mit den Kräutern aus und bindet Schenkel und Flügel mit Küchenspagat fest. Ohne Verwendung von Metallklammern wickelt man das Huhn in Bratfolie derart ein, daß möglichst wenig von dem entstehenden Dampf entweichen kann. Mit der Brustseite nach unten gekehrt, setzt man das Hähnchen in offener Schüssel in den MW-Herd und stellt die Schaltuhr auf *6 Minuten* bei voller Leistung. Nach dem automatischen Ausschalten des Herdes wartet man *1–2 Minuten,* bevor man das Huhn auf den Rücken wendet und wieder *6 Minuten* einschaltet und *1–2 Minuten* wartet, bevor man die Herdtüre öffnet. Diese Wartezeiten sind für den Wärmeausgleich zwischen inneren und äußeren Teilen des Bratgutes nötig (vgl. S. 41 f.). Die gesamte Garzeit im MW-Herd beträgt *etwa 15 Minuten.* Das Hendl ist eigentlich jetzt schon gar, der ausfließende Saft ist nicht mehr blutig verfärbt, das Fleisch bleibt zart und aromatisch. Legt man Wert darauf, das Huhn braun und knusprig auf den Tisch zu bringen, steckt man es noch auf den Bratspieß. Achtung beim Öffnen des Folienpakets, um sich nicht mit dem gestauten Dampf zu verbrühen! Man grillt maximal *10–15 Minuten* hindurch, längeres Grillen zerstört den Geschmack.
Bei der Zubereitungsweise in Folie und MW-Herd entsteht

Saft in besonders reichlicher Menge, weil nur wenig durch Abdampfen, Verspritzen oder Vertrocknen verlorengeht. Man kann darum ohne Nachteil für die Speise etwas (50 ml) von dem Saft für die Suppe des morgigen Tages abzweigen.

Anmerkung: Nach der beschriebenen Methode lassen sich auch zwei Brathühner gleichzeitig zubereiten. Die Hühner sind einzeln in Folie verpackt, während ihrer Bratzeit im MW-Herd muß ihre gegenseitige Position mehrmals gewechselt werden, um »Schatten«-Effekte zu vermeiden. Die Einschaltzeit im Gerät beträgt *18–20 Minuten,* unterbrochen durch gelegentliche Rastzeiten für den Wärmeausgleich, jedesmal *bevor* man die Hühner umlegt. Auf dem Grillspieß haben ebenfalls zwei Hühner Platz.

Anmerkung: In einem späteren Abschnitt soll auch eine Methode besprochen werden, wie ein Huhn ohne Verwendung des Grills, dafür aber mit Hilfe eines sogenannten Bräunungsgeschirrs, im MW-Herd gebraten werden kann.

Himbeeren und anderes Beerenobst im MW-Herd

200 g Himbeeren, frisch oder gefroren, 80 g Zucker gründlich unter die Beeren mischen, *3 bzw. 8 Minuten* bei voller Leistung. Die Beeren mit dem Zucker erhitzen, aber nicht kochen. Saft soll sich bilden, die Form der Beeren aber weitgehend erhalten bleiben. Zerkochte Beeren sind unansehnlich und werden besser durch ein Sieb passiert und als Sauce verwendet.

Wichtig für tiefgekühlte Beeren: Auftauen nur unter »Luftabschluß«, damit Farbe und Geschmack erhalten bleiben. Das Mischen mit dem Zucker hat diesen Zweck. Wenn die Speise es erlaubt, können auch Schlagobers, Eierschaum oder etwas Wein den Luftabschluß bilden.

2. Tag
Kocheinteilung

Nehmen wir an, daß wir in den folgenden beiden Tagen nicht viel Zeit für die Küche übrig haben. Trotzdem soll etwas Interessantes und Gutschmeckendes auf den Tisch kommen. Wir beginnen mit dem Nudelkochen, und zwar in traditioneller Weise, weil der MW-Herd hier, außer einer kleinen Stromersparnis, keine Vorteile bringt und wir diese wertvolle Kochstelle nicht blockieren wollen. Wir kochen mehr *Nudeln*, als für heute gebraucht werden, und frieren das Übriggebliebene in flacher Schicht in Plastikbeutel für das nächste Mal ein. Die gegebene Zeit nützen wir zum Trennen der *Tomaten* in einen dünnflüssigen, hellgefärbten Teil, den wir für unsere Suppe verwenden wollen, und den dicklichen Rest, der passiert und zu Mark verarbeitet wird, das wir morgen brauchen werden. Während sich die Tomaten im MW-Gerät befinden (*12 Minuten*, volle Leistung für 1 kg), halbieren und zuckern wir die *Marillen (Aprikosen)* (Kerne aufheben, um daraus bei Gelegenheit Bittermandel-Extrakt herzustellen). Die tiefgekühlten *Ribiseln (Johannisbeeren)* kommen in eine schockfreie Glasschüssel und werden ebenfalls gut mit dem Zucker bedeckt. Inzwischen ist der MW-Herd frei geworden, und Ribiselmark und Marillenkompott können gekocht werden. Die Nudeln, die nicht zu weich, sondern noch etwas kernig (»al dente«) sein sollen, seihen und spülen wir, wie üblich, im kalten Wasser. Die *Zucchinireste* von gestern ergänzen wir mit kleingeschnittenen frischen Zucchini auf ca. 300 g, dünsten sie kurz in Butter in einem ausreichend großen Gefäß, das anschließend 300 g Nudeln und alle übrigen Zutaten aufnehmen kann. Für die *Suppe* vereinigen wir die noch warme hellrote Tomatenflüssigkeit mit den 50 ml geliertem Saft des Estragonhuhns und dem gekochten Reis, die wir gestern abgezweigt haben, schmecken mit Salz ab und füllen die Suppentassen. Die feinsäuerlich und pikant schmeckende, leichte Suppe muß nicht mehr gekocht, sondern nur noch tischwarm gemacht werden. Inzwischen wird das *Fleisch* gebraten. Wir beschränken uns auf dünngeschnittene, in der Pfanne rasch abgebratene Rumpsteaks, weil die Zuspeise sehr reich ist und sowohl Gemüse wie auch Kohlehydrate enthält. Später werden wir zeigen, daß gerade diese Fleischart bei Verwendung eines Bräunungsgeschirrs auch im MW-Herd gut gebraten werden kann. Die Rumpsteaks werden mit Alu-Folie warmgehalten, das *Nudelgericht* in den MW-Herd gestellt, das Gerät für *5 Minuten* bei voller Leistung in Gang gesetzt, und die Suppe aufgetragen.

Die Rezepte

Klare Tomatensuppe mit Kräutern

Diese Suppe ist so einfach zuzubereiten, andererseits aber auch variationsfähig, daß ich gar kein »Rezept« im engeren Sinne angeben kann. Sie basiert auf dem säuerlichen Geschmack der Tomaten, der aber nicht aufdringlich sein darf, und auf dem Geschmack von Huhn und Kräutern. Dabei kann nach Belieben die eine oder andere Komponente mehr in den Vordergrund treten. Statt mit Hühnersaft, wie in unserem Beispiel, kann das Tomatenwasser gut auch mit Hühnerbrühe verdünnt werden. Die Suppe schmeckt dann weniger sauer. Basilikum anstelle von Estragon und Kerbelkraut gibt eine besonders gute Suppe:

Für 3–4 Personen: *Eine Handvoll Triebspitzen von Basilikum* in der Messermühle feingehackt, in *20 g Butter 2 Minuten* (volle Leistung) andünsten, mit *100 ml der Flüssigkeit 2–3 Minuten* aufkochen, bevor man den *Rest der Tomaten- und Hühnerbrühe* auffüllt und nachwärmt.

Das Abpflücken der Triebspitzen zusammen mit den obersten beiden Blättchen habe ich den Teepflückerinnen von Sri Lanka abgeschaut. Es regt die Pflanze an, immer noch neue Triebe anzusetzen. Basilikumpflänzchen in Töpfen erhält man auf Großstadtmärkten im Frühjahr. Bei pfleglicher Behandlung ist der Kräuterbedarf einer Saison gedeckt.

Nudelgericht mit Zucchini

Das Ur-Rezept dieser Speise habe ich kürzlich in der Gourmet-Spalte einer Wiener Zeitung entdeckt und festgestellt, daß man das Dünsten der Zucchini und Aufkochen der Nudeln in der pikanten Sauce sehr bequem und mit Zeitvorteil im MW-Herd besorgen kann. Obwohl es ursprünglich nur als Vorspeise angegeben wird, finde ich es so reich, daß es Zentrum des Hauptganges sein kann. Ich gebe das Rezept hier in Originalform wieder, mir persönlich ist etwas weniger Knoblauch lieber.

250 g gekochte Nudeln, 250 g Zucchini, geschnitten, 3 Zehen Knoblauch, Butter, Öl, 1/16 l Weißwein, Basilikum und Petersilie, frisch, Salz, weißer Pfeffer, frisch gemahlen. Für die *Oberssauce: 1/8 l Obers (Sahne), 1 Ei, 3 EL Parmesan, Salz, weißer Pfeffer.*

Zucchini und Knoblauch im Öl-Butter-Gemisch im MW-Herd sehr kurz dünsten, sie dürfen gerade nicht mehr »roh« schmecken, längeres Dünsten macht sie patzig. Wein und Gewürze zufügen, leicht anwärmen, Nudeln unter die Zucchini rühren, Oberssauce zugeben und kurz aufkochen.

Gedünstete Marillen (Aprikosen) mit Ribisel (Johannisbeer)-Sauce

500 g Marillen, halbieren, Kerne beiseite legen, mit *50 g Zucker* und *50 ml Bittermandel-Extrakt,* mit Folie bedeckt, *4 Minuten* bei voller Leistung kochen.

Ribiselsauce: 400 g frische rote Ribiseln, 70 g Zucker, 20 ml Rotwein 4 Minuten bei voller Leistung in großer, mit Folie bedeckter Schüssel aufkochen (kocht leicht über), durchpassieren.

Ribiselsauce paßt auch sehr gut zu Zuckermelonen.

3. Tag

Das Menü ist heute so einfach, daß es kaum einer Zeiteinteilung bedarf. Wichtig ist nur, daß die **Porreesuppe** bald aufgesetzt wird und lange Zeit zum Aromasammeln zur Verfügung ist. Wir verwenden die kräftige Brühe, die wir vor zwei Tagen aus den Knochen und dem Hühnerklein von 3 Hendln gekocht haben. Das Rezept ist denkbar einfach:

2/3 Hühnerbrühe, 1/3 Weißwein, 1 Stange Porree pro Person.

Von den geputzten Porreestangen schneiden wir die weißen Teile ab, schälen auch von diesen noch die obersten 1 bis 2 Lagen, geben diese zusammen mit den zarteren grünen Teilen unzerkleinert, oder nur grob geteilt, in das Wein-Brühe-Gemisch, bringen das Ganze im MW-Herd zum Kochen und lassen bei kleiner Leistung noch lange weiterköcheln. Auch nach Abschalten des Gerätes soll die Suppe wenn möglich noch im warmen Herdraum ziehen, damit sich der Aromaausgleich vollziehen kann. Kurz vor Beginn der Mahlzeit nimmt man den grünen Porree aus der Suppe und läßt dafür die zarten, in feine Ringe geschnittenen Porreeteile gerade so lange garen, bis sie nicht mehr roh schmecken. Längeres Kochen verdirbt den Geschmack des Gemüses. Die Kochzeiten richten sich jeweils nach der Anzahl der Portionen. Falls die ursprüngliche Suppenmenge schon ausgekühlt ist, wenn man die Porreeringe kochen soll, kann man Zeit sparen, indem man den zarten Porree in einer kleinen Suppenmenge weichkocht. Nach Vereinigung mit der Hauptmenge muß diese nicht mehr kochen, sondern nur noch tischwarm gemacht werden.

Vorratshaltung (H.)

Schon diese erste Lektion liefert uns Anhaltspunkte zur Vorratshaltung. Wir werden darauf immer wieder zurückkommen. Das Ziel ist mehrfach.

Erstens will man alles Haltbare, was man oft braucht, im Haus haben, damit man nicht jedesmal viel Verschiedenes in kleinen Mengen einkaufen muß.

Zweitens will man eine Anzahl von halbfertigen Produkten, die beim Kochen anfallen, gleich in größeren Mengen herstellen, damit man bei einer späteren Mahlzeit Arbeit spart.

Ein Beispiel sind die in Butter und Sahne gedämpften *Zwiebelwürfel oder Zwiebelmus*, die man in der Kühltruhe in einer Schicht von etwa 1 cm Dicke lagert, damit man nach Belieben davon abbrechen kann. Unser Menü verliert dadurch seinen ersten Schrecken. Man erhitzt einfach das gefrorene Stück mit wenig Sahne.

Das zweite Beispiel sind die geschälten *Tomaten*. Von einer größeren Menge gekaufter Tomaten verwendet man beim ersten Essen nur einen Teil, taucht aber alle (nach Entfernen des Fruchtansatzes) 10 Sekunden lang in kochendes Wasser. Dann kann man sie gleich schälen oder aber mit der Haut in einer

Plastiktüte im Kühlschrank lagern. Sie lassen sich auch später ganz leicht schälen. Weiteres über Tomaten kommt später.

Polenta ist ein drittes Beispiel. Man wird immer so viel wie möglich machen und alles, was man nicht beim ersten Mal verwendet, in etwa 1½ cm dicken Scheiben einfrieren. Dann kann man die Scheiben einfach heiß machen oder mit Butter oder Öl anrösten oder mit Sahne und wenig geriebenem Käse im Ofen backen.

Bei der Vorratshaltung unterscheiden wir nach dem Lagerort.

Speisekammer oder Gewürzfach oder Vorratsschrank, alles möglichst in Reichweite. Davon wird im folgenden kaum gesprochen.

Kühlschrank ist für alles, was dort länger hält. Das ist mehr, als man denkt, nicht nur Butter, Sahne, Gemüse. Mandeln zum Beispiel gehören in den Kühlschrank, und auch die leicht verderblichen Öle wie das feinste Olivenöl (nicht erhitzt, aus erster Pressung) oder Walnußöl aus Grenoble.

Eine Tiefkühltruhe darf auch in dem kleinsten Haushalt nicht fehlen, wenn Zeitsparen wichtig ist in dem Sinn, daß Zeit gleich Geld ist, das heißt, mehr Berufstätigkeit erlaubt, oder Zeit gleich gute Laune der Hausfrau.

Von Tiefkühlen wird noch viel die Rede sein. Man muß unterscheiden zwischen der Lagerung von Produkten, halbfertigen oder fertigen Speisen, die durch das Tiefkühlen (bis zu einer jeweils angebbaren Zeit) keinerlei merklichen Schaden in Konsistenz oder Geschmack erleiden, solchen, die man für manche Zubereitungen (etwa frisches Obst püriert) einwandfrei verwenden kann, und schließlich solchen, insbesondere Reste von früheren Mahlzeiten, die beim zweiten Mal nicht mehr ganz das sind, was sie beim ersten Mal waren, die man aber zwecks Ersparnis von Material und vor allem von Arbeit duldet. Hier gibt es viele Grade von Qualität. Ein absoluter Purismus ist nicht angebracht. Die Tiefkühlmethode hat sich mit Recht auch in die gute Küche hinein ausgebreitet. Andererseits ist immer Vorsicht am Platze. Wir werden darauf oft zurückkommen müssen.

Abtrennen von Tomatensaft und -mark, Aufbewahrung in der TK-Truhe (T.)

In den meisten Kochbüchern findet man die Anweisung, die Kerne samt dem wäßrigen Inneren der Tomaten »auszudrükken«. Damit verliert man das meiste des Ausgangsprodukts für die auf S. 64 angegebene Suppe. Mein Verfahren ist etwas anders:

Die *Tomaten* werden, quer durchteilt, im MW-Herd weichgekocht *(1 kg 12 Minuten* bei voller Leistung), in einen mit einem Sieb bedeckten Topf geleert. Durch vorsichtiges Rühren läuft der wäßrige Anteil durch das Sieb, den verbleibenden dicklichen Rest passiert man in den ersten Topf zurück und kann ihn im MW-Herd zu Sauce, Sofrito etc. verarbeiten. Will man sich die Arbeit des Passierens ersparen und sie weichgekocht im Mixer pürieren, dann muß man die Tomaten schon vor dem Kochen häuten und den Stielansatz mit dem harten Mittelteil entfernen. Das Häuten geht ganz besonders leicht mit gefrorenen Tomaten: Man hält sie in kaltes oder handwarmes Wasser, so daß eine ganz dünne äußere Schicht der Tomate auftaut und die Frucht durch leichten Druck mit der Hand »aus der Haut fährt«.

Für geschälte Tomaten gilt das, was wir schon im Kapitel Beerenobst (S. 47 und S. 62) besprochen haben: Sie sollen nicht lange der Luft ausgesetzt bleiben, da sie sonst einen blechernen Geschmack bekommen.

Tomaten lassen sich besonders gut tiefgekühlt konservieren. Man lagert sie im Sommer ein, wenn sie am reifsten sind, sie halten sich gut 1 Jahr, und man kann sie stets nach Maß des Bedarfs entnehmen. Zum Einfrieren setzt man sie einzeln auf eine metallene Unterlage (Blechtasse), nicht zu viele auf einmal, möglichst auf den Grund der Tiefkühltruhe. Die hartgefrorenen Kugeln füllt man in Plastikbeutel. Tiefkühltomaten sind nach dem Auftauen schlapp und nicht etwa für Salate etc. geeignet.

Zweite Lektion

Die einfachsten Dinge (H.)

Wir kennen natürlich nicht den Grund, warum Sie zu den 3 Prozent der Haushalte gehören, die bei uns einen MW-Herd besitzen. Wir nehmen an, daß im Hintergrund das Bedürfnis stand, auch beim Kochen sich das Leben leichter zu machen, Schwierigkeiten ohne das Engagement des Professionellen mühelos zu meistern, ein Herrscher über die Materie zu sein, gut zu essen und trotzdem mehr Zeit zu haben. Davon soll jetzt die Rede sein. Der MW-Herd hat da in der Tat einiges zu bieten, gerade bei ganz einfachen Dingen, die eigentlich kaum der Rede wert sind. Ich trinke gern Tee, wenn ich arbeite. Dabei wird der Tee in der Tasse kalt. 20 Sekunden in den MW-Herd, und er schmeckt wie frisch gemacht. Oder wenn dem Gast der Rotwein im Glas zu kühl ist (was meistens eher an ihm liegt als an dem Rotwein): 5 Sekunden. Oder der Kollege in England ruft um die Essenszeit an, weil es bei ihm erst halb zwölf ist: 40 Sekunden, und der halbvolle Teller ist im vorigen Zustand. Eier aus dem Kühlschrank: 5 Sekunden pro Ei vor dem Kochen in den MW-Herd, und sie platzen (meistens) nicht. Ähnlich, wenn Gattin oder Kinder später zum Essen kommen: Sie versäumen nicht viel, wenn sie ihren Teller, nicht zu hoch gefüllt, so lange in den MW-Herd stellen, bis er unten warm ist (es darf ja nichts kochen).

Solche Dinge tragen dazu bei, daß mein MW-Herd wirklich jeden Tag benutzt wird und daß er mich dabei jedesmal freut. Heute möchte ich von alltäglichen Kochvorgängen sprechen, bei denen man insgesamt am meisten Zeit und Mühe sparen kann.

Das sind kleine Dinge, aber auch sie können große Folgen

haben. Wir kennen eine Hausfrau mit 5 großenteils erwachsenen Kindern. Sie hat sich angewöhnt, immer normal für 7 Personen zu kochen. Dann ißt sie mit ihrem Mann oder wer gerade da ist. Alles andere läßt sie sofort kalt werden; nichts wird warmgehalten, denn das Warmhalten ist eine der großen Sünden gegen eine gesunde Ernährung. Wer später kommt, füllt sich seine Portion auf den Teller und wärmt ihn im MW-Herd. Dieses hat wohltuende Folgen gehabt. In fast allen Familien ist unpünktliches Erscheinen beim Essen eine dauernde Quelle von Vorwürfen und Streit. Hier gibt es das nicht; im Gegenteil, wenn jemand pünktlich ist, äußert er damit den guten Willen, mit den anderen zusammenzusein. Vielleicht ist das der tiefere Grund, daß in dieser Familie noch alle Kinder zu Hause sind und keine zentrifugalen Neigungen entwickelt haben.

Aber nun zurück zum Kochen. Wir beginnen mit dem Tagesanfang:

Frühstück

Wir denken an Frühstück für 1 bis 2 Personen, etwas Informelles, wie man es jeden Tag haben will. Wir teilen die Meinung, daß das Frühstück eine besonders wichtige Mahlzeit sei. Es muß für einen wesentlichen Teil des Tages fit machen. Dabei soll es leicht sein, den noch nicht aufgewachten Magen nicht beleidigen. Und es soll auch auf die empirisch belegte, aber nicht leicht erklärbare Tatsache Rücksicht nehmen, daß man viele stark schmeckende oder stark gewürzte Speisen morgens nicht mag. In den USA nach dem Krieg habe ich aus der Reklame gelernt, daß man ein »Fünf-Punkte-Frühstück« zu sich nehmen soll, also etwa Tee, Porridge, Fruchtsaft, Eier mit Bacon, Toast mit Marmelade. Das ist ein großer Gegensatz zu Frankreich, wo die Norm eher heißt: Kaffee und ein Croissant, wobei viele nicht einmal Milch zum Kaffee nehmen. Ich gestehe, daß mir die amerikanische Version näher liegt, obwohl ich weiß, daß ich dann später nicht so viel Rotwein zum Essen trinken darf und mich überhaupt mit den Mengen zurückhalten muß, wenn ich nicht so aussehen will, wie früher oft ein großer Koch aussah. Ich werde also in dieser Lektion das große Frühstück betrachten.

Kaffee. Niemand zweifelt daran, daß man sehr guten Kaffee (wir bevorzugen die Filtermethode) auch ohne MW-Herd machen kann, und wenn man für mehrere Personen Kaffee macht, wird man das auch tun. Kaffee soll frisch gemahlen sein. Das macht jeden Morgen Mühe. Oder, wenn er nicht frisch gemahlen ist, soll er in der Originaldose im Tiefkühlfach aufbewahrt werden. Dann aber ist er unangenehm kalt, wenn er gefiltert wird. Dem kann abgeholfen werden, wenn man den Filter samt dem Kaffee für 20 Sekunden in den MW-Herd steckt. Ein schnelles Verfahren, mit wenig Aufwand an Geschirr, für 1 Person ist:
Der Filter wird auf eine große Tasse gestellt, die 2–3 normale Tassen faßt. Im MW-Herd wird in einem kleinen Glasbecher, den ich immer für solche Zwecke bereitstehen habe, Wasser gekocht. Damit wird zum erstenmal aufgegossen, und während das Wasser durchläuft, wird die zweite Portion gekocht. Wichtig ist, daß der Kaffee dann bald getrunken wird. Nach 10 Minuten schmeckt er schon deutlich anders.
Morgens trinke ich mit Vorliebe »Kaffee verkehrt«, wie man früher sagte, Kaffee mit viel heißer Milch. Hier ist auch eine der kleinen Freuden des MW-Herds: Man weiß sehr schnell, wie lang es dauert, bis die Milch heiß ist (bei 0,3 l etwa 2½ Minuten). Die Milch kocht also nie mehr über. Man kann die Milch in demselben Topf kochen, in den man nachher den Kaffee filtert, vorausgesetzt, man ist allein oder wünscht dieselbe Mischung wie der oder die Partner.

Tee. Für 1 Person kann man Tee in einer großen Tasse machen, wieder in zwei Stufen; der Tee kommt in ein kleines rostfreies Sieb, das man herausnimmt, ehe die zweite Wassermenge dazukommt. Ich habe nur eine Bemerkung zu machen: Ich achte immer darauf, daß das Wasser wirklich gekocht hat. Aber bevor ich es auf den Tee gieße, warte ich einige Sekunden. Wenn man das nicht tut, kann es vorkommen, daß das Wasser beim Auftreffen auf den Tee zischt. Ich nehme an, daß es sich um einen Siedeverzug handelt. Beim Kochen auf dem Herd fängt immer vor dem Aufwallen eine Blasenbildung an kleinsten Rauheiten am Boden des Topfes an, und dort beginnt auch das Kochen ganz ungehindert. Im MW-Herd ist die Wand immer kälter als das Innere. Das Kochen muß also innen beginnen. Im Wasser gibt es aber keine Keime für Blasenbildung, deshalb kann das Wasser hier heißer werden als 100 Grad. Tee ist verschieden empfindlich. Ceylon oder Earl Grey werden nicht leicht bitter. Aber der beste Darjeeling ist bei mir immer bitter, wenn ich nach dem Kochen des Wassers nicht ein wenig warte. Daß das nicht im Prinzip schlimm ist, weiß man ja von den USA, wo man für den Tee immer eine Kanne heißes Wasser und daneben den Teebeutel bekommt. Bei den schönen grünen chinesischen Tees ist es sogar Vorschrift, daß man das Wasser auf etwa 90 Grad abkühlen läßt, nachdem es gekocht hat. Dafür kann man dann beim zweiten Mal auf dieselben Blätter noch einmal heißes Wasser gießen, und der Tee schmeckt beim zweiten Mal eher besser.

Ich hoffe sehr, daß der Leser mir diese Ausführlichkeit zu verzeihen bereit ist. Ich möchte nichts auslassen, was ohne oder fast ohne Mühe die Qualität des Produkts verbessert; und ich möchte auch die kleinen Sparmöglichkeiten nicht auslassen, etwa durch Verwendung von weniger Geschirr oder durch kleine Handgriffe weniger Zeit oder Mühe zu brauchen. Ich erinnere mich, daß mir eine Hausfrau einmal Vorwürfe gemacht hat, weil ich in meinem Kochbuch etwas so Einfaches wie das Zwiebelschneiden erklärt habe. Deshalb war ich erleichtert, es auch bei dem großen Koch Bocuse ausführlich erklärt zu finden.

Porridge. Wir müssen uns darüber klar sein, daß keineswegs jedermann morgens Lust hat, ein klebriges warmes Zeug, wenn auch mit Zucker und kalter Milch – was die schottischen Puristen ablehnen –, zu sich zu nehmen. Man muß also auf jeden Fall fragen; vielleicht mag jemand statt dessen Cornflakes oder eines der vielen anderen Produkte, aber auch das ist nicht sicher. Ich gebe das Rezept nur für 1 Person.

In einer Schale oder einer kleinen Schüssel (nicht zu flach) *200 ml Wasser, 4 gehäufte EL Haferflocken* darübergestreut, *wenig Salz*, offen bei voller Leistung zum Kochen bringen, dann *noch 1 Minute* bei halber Leistung weiterkochen, um ein Überkochen zu vermeiden. Man kann nach Geschmack mehr Haferflocken (oder weniger Wasser) nehmen, dann wird die Masse fester. Nach Belieben Zucker darüberstreuen, und etwa *100 ml kalte Milch oder halb Milch, halb Sahne.*

Eier. Der MW-Herd steht in dem Ruf, für Eier nicht gut zu sein. Das rührt wohl daher, daß Eier in der Schale explodieren, wenn man sie so zu kochen versucht (spätestens wenn man sie dann aufschlägt). Es rührt auch daher, daß zum Beispiel Spiegelei ungleichmäßig fest und das Eigelb oft zuerst hart wird. Ich mache trotzdem relativ oft Eier im MW-Herd, aus Zeitgründen, und sie schmecken gut. Ich gebe einige Beispiele. Bei allen darf man nicht zu lange erhitzen, sonst kann es Explosionen geben.

Ei im Glas. Ein Glasgefäß mit etwa 100 ml Inhalt innen buttern, *1 Ei* hineinschlagen, *Salz* und wenn man will, *Pfeffer* darüber. Nun das Gefäß in ein zweites, mit Wasser gefülltes Gefäß stellen, das nicht zu groß sein soll, und im MW-Herd bei voller Leistung erhitzen. Wenn das Wasser (nach *etwa 1½ Minuten*) kocht, ist auch das Eiweiß mindestens fast geronnen, und das Eigelb müßte noch flüssig sein.

Spiegelei oder *»Shirred Egg«.* Es gibt kleine Keramikpfännchen, die im MW-Herd heiß werden. Ein solches *2 Minuten* bei voller Leistung erhitzen, dann *Butter* hinein, das *Ei, Salz, Pfeffer* zugeben und *noch ½ Minute* oder etwas länger erhitzen. Wenn man will, kann man das Ei, wenn es fest zu werden beginnt, umrühren, dann ist es ein Shirred Egg. Zum Schluß sollte man etwa *5 g Butter* auf der Oberfläche verstreichen.

Rührei mit Sahne. Die *Eier* werden in einer Schüssel mit *Salz, Pfeffer und Muskat* leicht verrührt, und man rührt pro Ei *1 bis 2 EL Sahne* dazu. In einem flachen Gefäß schmilzt man *10 g Butter pro Ei*, gibt die Masse dazu und erhitzt bei halber Leistung, bis am Rand die Masse aufgeht. Nun rührt man die festeren Teile nach der Mitte zu und fährt, eventuell unter nochmaligem Rühren, fort, bis fast nichts mehr flüssig ist. Beim Stehen wird das Ganze noch ein wenig fester. Dies ist eine sehr wohl-schmeckende, wenn auch für das Frühstück etwas reiche Speise.

Frühstücksspeck. Es ist erstaunlich, daß so viele, und der Autor gehört durchaus dazu, so etwas Kräftiges wie geräucherten Magerspeck, kroß oder fast kroß gebraten, zum Frühstück wollen, und ich bewundere die Hoteliers, die das durch gesalzene Preise für jede kleine Scheibe auszunützen wissen. Frühstücksspeck ist im MW-Herd leicht zu machen. Man legt ihn, nach Scheiben getrennt, zwischen zwei Schichten von Küchenkrepp und probiert die Zeit, *etwa 1 Minute,* nach der der Speck kocht, aber noch nicht hart ist. Das Resultat ist nicht ganz so gut wie bei der sorgfältigen Herstellung unter dem Grill, aber viel schneller erreicht.

Brötchen, Brot auftauen. Seit der Bäckerjunge keine Brötchen mehr bringt, ist das Einfrieren populär. Die beste Lösung ist wohl, Toastbrot (selbstgeschnittenes Kastenbrot ist bei weitem vorzuziehen) in einem Beutel einzufrieren und jeden Morgen die benötigte Menge unmittelbar, ohne Auftauen, in den Toaster zu geben. Brötchen sollte man sehr schnell in dem dafür bestimmten, besonders kalten Teil einfrieren. Man kann sie im MW-Herd ganz kurz auftauen. Dabei soll nichts merklich warm werden. Am besten schneidet man sie so bald als möglich auf und läßt dann noch ein wenig nachtauen. Zu lang erwärmte Brötchen werden unangenehm weich. Man muß sie dann im Ofen noch ein wenig nachbacken, aber das ist ein Notbehelf. Es gibt auch tiefgekühlte – und auch nicht tiefgekühlte – Brötchen, die man nur noch leicht nachbacken muß. Leider habe ich noch keine gefunden, die mir nachher geschmeckt haben.

Backpflaumenkompott. In den angelsächsischen Ländern gibt es noch vieles zum Frühstück, was wir nicht gewohnt sind, etwa Bratkartoffeln oder Fisch. Ich würde mich davon am ehesten für das Backpflaumenkompott erwärmen, das ganz gut schmeckt und gut für die Verdauung sein soll. Man weicht über Nacht *pro Person 50 g getrocknete Zwetschgen* (möglichst solche ohne Konservierungsmittel) in viel Wasser ein und kocht sie dann, mit Wasser oder halb Wasser, halb Weißwein, Zitronenschale und etwas Zucker gut bedeckt, zugedeckt bei voller Leistung auf und dann bei kleiner Leistung weiter, bis sie angenehm weich sind. Das muß man probieren, denn die verschiedenen Sorten sind sehr unterschiedlich. Ich gebe etwas mehr Zucker zu und füge zum Schluß noch den Saft von ½ Zitrone dazu. Dann ersetzt das Kompott auch den sonst unentbehrlichen *Orangensaft*. Dieser übrigens soll immer frisch ausgepreßt sein. Er schmeckt dann viel besser. Schon 2 Stunden machen da einen großen Unterschied.

Methodisches

Ein vielleicht unscheinbarer Vorteil des MW-Herdes betrifft den Zeitaufwand beim Kochen. Allgemein ist Zeitaufwand nicht die Zeit zwischen Beginn und Ende des Kochens, obwohl man oft auch diese Zeit kurz zu halten wünscht, etwa um die Zeit zwischen Aufwachen und Frühstück kurz zu halten oder um die Arbeit nur kurz zu unterbrechen. Die wichtigere, wenn man so will, verlorene Zeit ist die, die man tatsächlich mit dem Kochen verbringt, also die, in der man nichts anderes tut oder tun kann. Beim Kaffee- oder Teekochen brauchen die einzelnen Handgriffe nur Sekunden. Dazwischen kann man den Tisch decken (wir glauben, daß ein hübsch gedeckter Tisch das Wohlbefinden hebt und deshalb kein Luxus ist). Auch hier kann man viel Zeit sparen, wenn man zum Beispiel viel im Kühlschrank in einer Form hat, daß man es direkt auf den Tisch stellen kann. Beim MW-Herd ist der Vorteil, daß er sich selbst abstellt und daß dann im Gegensatz zum konventionellen Herd keine Nachwärme auftritt. Wenn ich Herdfabrikant wäre, würde ich versuchen, auch da mehr mit Zeitschaltern und vielleicht mit automatischem Abheben des Topfs nach dem Kochen zu machen.

Das Porridgebeispiel zeigt uns eine fundamentale Schwierigkeit des Mikrowellenkochens: eine Ungleichmäßigkeit, die durch das Kochgut selbst in Zusammenhang mit der Wirkungsweise der Wellen verursacht ist. Wir sagten schon, daß diese den Kochraum einigermaßen gleichmäßig erfüllen. Das heißt, daß an jedem Punkt des leeren Kochraums Mikrowellen aus allen Richtungen kommen. Wenn wir uns nun das Kochgut als eine dicke Scheibe denken, dann wird die an jedem Punkt wirkende Leistung bestimmt sein durch die Summe aller Richtungen, aus denen die Strahlung kommen kann. Da die Scheibe, wenn sie mehr als 2 cm dick ist, die Mikrowellen absorbiert, wird an der Oberfläche nur die Hälfte aller Richtungen, nämlich alle von oben oder alle von unten, zur Wirkung kommen. Nahe dem zylindrischen Umfang dagegen sind nur wenige Richtungen behindert. Hier ist also die Erwärmung stärker. Das gilt noch mehr, wenn das Gericht nicht kreisförmig ist, sondern herausragende Teile am Rand hat, oder wenn es unterschiedlich dick ist. Deshalb muß man in vielen Fällen mindestens einmal rühren oder fest werdende Teile, wie bei den Eiern, nach der Mitte schieben.

Beim Üben für das Porridge habe ich noch etwas anderes gelernt. Ich habe anfangs mit Suppentellern gekocht und mußte da immer viel rühren. Als ich aber kleine Schüsseln nahm, wie man sie in den USA stets zu Cornflakes bekommt, ging das obige Rezept ganz ohne Rühren oder Zudecken. Man konnte sehen, wie sich bei Kochbeginn eine Zirkulation einstellte, am Rande nach oben und in der Mitte nach unten. Das ist wie bei einer Zentralheizung: Heißes Wasser und noch mehr, wegen der

76

Bläschen, kochendes Wasser ist leichter als kaltes und steigt deshalb, und zwar um so kräftiger, je größer die Aufstiegshöhe ist, wie bei einem Kamin. In einem Teller findet der Effekt im Prinzip auch statt, aber schwächer, und vor allem reicht er wegen der Flachheit der Schicht nicht bis zur Mitte hin. Man sagt übrigens oft, daß Getreideerzeugnisse nicht in kaltem Wasser zum Kochen gebracht werden sollen. Das stimmt bei meinen Haferflocken nicht, sie sind mit kaltem Wasser eher zarter als mit heißem. Ich soll vielleicht noch sagen, daß ich keine Instant-Haferflocken verwende und ähnliche Produkte überall, etwa auch bei Reis, vermeide. Ich kann das nicht immer begründen; meistens schmeckt mir das Original besser.

Speck wird im MW-Herd einigermaßen braun, und die Temperatur kann über 100 Grad ansteigen. Offenbar wird Fett auch heiß, wenn es kaum mehr Wasser enthält. Das kann man manchmal nutzen, etwa um geröstete Brotwürfel mit Butter zu machen. Das wird später ausführlicher beschrieben.

Das Auftauen von Brötchen bringt uns auf eine wichtige, nur für den MW-Herd charakteristische Erscheinung. Wir sagten schon, daß die höchste Temperatur nicht an der Wand, sondern im Innern in einer Tiefe von einigen Millimetern entsteht. Wenn dort nun eine Temperatur von 100 Grad erreicht wird, dann übersteigt der Dampfdruck des Wassers den Luftdruck in der umgebenden Atmosphäre. Das ist allgemein die Art, wie Kochen entsteht. Also kocht das Wasser im Innern. Es entsteht ein kleiner Überdruck, durch den der Dampf rasch nach außen wandert. Die heiße Schicht wird ausgetrocknet, im allgemeinen wird sie ledern. Diesen Zustand soll man immer vermeiden, wenn man etwas nicht Flüssiges kocht. Das gilt natürlich auch beim Auftauen. Dort allerdings muß man noch viel vorsichtiger sein und eine erhebliche Erwärmung überhaupt vermeiden.

Das Explodieren der Eier ist auch eine Folge des Kochens im Innern: Es bildet sich Dampf, und gleichzeitig wird das Eiweiß fest und läßt ihn nicht heraus. Der Wassertransport durch Verdampfung, der auch schon vor dem echten Kochen in einem gewissen Umfang stattfindet, ist eine vom normalen Kochen her ungewohnte Erscheinung, die man berücksichtigen muß, um schlechte Ergebnisse zu vermeiden.

Bei dem Kompott kommen wir noch auf etwas weiteres Neues, nämlich auf die Wärmeübertragung durch Wasserdampf und die Erwärmung durch Kondensation von Dampf. Wenn am Rand das Kochen und damit die Dampfbildung beginnt, wird der Dampf, wenn er nicht entweichen kann, sich überall dort niederschlagen, wo die Temperatur von 100 Grad noch nicht erreicht ist, an den Wänden, am Deckel und an allen noch kälteren Stellen des Kochguts. Wenn Dampf sich wieder in Wasser verwandelt, wird erhebliche Wärme frei. Jeder weiß, wie schnell man sich in einem Dampfstrahl verbrüht. Dampf also bewirkt eine schnelle Wärmezufuhr zu allen kälteren Stellen. Damit dieser Prozeß voll wirksam wird, muß allerdings der Dampfdruck hoch sein, das heißt, die Atmosphäre über dem Kochgut muß im wesentlichen aus Dampf bestehen. Ist das nicht der Fall, erfolgt die Kondensation immer noch an den relativ kalten, aber nicht mehr an den wärmeren Stellen.

Daraus folgt: Man kann den Wärmeübergang vom Rand nach der Mitte erheblich verbessern, indem man dafür sorgt, daß sich über der Oberfläche eine Atmosphäre von fast reinem Dampf bildet. Dies kann man am besten dadurch erreichen, daß man anstelle eines Deckels eine Kunststoff-Folie verwendet, die, wie das normale Haushaltsfolien tun, eine Temperatur von 100 Grad aushält. Die Folie soll am Rand nicht ganz dicht anliegen, oder man soll kleine Löcher hineinstechen. Wenn nun Wasser kocht, entweichen Luft und Dampf nach außen. Außerdem kondensiert der Dampf an allen kälteren Flächen. Nach einiger Zeit ist fast keine Luft mehr in dem kleinen Raum. Die Kunststoff-Folie hilft dabei mit, weil sie so dünn ist, daß sie sich durch den Dampf sofort erwärmt. Der Prozeß geht also mit der Folie wesentlich schneller als mit einem festen Deckel.

Der gesättigte Dampf hat noch eine wichtige Wirkung: Er verhindert nämlich mindestens teilweise das Austrocknen aus der Flüssigkeit herausragenden Kochguts. Gesättigt bei 100 Grad heißt, daß von einer Oberfläche, die diese Temperatur hat, nie mehr verdampfen kann, als durch Kondensation wieder darauf zurückfällt. In einem ziemlich gut abgeschlossenen Raum kann man erreichen, daß der Dampf von einer kleinen Menge Flüssigkeit den ganzen Raum fast erfüllt und für eine gleichmäßige Erhitzung mit nur geringem Austrocknen sorgt.

Ein sehr sichtbarer Vorteil der Kunststoff-Folie ist noch, daß sie den Kochbeginn durch Aufwölben anzeigt. Damit weiß man, daß nun bald die ganze Masse kocht. Das hat Bedeutung für die gesamte Kochzeit. Der erste Teil bis zum Kochen ist der zu erhitzenden Menge proportional, die Zeit ist also nach dem Gewicht zu berechnen. Der zweite Teil dient zum Beispiel beim Porridge dazu, Quellvorgänge ablaufen zu lassen. Diese Zeit ist mengenunabhängig, und man braucht nur so viel Leistung, wie nötig ist, um die Temperatur zu halten. Dazwischen liegt allerdings eine Zeit, während der eine Teil der Speise kocht, aber ein anderer noch erwärmt wird. Bei langen Kochzeiten kann übrigens ein massiver Keramikdeckel auch Vorteile haben. Es dauert eine Zeit, bis er heiß ist, aber dann geht nur noch sehr wenig Wärme nach außen verloren, und die Temperatur im Inneren kann sehr nahe an 100 Grad kommen.

Vielleicht sollte ich zu dem oben Gesagten noch zwei Rezepte hinzufügen, die sehr unspektakuläre und alltägliche Gerichte betreffen, aber allgemeine Bedeutung haben.

Kartoffelsuppe mit Karotten

200 g geschälte, grob geschnittene Kartoffeln, 200 g geputzte, längsgeschnittene Karotten, 30 g Petersilie und 30 g frischer Salbei werden mit Wasser bedeckt und mit *Salz, Pfeffer* bei voller Leistung zugedeckt aufgekocht und bei schwacher Leistung *8 Minuten* weitergekocht und dann im Mixer zerkleinert oder durch ein feines Sieb passiert. Nun wird mit *heißer Milch* bis zur gewünschten Konsistenz aufgefüllt und fast bis zum Kochen erhitzt. Zum Schluß werden *50 g Butter* eingerührt.

Was man beim ersten Mal nicht verbrauchen will, kann man nach dem Passieren abtrennen, einfrieren und später weiterverarbeiten. Ein Problem sind dabei die Kochzeiten. Wenn man länger kocht, als hier angegeben, und dann etwa die Masse im Mixer püriert, wird die Suppe einen unangenehm weichen Geschmack haben (die Konsistenz hat ja durchaus einen Einfluß auf den Geschmack). Beim Passieren ist das weniger kritisch, aber Passieren ist mühsamer. Auf jeden Fall wird man sagen können, daß der MW-Herd mit seinen kurzen Kochzeiten hier eher einen gewissen Vorteil hat. Ein weiterer Vorteil besteht aufgrund der Verwendung der eingefrorenen Teile. Man kann sie gleich gefroren mit der Mischung aufstellen und braucht nicht zu rühren.

Gekochte Kartoffeln in der Schale

Mit einem der einfachsten und wichtigsten Kochvorgänge bekommt man leicht Schwierigkeiten, wenn man nicht das in dieser Lektion Gelernte beachtet. Kleine neue Kartoffeln wird man am besten in einer Lage in einem flachen Gefäß anordnen, mit Kunststoff-Folie fast dicht bedecken, 1 EL Wasser zugeben und nach dem Aufkochen mit voller MW-Leistung noch etwa 5–8 Minuten mit halber Leistung weiterkochen. Der Zeitgewinn ist erheblich. Man muß aber vermeiden, daß im Inneren der Kartoffeln die Siedetemperatur von 100 Grad erreicht wird, denn das beeinträchtigt sofort den Geschmack.

Etwas größere Kartoffeln schneidet man am besten quer zur dünnsten Seite und legt sie wieder in einer Schicht mit der Schnittseite nach oben. Dann werden sie wie die kleinen Kartoffeln weiterbehandelt. Man kann aber auch die Schnittseiten leicht mit Butter bestreichen. Das behindert offenbar das Austreten von Flüssigkeit und verbessert den Geschmack.

Österreichische Rezepte (T.)

Gulasch, Gulyas, Pörkelt und Paprikas

Auf der Suche nach bekannten und weithin beliebten Rezepten, die sich mit Vorteil auch im MW-Herd herstellen lassen, schien es gegeben, sich auch mit dem *Gulasch* zu befassen. Jedermann kennt diese herzhafte Speise des Volkes, und jeder hat eine ganz bestimmte Vorstellung, wie sie schmecken soll. Geht man aber der Frage nach, was in den verschiedenen Ländern tatsächlich unter Gulasch verstanden wird, dann stößt man auf eine erstaunliche Anzahl von Speisen dieses Namens, die, regional äußerst unterschiedlich in Geschmack und Konsistenz, bestenfalls eines gemeinsam haben, nämlich aus Fleischbrocken in einer mehr oder weniger rötlich-braunen Sauce zu bestehen.

Ursprünglich aus Ungarn stammend, hat sich das Gulasch auf seinem Weg über Wien nach Westösterreich und Süddeutschland, was Fleischsorten, Zutaten und Gewürze betrifft, gründlich gewandelt. Für manche dieser Gulaschabarten bietet der MW-Herd mehr Bequemlichkeit und Zeitgewinn als der übliche Kochplatz.

Gulyas war einmal die Hauptmahlzeit ungarischer Rinderhirten, im Kessel über dem Feuer bereitet, bestehend aus Rind- oder Lammfleisch, wenig Zwiebel, aber viel Paprika und wenigen, roh hinzugefügten Kartoffeln, mit Wasser zu einem suppigen Eintopf gekocht. In ländlichen ungarischen Gaststätten, Czarda genannt, bekommt man dieses *Kesselgulyas* auch heute noch, und es schmeckt vorzüglich in seiner naturbelassenen Einfachheit. Die ungarische Küche bereitet das Gulyas durchaus in der Tradition der Hirten, nur werden die Kartoffeln nicht mehr mitgekocht, sondern in Form von Salzkartoffeln als Beilage gereicht. Zum Unterschied vom Wiener Gulasch enthält das Gulyas wenig Zwiebeln und außerdem weder Mehl noch Tomaten und Knoblauch und schon gar nicht Kümmel und Majoran. Wandert man weiter auf der kulinarischen Landkarte, dann kann man bei der Süddeutschen Katharina Prato (Ausgabe 1902) im Gulasch Gewürze wie Ingwer, Lorbeer, Salbei und Gundelrebe finden, dafür aber nur noch eine Messerspitze Paprika. Das Gulyas hat sich somit in eine Art Stew verwandelt. Für die Zubereitung im MW-Herd ist der regionale Würzgeschmack belanglos. Wichtig sind die Fleischsorte und -qualität und der berühmte Gulaschsaft, das heißt, der Wassergehalt der Zutaten, also der Zwiebelmenge, die zum Beispiel in Wien das gleiche

Gewicht wie das Fleisch haben soll, der eventuell mitgedünsteten frischen Paprikaschoten oder Tomaten und der zum Dünsten zugesetzten Flüssigkeitsmenge.

Grundlage für jedes Gulyas ist ein feuerroter Brei aus in Fett goldgelb gedünsteten Zwiebeln und reichlich »edelsüßem« Paprikapulver, dem die Rindfleischwürfel beigegeben werden. Einem ungarischen Kochbuch gemäß nimmt man *für 500 g bis 1000 g Mastochsenfleisch,* zu dem auch einige Stückchen Herz, Leber oder Euter gegeben werden können, *50 g Schmalz, 1 Zwiebel* und *1 guten EL voll Gewürzpaprika.* Eine frische *rote Schote* ist erlaubt, *Tomaten* sind hier zulässig. Gulyas entsteht, wenn zum Dünsten viel *Flüssigkeit* (Wasser oder Brühe) *(200–300 ml)* zu einem »langen« Saft verkocht wird. Die gleichen Zutaten mit »kurzem« Saft verdünstet ergibt das sogenannte *Pörkelt,* das schon viel mehr dem entspricht, was Nicht-Ungarn unter Gulasch verstehen. Zu Pörkelt kann man auch Schweinefleisch verwenden, dazu sind auch Tomaten erlaubt. Es gibt im ungarischen Kochbuch Pörkelt vom Kalb, Huhn, Kaninchen, Karpfen, ja sogar von Karfiol (Blumenkohl). Fügt man zu einem feinen Pörkelt für etwa 4 Personen am Ende der Kochzeit überdies noch *200 ml sauren Rahm,* dann hat man ein echtes *Paprikas* (gesprochen *Paprikasch*) bereitet. Rahm ist überhaupt häufig in der ungarischen Küche anzutreffen, zum Beispiel als geschmacksfördernde Verzierung zum Abschluß über eine Speise getropft.

Rindsgulyas
500 g Rindfleisch, 80–100 g Zwiebelringe, 30 g Fett, 1 gehäufter EL Paprikapulver (1 rote Schote Gemüsepaprika), 300 ml heiße Brühe, Salz.

Ungefähr ½ *kg saftiges Rindfleisch* – besonders geeignet ist Wadenfleisch –, zunächst in grobe Stücke zerteilt, wird gut geklopft und dann in schmale Brocken geschnitten. Die Sehnen, die bei der Wade die einzelnen Muskelstränge umschließen, werden dabei nicht entfernt; sie sind zerkocht, wenn das Fleisch weich ist, und verbessern den Geschmack. *1 große,* in feine

Ringe geschnittene *Zwiebel* (Brotmaschine) kommt zusammen mit dem Fett in eine weite, 2 l fassende Schüssel, die später auch die übrigen Zutaten aufnehmen soll. Als Fett eignet sich gut das Abschöpffett von einer fetten Rindsuppe, Schweineschmalz, bei Diät auch Öl, das aber den Geschmack beeinträchtigt. Die Schüssel verschließt man mit Haushaltsfolie, die bewirkt, daß die Zwiebeln gleichmäßig glasig gedünstet werden (vgl. S. 78 f. »Wärmeübertragung durch Wasserdampf«). Nach *5 Minuten* bei voller Leistung nimmt man die Schüssel aus dem MW-Herd, zieht die Folie vorsichtig nach hinten ab, um sich nicht durch den austretenden Dampf zu verbrühen, gibt *1 gehäuften TL Paprika*, die zerkleinerte frische *Schote* und die *Fleischwürfel* dazu und rührt kräftig um, alles soll gleichmäßig mit dem roten Brei überzogen sein. Das Fleisch muß rasch erhitzt werden, damit es nicht an Saft verliert. Dazu übergießt man es mit ungefähr *300 ml möglichst kochendheißer Brühe*, es soll alles mit Flüssigkeit bedeckt sein. Herausragende Fleischteile könnten im MW-Herd leicht austrocknen, auch wenn die Schüssel mit einem Deckel oder mit Folie zugedeckt ist. *Salz* wird erst zusammen mit der Brühe zugegeben. Nun deckt man wieder die Folie über die Schüssel, schaltet den MW-Herd auf höchste Leistung. Nach ungefähr *5 Minuten* zeigt das Aufwölben der Folie den Kochbeginn an, es kann auf schwache Leistung zurückgeschaltet werden. Das Gulyas kocht bei dieser Leistung sanft wallend, nach spätestens *30 Minuten* sollte es weich sein.

Bei Herdtypen, die keine Möglichkeit haben, die Leistung so niedrig zu halten, müssen zwischen den Kochzeiten mehrmals kurze Ausschaltzeiten eingelegt werden, damit das Gulyas nicht überkocht. Wählt man diese Wartezeiten entsprechend kurz (15–20 Sekunden), damit die Temperatur in der Schüssel nicht unter die Gartemperatur sinkt, dann ist diese Wartezeit keine verlorene Kochzeit, die gesamte Garzeit bleibt ungefähr die gleiche, wie bei dem anderen Herdtyp. Der Vorteil der automatischen Kochzeiteinteilung geht allerdings damit verloren.

Hat man durch Überkochen Flüssigkeit verloren, dann muß diese Menge ersetzt werden.

Gewöhnliches Schweinsgulyas

Der Kochvorgang und die Dinge, auf die besonders geachtet werden muß, sind die gleichen wie beim Rindsgulyas, lediglich die Kochzeit verkürzt sich, entsprechend der anderen Fleischsorte.

40 g Schweineschmalz mit *100 g Zwiebelringen 5 Minuten* bei 600 W im MW-Herd, *1 EL Paprikapulver* und *ca. 400 g kleingeschnittene Schweineschulter* untergemischt, mit *300 ml siedendheißer Knochenbrühe* übergossen, bei 600 W zum Kochen gebracht, weitergekocht bei 300 W (180 W) mit gelegentlichen kurzen Unterbrechungen, weich nach ungefähr *20 Minuten.*

Paprikas von Schweinslungenbraten (Jungfernbraten)

3 Schweinslungenbraten (300 g), 50 g fetter Selch(Räucher)speck, 1 große Zwiebel, 1 Becher Crème fraîche (200 ml).

Der in kleine Würfel geschnittene Speck wird als Häufchen in der Mitte einer flachen Schüssel angeordnet und mit einem Glas oder einer Porzellantasse abgedeckt. Diese verhindert das Spritzen und Weghüpfen der Speckteilchen während der *1 bis 1½ Minuten,* in denen der Speck im MW-Herd bei 600 W ausgelassen wird. Speck erreicht offensichtlich während dieser Zeit eine ziemlich hohe Temperatur, der die gewöhnliche Haushaltsfolie nicht mehr gewachsen ist. Sie bekommt Löcher, wenn sie im MW-Herd mit Speck in Berührung kommt. Gemischt mit den Zwiebelringen kühlt sich der Speck so weit ab, daß die Kochschüssel für das Dünsten der Zwiebeln wieder mit Folie bedeckt werden kann. Man erhält also, auch ohne umzurühren, eine ausreichend gleichmäßige Temperaturverteilung in der Schüssel.

Die von Fett gereinigten Lungenbraten werden quer zur Faser in 8–10 mm starke Scheibchen geschnitten und unter die heißen Zwiebeln gemengt. Die zarte Fleischsorte benötigt zum Garen keine sehr hohe Temperatur. Es genügt, wenn das Fleisch bei 600 W *90 Sekunden* erwärmt, gut durchgerührt und ein zweites Mal für die gleiche Zeit in den Herd gesetzt wird. Indem man ihn mit einem Becher Crème fraîche *noch 1 Minute* bei 600 W erhitzt, vollendet man den Paprikas.

Pörkelt und Paprikas vom Huhn

1 zerteiltes Huhn (750 g netto), 50 g fetter Selchspeck, 1 große Zwiebel, 1 Paprikaschote, 1 EL Paprika, 2 × 2 EL warmes Wasser, Salz; für Paprikas auch noch 250 ml sauren Rahm.

50 g feinwürfelig geschnittener Speck wird, wie im vorigen Rezept beschrieben, in der Mitte einer großen Schüssel mit flachem Boden zerlassen, die Zwiebel gleichfalls glasig gedünstet. Die kleingeschnittene, frische Paprikaschote und das Paprikapulver mischt man zur Zwiebel und überzieht damit das Huhn, das vorher gesalzen und in kleinere Stücke zerteilt wurde: Die Schenkel sind abgelöst, das Gelenk zwischen Ober- und Unterschenkel ist durchschnitten. Die Flügel trennt man von der Brust, die beiden Bruststücke teilt man jeweils quer. Man erhält so etwa gleichdicke Stücke, was für die Behandlung im MW-Herd wichtig ist.

Im Kochgeschirr verteilt man die Stücke so, daß die dickeren Teile außen liegen, also vor allem die Keulenenden, und die zarteren Teile in der Mitte. Man bedeckt die Schüssel mit Folie und gibt sie für *2–3 Minuten* bei 600 W in den Herd. Dann schaut man nach, ob die Stücke gleichmäßig ihre Farbe verändern. Falls sie ungleichmäßig gar werden, muß man die Stücke in der Schüssel verschieben. Bei dem so unregelmäßig geformten Kochgut versucht man, durch Umlagerung möglichst gleichmäßige Wärmeverteilung zu erreichen. Diesen Vorgang wiederholt man noch 2–3 mal, bis das Fleisch nicht mehr roh ist. Insgesamt braucht das Huhn ungefähr *10 Minuten* bei der angegebenen Leistung. Zu lange Kochzeit macht das Fleisch hart und trocken. Huhn ist am besten bei kurzer Garzeit, aber natürlich darf nichts mehr blutig sein. Die Folie soll, so oft es geht, während der Inspektionen an ihrem Platz bleiben. Man kann die Gleichmäßigkeit des Garens unterstützen, indem man dem Saft, während der jeweiligen Kochunterbrechung, eine kleine Menge (2 EL) warmes Wasser zusetzt.

Will man den Saft mit Rahm verbessern *(Paprikas)*, dann fügt man diesen nach *8 Minuten* Kochzeit bei, mischt sorgfältig und erhitzt noch weitere *3 Minuten* bei 600 W.

Szekeler und Szegediner Gulyas

Das Charakteristische für beide ist das mitgekochte Sauerkraut. Einem ungarischen Kochbuch gemäß liegt der Unterschied in der verwendeten Fleischsorte: Für Szekeler nimmt man Schweinefleisch, auch fettes, mit etwas Schwarte, im Szegediner hingegen halb Schwein-, halb Rindfleisch. Bei seiner Verwandlung vom Gulyas zu westlicheren Spielarten geht dieser Unterschied verloren, und wenn man in einem Wiener Beisel Szegediner Gulasch auf der Speisekarte vorfindet, dann kann man sicher sein, daß es nur mehr Schweinefleisch und sicher auch schon eine Menge Kümmel enthält. Für den MW-Herd wurde ein Szekeler Gulyas für 3–4 Personen als Beispiel erprobt:

400 g Schweineschulter, 40 g Selchspeck, 1 EL Paprika, 500 g rohes Sauerkraut, 150 ml warmes Wasser.

In einer 2 l fassenden Schüssel wird der kleinwürfelig geschnittene Speck (40 g bei fettem Fleisch, 50 g bei magerem) mit einer Suppentasse bedeckt (vgl. S. 84), *2 Minuten* bei voller Leistung zerlassen, 100 g grob gehackte Zwiebel zum Speck gemischt, die Schüssel mit Klarsichtfolie bedeckt, ungefähr 5 Minuten bei voller Leistung glasig gedünstet, 1 EL Paprika und das geklopfte, in schmale Stücke zerkleinerte Fleisch zugegeben und gründlich gemischt. 500 g rohes Sauerkraut wird in kaltem Wasser kurz gewaschen, damit es nicht zu sauer ist, ausgedrückt und ein paarmal durchgeschnitten. Ungefähr die Hälfte des Krauts mischt man zu den übrigen Zutaten, die andere Hälfte benützt man als Schutz für das Fleisch gegen zu starken Feuchtigkeitsverlust zu Beginn des Garvorgangs im MW-Herd. Man legt also den Boden und die Wand der Schüssel mit einer dünnen, gleichmäßigen Krautschicht aus, schichtet darauf das Fleisch-Kraut-Gemisch und schließt auch von oben mit Sauerkraut ab. Dann übergießt man mit 150 ml heißem Wasser oder Knochenbrühe und bedeckt die Schüssel wieder mit der schon verwendeten Folie. Nach kurzer Ankochzeit auf höchster Leistungsstufe (Folie aufgewölbt) läßt man bei niedrigster Leistung weiterköcheln, bis Fleisch und Kraut weich sind. Für frisches Sauerkraut muß man *30–40 Minuten* rechnen, mit konserviertem

Kraut dauert die Zubereitung ungefähr so lange wie bei gewöhnlichem Schweinegulyas.

Wiener Saftgulasch
400–500 g Zwiebeln, 50 g Schmalz, 500 g mageres Schweinefleisch, Tomatenmark und 1 Schöpfer Knochenbrühe (zusammen ca. 250 ml), ½ TL Mehl, Salz, nach Belieben weitere Gewürze: Kümmel, Knoblauch, Majoran.

Die Zubereitung unterscheidet sich nicht wesentlich von dem bisher Geschilderten: Das Dünsten der grob gehackten Zwiebeln dauert, wegen der größeren Menge, entsprechend länger. Vor der Flüssigkeitszugabe »staubt« man mit wenig Mehl. Die Flüssigkeit, beziehungsweise der Zwiebelbrei soll wieder, wenigstens am Anfang, die Fleischstücke gut bedecken. Die Kochschüssel ist mit Klarsichtfolie bedeckt, zwecks besserer Wärmeverteilung, damit man nicht umrühren muß, und zum Feuchthalten der Gulasch-Oberfläche. Das wichtigste Kennzeichen des Wiener Gulaschs ist der reichliche, nicht zu dünnflüssige Gulaschsaft.

Wichtige Zwischenbemerkung:
Zum Unterschied von Butter oder Speck, die beide selbst etwas Wasser enthalten und deshalb kurze Zeit hindurch ohne Wasserzugabe im MW-Herd geschmolzen werden können, erwärmen sich Rinds- oder Schweineschmalz nur indirekt durch wasserhaltige Zugaben, im Beispiel Gulasch also durch die Zwiebeln. Schmalz darf daher nie allein, etwa in der Absicht, es wie in der Pfanne zu erhitzen (!), in den MW-Herd gegeben werden.

Mit den durch die angegebenen Rezepte gesammelten Erfahrungen läßt sich das gesamte Spektrum der Gulascharten im MW-Herd behandeln, auch dann, wenn sie noch so exotische Namen tragen wie *Fiakergulasch* (garniert mit einem Würstchen), *Znaimer-Gulasch* (mit gefächerten Essiggurken verziert), oder *Herren-Gulasch* (mit Spiegelei) und andere mehr. Kalbsgulasch, das man natürlich auch auf die gleiche Weise zubereiten kann, wurde hier nicht behandelt, weil es als Kochbeispiel im Zusammenhang mit dem sogenannten Bräunungsgeschirr später besprochen werden soll.

Menüs

Ein einfaches Menü mit nur zwei Gängen (H.)
Wie das Essen für alle Tage aussehen soll, darüber kann man verschiedene Theorien haben. Eine davon ist, daß die einzelne Mahlzeit sehr einfach sein soll, mit einem oder zwei Gängen, und daß man dafür bei den verschiedenen Mahlzeiten für Abwechslung sorgen soll, also einmal Suppe und Nachtisch, einmal Vorspeise mit Hauptgang, einmal Eintopf und dann Obst, einmal eine warme Vorspeise und Käse. Dazu kommt, besonders dann, wenn man nur eine Hauptmahlzeit am Tag vorsieht, daß man kleine Zwischenmahlzeiten haben muß, mit denen man ausgleichen kann.

Bei den kleinen Mahlzeiten wird man auch gern darauf achten, daß ein Teil des Gekochten für eine weitere Mahlzeit verwendet wird. Unser Menü (für 2 Personen) ist auch dafür ein Beispiel:

Eingemachtes Kalbfleisch
Reis, grüner Salat
Äpfel Kardinal, Friandises.
Vom Zeitplan braucht man in diesem Fall nicht viel zu sprechen. Der *Reis* wird 25 Minuten vor dem Essen begonnen. Das *Frikassée* braucht etwa 45 Minuten, kann aber ohne Schaden vorgekocht werden. Es muß dann nur noch etwa 10 Minuten lang erhitzt und mit Sahne versetzt werden. Die *Äpfel*, in der Form eines Kompotts mit wenig Saft, sind bei mir fast immer im Kühlschrank vorhanden. Die *Himbeeren* kann man morgens aus der Kühltruhe nehmen und während des übrigen Kochens durchpassieren.
Nun die Rezepte:

88

Eingemachtes Kalbfleisch

1 kg Kalbfleisch, für den gewünschten Zweck vom Metzger aus-
gesucht und schon geschnitten, sollte ausreichend sein für zwei
Mahlzeiten für 2 Personen. *100 g Zwiebeln*, sehr klein geschnitten oder püriert, werden mit *20 g Butter* und *1 EL Mehl* in dem
Gefäß, in dem später das Fleisch gekocht wird, *10 Minuten*
erhitzt, erst bei voller Leistung, dann, wenn es schäumt, zugedeckt bei kleiner Leistung. Dann wird mit Wasser abgelöscht
und umgerührt, das Fleisch mit insgesamt *0,5 l Wasser und 0,3 l
Weißwein, Salz, Pfeffer*, der *Schale ½ Zitrone* und *1 EL Zitronensaft, ½ Lorbeerblatt* und *1 Nelke* zugegeben und *30 Minuten*,
oder bis das Fleisch weich ist, gekocht – bis zum Aufkochen
bei voller Leistung und dann zugedeckt bei schwacher Leistung. Nun wird der Teil abgezweigt, der nicht zum Essen an
diesem Tag gedacht ist. Dem Rest werden *100 ml Sahne* zugesetzt, und das Ganze wird *noch 3 Minuten* bei voller Leistung
erhitzt.

Einfacher gekochter Reis

Erste Variante: *400 ml Wasser* mit *Salz* aufkochen, *250 g Lang-
kornreis* zugeben, etwa *15 Minuten* lang bei schwacher MW-Leistung zugedeckt kochen. Die Flüssigkeit soll ganz aufgesogen
sein. Das Resultat hängt sehr von der Reissorte ab.

Zweite Variante: Auf dem normalen Herd werden etwa *2 l
Wasser* mit *Salz* zum Wallen gebracht; dann werden *250 g Lang-
kornreis* zugegeben und wallend für etwa *15 Minuten* gekocht,
abgesiebt und kurz mit kaltem Wasser abgespült. Zum Schluß
wird der Reis in dem Gefäß, in dem er serviert wird, noch
einmal kurz im MW-Herd offen erhitzt. Dazu wird geriebener
Parmesankäse getrennt serviert.

Grüner Salat

Die Blätter eines *kleinen Salatkopfes* waschen, schleudern, klein-
zupfen, in den Kühlschrank stellen. *Salatsauce* aus *4 EL gutem
Olivenöl, 1–2 EL Weinessig* (je nach Stärke, die besten Weines-
sige sind nicht sehr stark), *1 TL Senf, Salz, Pfeffer* und, wenn

man will, *feinen Kräutern* herstellen. Im letzten Moment gut verrühren und über den Salat schütten und vorsichtig mischen.

Äpfel Kardinal
Apfelkompott: 1 kg festkochende Äpfel (Gravensteiner, Renetten) schälen, halbieren, auskernen. Mit *¼ l Weißwein, Schale und Saft ½ Zitrone, 100 g Zucker,* mit Folie bedeckt, bei voller Leistung aufkochen und *noch 3 Minuten* weiterkochen, dabei die Leistung verringern, wenn Überkochen droht. Nach dem Abkühlen in den Kühlschrank stellen. Das Kompott hält sich mindestens eine Woche. Wenn es nur als Kompott verwendet werden soll, kann man die Menge des Weins verdoppeln. Wenn die Äpfel zu weich werden, ist das nicht schlimm, sie schmecken eher besser.

200 g gefrorene Himbeeren in einem Sieb über einer Schüssel auftauen, mit *80 g Zucker* durchpassieren, *20 ml Kirschwasser* zugeben. Pro Person *2 Apfelhälften* auf einen Glasteller geben, darüber *2 EL Himbeermus* und, wenn man will, *2 EL Sahne oder Schlagsahne.*

Ein Menü, bei dem der Koch alleiniger Gastgeber ist
Wir haben hier den Fall, wo der Gastgeber möglichst wenig Zeit in der Küche verbringen soll, wenn die Gäste einmal da sind. Bei dem folgenden Menü habe ich mir diese Aufgabe leichtgemacht, indem zum Teil kalte Gerichte gegeben werden und Vorarbeiten früher erledigt werden können. Bei einem größeren Essen sollte es immer zwei warme Gerichte geben, aber mehr braucht es nicht.

Bündner Fleisch
Verschiedene Gemüse à la grecque
Weißbrot mit Butter
Potage St. Germain
Schweizer Steak, Nudelgratin, Weinkraut
Käse
Schokoladeneis

90

Der Zeitplan ist relativ einfach. Wenn die Gäste kommen, ist der Tisch gedeckt, und die Cocktails sind vorbereitet, etwa Sherry, Campari, Orangensaft (frisch), den viele auch gern zum Campari nehmen. Zitronensaft zur weiteren Auswahl, Zitronenschale; Gin, wenn jemand will (Gin sour oder Gin Tonic), und im Hintergrund ein schottischer oder kanadischer Whisky für die heute selten gewordenen Liebhaber. Die Suppe ist schon passiert, noch warm. Die Brotwürfel mit Butter sind im Ofen, der angestellt wird, wenn der letzte Gast da ist. Das Schweizer Steak ist schon aufgekocht und simmert, gut zugedeckt, bei kleiner Leistung im MW-Herd weiter. Nudelgratin und Weinkraut sind vorbereitet, noch kalt. Das Schokoladeneis wird, wenn die Gäste da sind, aus dem Gefrierfach in den weniger kalten Teil des Kühlschranks genommen. Die Vorspeisen stehen schon auf dem Tisch. Wenn man will, kann man sie bereits zum Cocktail servieren. Ich finde, daß die Gäste das als ganz angenehm und zwanglos empfinden.

Ehe man zur Suppe bittet, werden die Brotwürfel aus dem Ofen genommen und durch den Nudelgratin ersetzt, während die Hitze erhöht wird. Das Kraut kommt in den MW-Herd. Später wird das Fleisch am Tisch aufgeschnitten. Die Sorgen des Kochs sind zu Ende. Er hat nach der Ankunft der Gäste keine 5 Minuten in der Küche zugebracht.

Nun die Rezepte. (Bei den nachstehenden Rezepten wird damit gerechnet, daß 4 Personen am Essen teilnehmen. Bei den Gerichten, die sich zum Tiefkühlen eignen, sind die Mengen verdoppelt.)

Kleine Zwiebeln à la grecque siehe Seite 33 (4 Personen)

Champignons à la grecque (8 Personen)
500 g kleine Champignonköpfe, Salz, Pfeffer, 2 TL Zucker, 100 ml Wasser, 100 ml Weißwein, 40 ml Olivenöl, 20 ml Zitronensaft im MW-Herd aufkochen, bei kleiner Leistung *noch 5 Minuten* weiterkochen lassen.

Lauch à la grecque (8 Personen)
1 Zwiebel, in Stücke geschnitten, *2 Karotten, Salz, ganze Pfeffer-körner, Koriander mit 100 ml Fleischbrühe, 100 ml Weißwein, 3 EL Zitronensaft*, bei voller MW-Leistung aufkochen, bei kleiner Lei-stung *20 Minuten* weiterkochen, passieren. In der Flüssigkeit *500 g dünne Lauchstengel*, nur das Weiße und Hellgrüne, in 5 cm langen Stücken *10 Minuten* kochen, nach *5 Minuten 40 g Olivenöl* in feinem Strahl zugeben.

Kleine Karotten à la grecque (8 Personen)
500 g kleine runde Karotten, Salz, Pfefferkörner, je 5 Zweige Petersi-lie und *Kerbel in 200 ml Wasser* und *3 EL Zitronensaft, 2 TL Zucker 15 Minuten* kochen, absieben, die Karotten in der Flüssig-keit noch einmal aufkochen, *40 ml Olivenöl* zugeben, *noch 5 Minuten* weiterkochen.

Potage St. Germain (8 Personen)
700 g frische Erbsen oder tiefgekühlte Erbsen, 1 kleiner Kopfsalat und, wenn man will, *30 g Kerbel*, werden roh sehr fein gemahlen (in der elektrischen Messermühle, Moulinette). Wenn man eine sol-che nicht hat, kann man die Gemüse auch *nach 10 Minuten* Koch-zeit im Mixer pürieren oder durch ein feines Sieb passieren. Mit *2 l Fleischbrühe 15 Minuten* kochen, dann die nicht für den ersten Gebrauch gedachte Menge abtrennen. Dem Rest *5 g Butter pro Person* und, wenn man will, *20 ml Sahne pro Person* zufügen und noch einmal bei voller Leistung fast zum Kochen bringen.
Dazu *100 g Weißbrot*, in kleine Würfel geschnitten und mit *20 g Butter* im Ofen bei 140 Grad *20 Minuten* gebacken, extra servie-ren. Die Brotwürfel sollen leicht braun und noch heiß sein, dann schmecken sie viel besser.
Man kann die Brotwürfel auch im MW-Herd herstellen, mit derselben Menge Butter, aber die Würfel müssen nicht, wie das im Ofen der Fall ist, in einer Schicht liegen. Man erhitzt bei halber Leistung *etwa 4 Minuten*, muß aber dazwischen rühren.

Schweizer Steak (4 Personen)
100 g Zwiebeln, sehr fein geschnitten, mit *30 g Butter* in einem Gefäß, in das das Fleisch gerade hineinpaßt, *5 Minuten* bei voller Leistung erhitzen. *800 g Rindfleisch zum Schmoren, ohne Knochen*, in einer Scheibe von etwa 3 cm Dicke geschnitten, darauflegen, mit *Tomatensaft* bedecken, *Salz, Pfeffer, 1 Lorbeerblatt, 2 Nelken, Thymian, Bohnenkraut*, zugedeckt aufkochen, bei kleiner Leistung *1 Stunde*, oder bis das Fleisch weich ist, kochen. Zum Schluß *30 g Butter* in die Sauce rühren.

Nudelgratin oder -pudding (4 Personen)
Auf dem Herd *2 l Wasser* mit *Salz* und *1 EL Öl* aufkochen, darin *300 g breite Nudeln* nach Anweisung auf der Packung *(etwa 7 Minuten)* kochen, auf ein Sieb abgießen und kurz mit kaltem Wasser abspülen. Eine flache Form buttern, eine Schicht Nudeln hineingeben, darüber wenig geriebenen *Parmesan, Pfeffer, Muskat*, dies wiederholen, bis die Nudeln verbraucht sind, darüber *Butterflöckchen (30 g)* und *50 ml Sahne*. Im Backofen bei 200 Grad *20 Minuten* backen. Man kann statt dessen auch im MW-Herd bei halber Leistung *7 Minuten* erhitzen.

Weinkraut (4 Personen)
800 g junges Weißkraut, in Streifen geschnitten, mit *¼ l Weißwein, 30 g Butter, Salz, Pfeffer 20 Minuten* bei voller MW-Leistung, mit Folie zugedeckt, kochen. Zum Schluß noch *30 g Butter* zugeben.

Schokoladeneis (8 Personen)
In einem Topf von etwa 2 l Inhalt schmilzt man *300 g gute bittere Schokolade (etwa 2 Minuten)*. Man darf sich nicht täuschen lassen, wenn die Schokolade nicht zusammenfällt. Wenn man sie zu lange erhitzt, brennt sie innen mit großer Rauchentwicklung an. *½ l Milch* einrühren und bei voller Leistung fast zum Kochen bringen *(etwa 7 Minuten)*. Man hört auf, wenn am Rand ein leichtes Wallen beginnt. *100 ml sehr starken, heißen Kaffee* zufügen.
Während des Kochens schlägt man in eine kleinere Schüssel

8 Eigelb mit 125 g Zucker, bis die Mischung blond wird, und rührt ⅛ l *Sahne* ein. Diese Mischung wird unter starkem Rühren der heißen Flüssigkeit zugefügt. Man verteilt die Masse auf 8 kleine Gefäße und erhitzt sie, je 4 auf einmal, im MW-Herd bei halber Leistung *etwa 12 Minuten.* Sobald eines der Töpfchen eine kleine Aufwölbung zeigt, nimmt man es heraus. Man läßt die Töpfchen mindestens über Nacht stehen und kann sie dann als Schokoladencreme anbieten. Oder man kann sie rasch offen einfrieren, bei möglichst tiefer Temperatur im Schnellgefrierfach, und dann in Tüten bis zum Gebrauch gefroren halten. Man muß sie vor dem Verzehr mindestens *40 Minuten* in den Kühlschrank stellen.

Wir werden in den folgenden Lektionen kaum mehr Menüs und auch keine Zeitpläne mehr anbieten, weil wir bei uns selbst und bei anderen die Erfahrung machen, daß man fast immer etwas Eigenes erfindet, um sich den vorhandenen Vorräten oder den Wünschen der Gäste anzupassen. Die bisherigen Menüs sind auch mehr als Lernstoff als zum exakten Nachmachen gedacht.

Soll man anbraten oder kochen?

Es ist bekannt, daß man im MW-Herd im wesentlichen nur kochen und nicht braten oder backen kann. Man kann also sicher keine Bratkartoffeln machen, und man kann auch nicht etwa Fleisch vor dem Dämpfen oder Schmoren anbraten. In dem Rezept für Schweizer Steaks wäre es kein Problem, dies vor dem MW-Kochen auf dem Herd zu tun. Es gibt Glas- oder Glaskeramikgefäße, die auf dem Herd und im MW-Herd verwendbar sind. In unserem Fall wird man das Fleisch mit Mehl bestäuben und es dann in relativ viel Fett auf dem Herd auf beiden Seiten bräunen, dann das Fett wegschütten und im MW-Herd fortfahren.

Anbraten vor dem Dämpfen ist, oder mindestens war, eine sehr allgemeine Gewohnheit, auch für Gemüse. Es verändert den Geschmack, und in vielen Fällen wird niemand leugnen, daß es ihn verbessert. Ich muß allerdings gestehen, daß mir sehr stark erhitztes Fett nicht besonders sympathisch ist, und ich begrüße es deshalb, wenn es wie in den meisten Rezepten der großen Küche vor dem Weiterkochen abgeschöpft wird. Aber in vielen Fällen kann man überhaupt streiten, ob der Geschmacksvorteil des Anbratens wesentlich ist. Bei Gemüse etwa wird es oft genügen, sie in geschmolzener Butter umzurühren oder zu dämpfen. Es scheint auch relativ viele Leute zu geben, die hoch erhitztes Fett nicht vertragen. Ich plädiere also für eine Symbiose der verschiedenen Kochmethoden und für den Verzicht auf Anbraten, wenn das keine geschmacklichen Nachteile bringt.

Dritte Lektion

Wir hoffen, daß wir jetzt mit den technischen Anleitungen allmählich zu einem Ende kommen und uns dann ganz auf gute Speisen konzentrieren können. Wir sind selbst überrascht, daß es beim Mikrowellenkochen soviel zu lernen gibt. Ich gestehe, daß wir selbst bei unseren Versuchen immer noch Unerwartetes finden und unser Denken ändern müssen.

Wir passen unsere Darstellung den Bedürfnissen an und ändern in dieser Lektion das Schema. Im ersten Teil schreibt H. über Suppen, mit einem kurzen methodischen Teil.

Im zweiten Teil behandelt T., bei der es nicht so oft Suppe gibt, die Zubereitung von Fleischspeisen und führt dabei in den Gebrauch des sogenannten Bräunungsgeschirrs ein. Gewiß kann man glauben, daß die Pfanne auf dem Herd für Kurzgebratenes durchaus ausreicht. Aber es gibt doch subtile Unterschiede nicht nur bei der Reinigung des Geschirrs, sondern auch beim Geschmack. Wir waren sehr beeindruckt von den Kostproben, die T. uns vorgesetzt hat, und wir empfehlen den Lesern auch, sich mit dieser scheinbar unnötigen Zusatzmethode zu beschäftigen.

Ähnliches gilt für das Kochen (Simmern, Ziehenlassen) von Fleisch und Fisch im MW-Herd. Weil die Wärme im Innern entsteht, bleibt die Flüssigkeit ruhiger, damit wird sie nicht so leicht trüb, die Außenseiten der Fleischstücke werden weniger ausgelaugt. Das Vorurteil, der MW-Herd sei für Fleisch nicht so gut geeignet, stimmt also nicht, jedenfalls oft nicht. Natürlich kann man nichts scharf anbraten oder etwa mit Zwiebeln bräunen. Aber die schon erwähnte Gewohnheit vieler Köche, alles, auch die Gemüse, anzubraten, ist nicht immer Bestandteil der besten Küche. Bei einem Schweinebraten allerdings oder bei der gebratenen Gans wollen wir ruhig beim alten Backofen bleiben.

Wir sind keine Anhänger der Theorie, der manche MW-Kochbuchautoren anzuhängen scheinen, daß man nämlich alles mit dem MW-Herd machen müsse. Ich kenne keine Küche, in der der Herd zugunsten eines MW-Herdes ausrangiert worden wäre.

Jetzt soll von Suppen die Rede sein. Zu Suppen gibt es sehr verschiedene Meinungen und Einstellungen. Für die einen bedeutet die Suppe das erste Aufatmen des müden Heimkehrers oder der durch die Gastgeberpflichten angestrengten Hausfrau. Für die anderen ist die Suppe ein Kalorienschreck. Es scheint immer noch Leute zu geben, die glauben, daß Wasser dick macht. Aber wir wollen auch nicht bestreiten, daß es sehr nahrhafte Suppen gibt, denen man sich mit Vorsicht nähern muß. Schließlich gibt es Leute, die sagen, daß ihnen Suppe einfach nicht schmeckt. Sie zerfallen in zwei Klassen, solche, die man nicht wieder einladen sollte, und solche, denen man alles vergibt, auch wenn sie den Stolz des Kochs stehenlassen, bei denen man aber die Hoffnung nicht aufgibt, daß sie doch einmal der freundlichen Versuchung nicht werden widerstehen können.

Für den Gastgeber gibt es verschiedene Strategien. Eine davon gilt immer: Wenn man Suppe gibt, muß sie besonders gut sein. Eine zweite ist, zu einem vollständigen Essen, vor allem wenn es vorher eine Vorspeise gibt, eine ganz leichte Suppe anzubieten. Fleisch- oder Fischfonds haben fast keine Kalorien, und die Einlagen dazu kann man schon von der Menge her leicht machen. Die Butter, die ich im Gegensatz zu vielen Köchen als Schlußzugabe nicht missen möchte, ist auch kein großes Kalorienhindernis. Die dritte Strategie besteht darin, daß man Suppe zwar in vernünftigen Tellern oder Tassen, aber nicht zu sehr gefüllt, anbieten sollte und daß man auf aufdringliches Nachschenken verzichtet. Jeder soll so viel bekommen, wie er will, aber gerade wenn die Suppe besonders gut war, habe ich es zu oft erlebt, daß sie den Appetit für spätere Gänge beeinträchtigte. Für sich selbst jedenfalls sollte man es zum Prinzip machen, Suppe nur einmal zu nehmen.

Im Alltagsbetrieb erhebt sich bei der Suppe die Frage, wie viele Gänge ein Menü haben darf, wenn es sowohl von der Zubereitung her wie beim Essen nicht zu viel Zeit in Anspruch nehmen soll. Da ist es natürlich vertretbar, die Suppe oft wegzulassen. Aber auch mit Suppe gibt es Möglichkeiten. Man kann eine leichte Vorspeise geben, etwa Tomatensalat (oder auch keine Vorspeise), dann eine kräftige Suppe und eine warme Nachspeise, etwa einen Auflauf. Man kann Suppe geben, einen leichten Hauptgang, Obst. Wenn man auf den geliebten Käse nicht verzichten will, kann man ihn auf eine kräftige Fleischsuppe folgen lassen, mit Rotwein zu beiden, und dann Obst oder Sorbet. Schließlich kann man die Suppe zum Eintopf ausbauen, mit einem leichten Nachtisch. Für das alles sollen nun Beispiele von Rezepten gegeben werden, für die die Verwendung oder Mitwirkung des MW-Herdes angezeigt ist.

Suppen und Brühen (H.)

Suppen lassen sich leicht klassifizieren nach einem einfachen Ordnungsschema von Bestandteilen und Methoden. Alles, was in dieses Schema paßt und gut schmeckt, ist eine Suppe. Das Ordnungsschema ist ein heuristisches Prinzip, nach dem man seine Phantasie spielen lassen kann.

Flüssigkeit als Hauptbestandteil unterscheidet Suppe von anderen Gerichten. Die Auswahl ist groß: Brühe von Rindfleisch, Kalb, Hammel, Huhn, Ente, Gans, Wild und Wildgeflügel, Fisch; von Wurzel- und Blattgemüsen in vielen Mischungen, Spargel, von frischen und getrockneten Hülsenfrüchten, von Körnern und noch mehr, das alles mit Salz und einer großen Auswahl von Gewürzen.

Die Brühe kann allein serviert werden, vielleicht nur mit Butter, und kann so ganz köstlich sein und leicht. Meist aber gibt es Zutaten, zum Beispiel feste: kleingeschnittene Zwiebeln und

Speck, Gemüse als kleine Würfelchen oder Streifen oder als mundgerechte Bissen, Fleisch, Fisch, Körner oder Teigwaren, Knödel oder Nockerl, das alles allein oder gemischt. Diese Zutaten können roh oder gekocht zugegeben werden, oder sie werden vorher in Fett gedünstet oder angebraten (dieses wohl nur bei Fleisch), ehe die Flüssigkeit zugegeben wird. Daß das Anbraten eher die Ausnahme ist, hat zur Folge, daß die meisten Suppen sich sehr gut zur Bereitung im MW-Herd eignen.

Eine besondere Klasse sind pürierte oder durch Passieren erhaltene Zutaten aller Art. Hier hat gegenüber früher eine Wandlung stattgefunden. Das feine Zerkleinern ist mit Mixer und Messermühle oder Food Processor so viel leichter geworden als früher etwa mit dem Mörser, daß man sehr viel mehr püriert, daß man vor dem Passieren nicht mehr so lange kochen muß und daß man feiner pürieren kann, so daß die Masse sich in der Suppe auch ohne weitere Bindemittel nicht absetzt.

Das Binden der Suppen mit Mehl, sei es auf der Grundlage einer Béchamel, meist mit Sahne, oder einer Velouté mit Fleischbrühe, oder mit Eigelb und Sahne, ist in Frankreich ein Klassifikationsmerkmal der Suppen. Es gibt aber noch viele andere Arten der Bindung: mit Maismehl, Grieß, Grünkern und anderen Körnerderivaten, mit Püree von Hülsenfrüchten, mit Brot.

Schließlich sind die Zutaten zu nennen, die am Ende zur Verfeinerung zugefügt werden, Flüssigkeiten wie Sahne, Wein, Sherry – oder Brotwürfel, geschmälzte Zwiebeln und Speck, Mandeln, Schnittlauch, bis zu Krebsen oder Krevetten.

Jeder ist eingeladen, aus dieser beinahe unendlichen Vielfalt sich Passendes und Schmackhaftes auszusuchen und kulinarisch zu entwickeln. Dabei ist Raum genug für Nebenbedingungen. Wir möchten solchen Suppen das Wort reden, die nicht zu viele Bestandteile haben und deutlich nach etwas Bestimmtem schmecken. Einfachheit und Zugänglichkeit der Zutaten und vor allem geringer Arbeitsaufwand sollen weitere Kriterien sein. Der MW-Herd, wir sagten es schon, bedeutet fast nie eine Einschränkung, er erleichtert aber oft die Arbeit; es gibt viele Fälle, wo er Vitamine schonen hilft oder ein besser schmeckendes Produkt zu erreichen erlaubt.

Bei den Fleisch- oder Fischbrühen, auch Gemüsebrühen, bringt der MW-Herd nichts prinzipiell Neues. Wir nehmen an, daß man auch in Zukunft diese Brühen eher auf dem Herd zubereiten wird, nach Rezepten, die in allen guten Kochbüchern stehen. Wir möchten dazu ermahnen, bei jedem Kochen mit Fleisch immer auch an Brühe zu denken. Alles, was Knochen hat, alles, bei dem man etwas abschneiden muß, alles, was beim Tranchieren nicht vollständig ausgenutzt werden kann, liefert Material für Brühe. Wir empfehlen allerdings, dabei nicht zu sehr zu mischen. Reh, Fasan, auch Ente oder Gans sollten für sich allein weiterverwendet werden. Rind und Huhn kann man zusammengeben, wenn die Brühe nicht praktisch allein den Geschmack der Suppe bestimmt und deshalb der Esser wissen sollte, wonach die Suppe schmeckt. Kalb, insbesondere Kalbsfuß, kommt als Zusatz bei zusammengesetzten Suppen in Frage, wenn eine gewisse Sämigkeit oder ein leichtes Gelieren bei kalten Suppen erwünscht ist.

Consommé oder doppelte Kraftbrühe ist der Inbegriff der erstklassigen Bouillon. Es scheint aber, daß ihre in den Kochbüchern klassische Herstellungsart, nämlich die Behandlung einer fertigen Brühe mit Eiweiß, Eischalen und Hackfleisch, meist nicht mehr befolgt wird zugunsten einer einfacheren und wohl auch schmackhafteren Methode: Kochen mit viel Fleisch in wenig Wasser. Das klassische Beispiel ist Ochsenfleisch (Pot-au-feu), bei dem die Brühe als wertvolles Nebenprodukt abfällt. Wir bringen ein Bouillonrezept mit Huhn, das bei sorgfältiger Herstellung sehr gut schmeckt und preisgünstiger ist als Rindfleisch. Das Hühnerfleisch kann auch ohne Brühe Verwendung finden in Salaten, für Klößchen, als Zusatz zu Suppen und Gemüsen, für Füllen.

Hühnerbouillon

2 Suppenhühner werden in sehr kaltem Wasser mindestens *1 Stunde* lang gewässert, und es wird nachgeprüft, ob die Speiseröhre vollständig entfernt ist. Beides ist notwendig für die Reinheit des Geschmacks der Brühe. *Eines der Hühner* wird in einem genügend großen Glasgefäß mit *Salz, 10 Pfefferkörnern* und mit genug *Wasser,* um es fast zu bedecken, mit der Brustseite nach oben, mit einem Teller zugedeckt, im MW-Herd bei voller Leistung fast zum Kochen gebracht, was je nach Größe des Huhns *etwa 15 Minuten* dauert. Vor dem starken Aufkochen bildet sich ein Schaum, den man sich entwickeln läßt, wobei man die Leistung verringert, um starkes Kochen und damit die Zerstreuung der Schaumpartikel zu vermeiden. Man kann dann den Schaum auf einmal abheben. Nun läßt man *noch etwa 30 Minuten* weiterkochen oder vielmehr eher simmern. Es soll keine starke Blasenbildung auftreten. Dazu muß man die Leistung allmählich verringern, denn am Anfang wird noch ein Teil der Leistung dazu gebraucht, um das Innere des Huhns zu erwärmen. Dann nimmt man das Huhn heraus und wiederholt die Prozedur mit dem zweiten Huhn. Inzwischen schneidet man bei dem ersten Huhn den Springerknochen heraus, weil er das Tranchieren behindert, und löst erst die Flügel, dann die Schlegel und schließlich die beiden Bruststücke ab, alles so, daß am Gerippe fast kein Fleisch mehr bleibt. Nun werden die Schenkelknochen ausgelöst, Brust und Schenkel werden enthäutet, die Flügel in den Gelenken getrennt, und das Gerippe wird grob zerkleinert. Mit dem zweiten Huhn verfährt man ebenso. Jetzt werden Gerippe, Knochen und Haut (ohne die beiden inneren Flügelteile) noch *2 Stunden* gekocht, wobei die Schüssel mit Folie abgedeckt wird und jedes starke Kochen und damit eine Trübung der Flüssigkeit vermieden werden sollte. *Nach 1 Stunde* werden zugefügt: das *Hühnerklein (Magen und Herz),* die *Flügelstücke, 4 geputzte ganze Karotten, 8 kleine geschälte Zwiebeln, 2 je 1 cm dicke Selleriescheiben* und *2 geputzte Lauchstangen ohne Grün.* Zum Schluß wird die klare Brühe abgesiebt. Das Hühnerklein einschließlich der enthäuteten, in Stücke geschnittenen Hälse, der Flügelstücke und der

Gemüse wird herausgenommen und reserviert. Die Brühe wird, soweit man sie nicht gleich verwendet, rasch in fließendem kaltem Wasser abgekühlt. Das Fleisch hüllt man sofort in Folie, damit es sich nicht verfärbt. Bei der späteren Verwendung wird es *noch ½ Stunde* in Brühe oder mit anderen Zutaten gekocht.

Consommé in Tasse (1 Person)

150 ml sehr gute Fleischbrühe werden in einer Tasse zusammen mit *3 g Butter* und *sehr wenig weißem Pfeffer* bei voller Leistung erhitzt, bis die Butter geschmolzen ist.

Dies ist, 1 oder 2 Stunden vor einer Hauptmahlzeit, die beste Stärkung für den Schreibtischarbeiter.

Meist wird hier keine Butter empfohlen. Wir meinen aber, daß gerade sie den entscheidenden Schritt hin zu einer Delikatesse bedeutet. Wichtig ist allerdings, daß die Brühe gut entfettet ist. Sehr wichtig ist auch, daß man bei der Herstellung der Brühe sparsam mit der Gemüsezugabe umgegangen ist. Vielleicht probieren Sie einmal eine Brühe ganz ohne Gemüse.

Bouillon mit Eierflocken

600 ml Bouillon werden bei voller Leistung zum Kochen gebracht *(etwa 8 Minuten)*. *2 Eier* werden mit *2 EL Sahne, 2 EL Milch, Salz, Pfeffer, Muskat* verrührt und unter sanftem Rühren in die heiße Flüssigkeit gegossen, so daß kleine Flöckchen entstehen. Zum Schluß werden *20 g Butter* eingerührt.

Consommé Suprême

Die Zutaten sind dieselben wie beim vorigen Rezept, aber die Brühe soll besonders kräftig sein. Man rührt die heiße Brühe langsam unter starkem Umrühren in die Eimischung ein, so daß eine gleichmäßige Masse entsteht.

Hühnerkleinsuppe

Man erhitzt *600 ml Hühnerbrühe* und gibt das im Hühnerbouillon-Rezept (S. 101 f.) genannte *Hühnerklein mit Flügeln, Hälsen*

102

und kleingeschnittenem Gemüse dazu, erhitzt noch einmal fast bis zum Kochen und fügt *20 g Butter* zu.

Dieses Rezept ähnelt in seiner Einfachheit einem, das wir in einem sehr altmodischen Zweisterne-Lokal in Paris kennengelernt haben. Ich fürchte, daß heute kein solches Lokal mehr sich etwas so Einfaches anzubieten traut.

Mit diesem Rezept sind wir schon bei den »Suppen mit Einlagen«. Wir versagen es uns, auf die vielen Möglichkeiten wie Klößchen, Nockerln, Spätzle, Gemüsejulienne, Brunoise und andere einzugehen. Wir wollen nur eine bei uns weniger bekannte Möglichkeit erwähnen, nämlich die Panade, die leicht und in vielen Varianten auch im MW-Herd herzustellen ist. Wir geben ein Beispiel: *Panade mit Schinken und Petersilie.*

Panade mit Schinken und Petersilie

Für die Panade erhitzt man *125 g nicht zu frisches, aber keinesfalls trockenes, in der Messermühle zerkleinertes Brot* mit *150 ml Milch und Salz*, zugedeckt, bei voller Leistung *etwa 5 Minuten*, um die Panade zu »trocknen«. Dies ist das Standardrezept für Panade.

Für unsere Klößchen (oder auch für eine Fülle) fügt man *40 g Butter* hinzu und verrührt dann nacheinander *4 Eigelb* und *2 ganze Eier, 100 g gehackten, gekochten Schinken* und *1 Sträußchen gehackte Petersilie, Salz, Pfeffer.* Man sticht mit zwei nassen Teelöffeln kleine Klößchen aus und läßt diese *10 Minuten* in fast kochendem Wasser oder auch in der Fleischbrühe, in der sie serviert werden, ziehen. Zum Schluß kann man *etwas Schnittlauch* über die Suppe streuen.

Die angegebene Menge reicht für etwa 10 Personen. Man macht nur so viele Klößchen, wie man gleich braucht, und friert den Rest der Masse ein.

Man kann die Klößchen auch ohne Wasser im MW-Herd garmachen, siehe Rezept S. 45.

Wild-Consommé-Julienne (2 Personen)

300 ml Wild-Consommé heißmachen, *3 Minuten* bei voller MW-Leistung erhitzen, *30 g Karotten, 15 g Sellerie, 30 g Lauch* als

Julienne (in kleine Streifen geschnitten) nacheinander zugeben, *je 1 Minute* kochen, *½ Tomate*, enthäutet, ausgedrückt und kleingeschnitten, *50 g Restefleisch* in Stifte geschnitten, *10 g Butter* zugeben, erhitzen, bis die Butter geschmolzen ist.

Zuppa Pavese

Pro Person wird ein nicht zu kleines *Stück Weißbrot*, mit *etwas Butter* bestrichen, im Backofen bei 140 Grad *etwa 20 Minuten* bis zu leichter Bräunung getrocknet. In einem Suppenteller wird es mit *kochendheißer Brühe* übergossen, so hoch, daß es, wenn es am Boden läge, etwa 5 mm hoch bedeckt wäre. Darüber wird *1 Ei* geschlagen, mit *Salz und Pfeffer* bestreut und im MW-Herd bei voller Leistung erhitzt, bis das Eiweiß nicht mehr klar ist, oder bis zu einer gewünschten Konsistenz. Nun wird mit *kochender Fleischbrühe* aufgefüllt *(Gesamtmenge etwa 200 ml)* und *5 g Butter* zugegeben.

Wenn man will, kann man etwa *20 g kleingeschnittenen frischen Spinat*, der in der Fleischbrühe *3 Minuten* gekocht hat, zugeben. Der Spinat sollte nach dem Kochen rasch abgekühlt worden sein, damit er schön grün bleibt.

Der Vorteil des MW-Herdes ist hier, daß die Eier im Teller auf die richtige Konsistenz gebracht werden, und das in nur *etwa 1 Minute*. Die Gäste können sich wünschen, wie sie ihr Ei haben wollen.

Klare Gemüsesuppen

In einem neuen Buch über die Küche am bayerischen Hof findet sich kein einziges Rezept für Suppen ohne Fleischbrühe. Wir glauben nicht, daß das realistisch ist, denn damals hat man sicher noch allgemein die fleischlosen Freitage und die Fastenzeiten beachtet. In den älteren französischen Kochbüchern findet man immer die Bezeichnung »au gras« oder »au maigre«; in letzterem Fall gibt es weder Fleisch noch Fleischbrühe. Wir verdanken dieser Tradition sehr schöne Rezepte ohne Fleischbrühe, und wir werden davon einiges bringen, denn immer Fleischbrühe, wie man das in den Restaurants heute meistens bekommt, verdirbt meiner Meinung nach den Geschmack für die Feinheiten, die man bei Gemüsen oder Körnern entdecken kann.

Da sind zunächst die Kräutersuppen oder die Frühlingssuppen mit jungen Gemüsen, die das Ende des Winters erfreulich anzeigen, für die es aber auch den ganzen Sommer über Möglichkeiten gibt. Wir bringen einige Beispiele, zunächst für nicht passierte und nicht gebundene Suppen.

Neunkräutlsuppe (6 Personen)
100 g Frühlingszwiebeln, in 2 mm dicke Scheiben geschnitten, mit *30 g Butter* in einem 1½ l fassenden Topf zugedeckt bei voller Leistung *2 Minuten* und bei schwacher Leistung *12 Minuten* dämpfen. *1 l Wasser (oder ¼ l Weißwein, ¾ l Wasser), Salz* zugeben, bei voller Leistung aufkochen. Inzwischen mischt man *70 g Gartenkresse,* die Blätter von *1 Sträußchen Petersilie (etwa 20 g), 50 g Spinat* (nur die oberen Teile der Blätter), in 1 cm breite Streifen geschnitten, *80 g Sauerampfer* in ebensolchen Streifen (auf der Wiese selbstgesammelte Blätter sind viel zarter als gekaufte), *80 g Kerbel ohne Stiele, 20 g kleingeschnittene Basilikumblätter* und die von *1 Bund Brunnenkresse* abgeschnittenen, verlesenen und gewaschenen Blätter *(ca. 50 g).* Man gibt alle Gemüse auf einmal zu, mischt und läßt aufkochen. Zum Schluß gibt man ein Sträußchen *kleingeschnittenen Schnittlauch, Pfeffer, wenig Muskat* und *50 g Butter* zu und läßt ein wenig nachziehen.

Man kann pro Person *1 verlorenes Ei* in die Suppenteller geben.

Dies ist eine klassische Suppe für den Gründonnerstag.

Sommergemüsesuppe (6 Personen)
150 g kleingeschnittene Zwiebeln in *50 ml Olivenöl 13 Minuten* erst mit voller Leistung zum Kochen bringen und dann bei schwacher Leistung weiterkochen. *2 rote* und *1 grüne Paprika* ohne die Kerne und das innere Weiße, in Streifen geschnitten, *500 ml Wasser oder Weißwein, Salz* zugeben und *30 Minuten* kochen.

Nach dem Aufkochen Leistung so schwach stellen, daß das Kochen gerade noch merklich ist. *200 g Auberginen*, geschält und in zentimetergroße Würfel geschnitten, sowie *400 g geschälte und gewürfelte Tomaten* ohne Kerne zugeben und *noch einmal 30 Minuten* ganz sanft zugedeckt kochen lassen, *Pfeffer* und *wenig Muskat* zugeben. Dazu *grobgeschnittene Weißbrotwürfel* anbieten.

Pürierte Suppen

Pürierte (oder dicke passierte) Suppen sind für den MW-Herd schon deshalb sehr geeignet, weil man sie ohne Rühren oder fast ohne Rühren erhitzen kann, ohne daß etwas anbrennt. Viele Gemüse schmecken am besten, wenn sie einfach in Wasser oder in leichter Gemüsebrühe oder vielleicht im Kochwasser anderer Gemüse, etwa Linsen oder Artischocken, gekocht und dann püriert oder passiert werden. Aber auch das Andünsten in Butter, eventuell mit Sahne, das wir oben kennengelernt haben, kann im MW-Herd mit Vorteil, weil besonders schonend, angewandt werden. Meist ist es gut, zum Schluß Sahne oder Milch und Butter zuzugeben. Wir bringen wieder nur wenige Beispiele.

Suppe von grünen Bohnen (6 Personen)
1 kleingeschnittene Zwiebel mit *20 g Butter und 20 ml Sahne* zugedeckt *10 Minuten* bis zum Aufkochen bei voller Leistung, dann bei schwacher Leistung kochen. *½ TL Curry* zugeben, *noch 2 Minuten* bei voller Leistung erhitzen. *1 l Hühnerbouillon, 600 g* geputzte und halbierte *Stangenbohnen, Lorbeerblatt, Bohnenkraut, 12 Minuten* kochen, im Mixer pürieren, passieren, mit *200 ml Sahne* fast zum Kochen bringen, zum Schluß *20 g Butter* zufügen. Wenn man will, 50 g von den Bohnen vor dem Pürieren herausnehmen, schräg kleinschneiden und zum Schluß zufügen, damit die Gäste nicht vergeblich rätseln, was man ihnen vorgesetzt hat.

Tomatensuppe mit Sellerie (6 Personen)
2 kleingeschnittene Zwiebeln mit *20 g Olivenöl 10 Minuten* zugedeckt erhitzen, dabei die Leistung reduzieren, wenn sie anfangen, sich zu verfärben. *100 g Sellerieknolle* in kleinen Stücken
und *1½ kg reife Tomaten*, vom Stielansatz befreit und leicht zerdrückt, mit *¼ l Wasser, Salz, wenig Thymian und Bohnenkraut
20 Minuten* bei voller Leistung kochen, durchpassieren, *Pfeffer*
und *1 EL Zucker* sowie *40 g Butter* einrühren, im Suppenteller
jedem Gast noch *1 EL Sahne* zugeben. Wenn man will, kann
man pro Person *15 g* nicht zu weichgekochten *Reis* zugeben.

Gurken-Kartoffel-Rahmsuppe (4 Personen)
2 mittelgroße weichkochende Kartoffeln und *⅔ einer Gurke* schälen
und in große Stücke schneiden, dazu *20 g kleingeschnittenen Dill.*
Halb mit Wasser bedeckt, mit *Salz* und *Pfeffer 15 Minuten* bei
voller Leistung zugedeckt kochen, im Food Processor zerkleinern. Den Rest der Gurke in sehr kleine Würfel schneiden,
zugeben. In dieser Form kann die Masse in Suppentellern eingefroren werden. Vor dem Gebrauch *70 ml Milch* und *50 ml
Sahne* und *1 Würstchen von etwa 80 g pro Teller* zugeben (Polni-
sche, Debreciner, Frankfurter) und noch einmal fast zum
Kochen bringen.

Kerbelsuppe mit Sahne, ohne Fleischbrühe (2 Personen)
100 g Kerbel in gerade genug kochendem Wasser *2 Minuten*
blanchieren, eventuell einfrieren. Mit ebenfalls eingefrorenem
Zwiebelmus von 100 g Zwiebeln auftauen und im MW-Herd bei
voller Leistung zugedeckt aufkochen, *5 Minuten* bei kleiner Leistung kochen lassen, im Food Processor *2 Minuten* zerkleinern,
mit *150 g Sahne, Salz, Pfeffer, Muskat* bei voller Hitze bis zum
Beginn des Kochens bringen.

Karottensuppe (2–3 Personen)
*500 g Karotten, 1 Zwiebel, 30 g Petersilie (3 Salbeiblätter), 400 ml
Fleischbrühe oder Wasser, Salz und Pfeffer sparsam, 100 ml Sahne.*
Gemüse und Petersilie kleinschneiden, mit der Fleischbrühe

25 Minuten im MW-Herd kochen, pürieren, würzen, mit der Sahne noch einmal aufkochen.

Besser als Passieren: Im Starmix oder im Food Processor zerkleinern.

Zucchini-Suppe (T.)

Diese Suppe verdankt ihre Erfindung dem sommerlichen Überschuß an reifen, schon etwas groß geratenen Zucchinifrüchten in meinem Garten, die frisch einer Verarbeitung zugeführt werden mußten. Sie zählt seither zu unseren Lieblingssuppen und wird auch von unseren Gästen sehr geschätzt. Ihre Herstellung ist denkbar einfach und arbeitssparend.

600–700 g Zucchini, mit noch weicher Schale, werden in grobe Stücke geschnitten, zusammen mit *Salz* und etwa *40 g Butter* und einer *Spur Pfeffer* in einer weiten Schüssel, mit Folie überdeckt, *6 Minuten* bei voller Leistung gekocht. Die noch warmen Stücke kommen, zusammen mit der während des Kochens abgesonderten Flüssigkeit, in den Mixer und werden so lange püriert, bis die dunkelgrüne Zucchinischale in feine Partikel zerkleinert ist und der Brei eine leuchtend grüne Farbe angenommen hat. Dann ergänzt man die Masse im Mixgefäß mit *roher Milch auf ¾ l*, mischt gleichmäßig durch, füllt 4 Suppentassen und erwärmt die Suppe im MW-Herd auf Tischwärme.

Man erhält auf diese Weise eine Suppe mit angenehmem Zucchini-Eigengeschmack, die trotz ihrer dicklichen Konsistenz nicht schwer und belastend ist, sondern diätetisch wertvoll, weil alle Zutaten nur kurz erhitzt wurden.

Die Emulsion der Zucchiniteilchen in der Flüssigkeit ist sehr beständig, man kann sie im Kühlschrank einige Tage aufbewahren. Ich habe für den Winter einen Vorrat an Zucchinipüree tiefgefroren, weil dieses Gemüse anders nur schwer konservierbar ist.

Natürlich könnte man versuchen, diese Suppe mit Schlagsahne, Dottern und mehr Butter aufzubauen, sie würde dann aber an Bekömmlichkeit und Eigengeschmack verlieren.

Suppen mit Körnerprodukten

Die gebrannte Grießsuppe wird man in den Restaurants kaum mehr finden – ebensowenig wie Grünkern, Sago, Mais. Hier liegt ein großes Feld brach, und dagegen wollen wir etwas tun. Wir kommen dabei auch wieder zurück zum Fleisch, bei den kräftigen Suppen, etwa mit Gerste, die schon als ein Hauptteil der Mahlzeit gelten müssen, ohne direkte Eintöpfe zu sein.

Gerstensuppe (6 Personen)
1 Kalbsfuß 2 Stunden wässern, in *1½ l kochendem Wasser 10 Minuten* blanchieren, in *1½ l leichter Bouillon 1 Stunde* sanft kochen. *2 große Karotten, 150 g Sellerie, 2 Kartoffeln* in zentimeterdicken Scheiben oder Würfeln, *80 g Gerste, 1 Lorbeerblatt, 1 Nelke* zugeben und *1 Stunde* zugedeckt ganz schwach kochen lassen. *2 Eigelb, 200 ml Sahne, Pfeffer* und *Muskat* schlagen, etwas von der Brühe einrühren und dann in die restliche Suppe geben. Zum Schluß *50 g Butter* einrühren.

Wenn man will, kann man *500 g Rindfleisch* von Anfang an mitkochen und kleingeschnitten zusammen mit dem entbeinten und sehr klein geschnittenen Kalbsfuß zurück in die Suppe geben.

Zwiebel-Grünkernsuppe (4 Personen)
8 EL Grünkernmehl mit *0,1 l Wasser* anrühren. *150 g Zwiebeln* püriert in *30 g Butter* im MW-Herd *10 Minuten* zugedeckt erhitzen, bis sich ein brauner Rand andeutet. Grünkern zugeben, mit *1 l Wasser oder Fleischbrühe* auffüllen, zugedeckt aufkochen, *10 Minuten* bei schwacher Leistung weiterkochen, mit *0,1 l Sahne* und *20 g Butter* verrühren, *salzen* und *pfeffern*. Dazu *Croutons*.

Gebrannte Grießsuppe (2 Personen)
50 g Grieß, 10 g Butter im MW-Herd erhitzen, bis der Grieß dunkelgelb ist (*ca. 6 Minuten*, dreimal rühren, Vorsicht, der Grieß wird zuerst innen dunkel!). Mit *½ l Fleischbrühe* auffül-

len, *noch 5 Minuten* kochen. Zum Schluß noch *5 g frische Butter* zugeben.

Man kann dazu *geriebenen Käse* reichen. Man kann auch *Hühnerfleisch* in mundgerechten Stücken mitkochen.

Mit Mehl oder Stärke gebundene Suppen

Heute ist es modern, Mehl in Suppen abzulehnen, und wir sagten schon, daß in vielen Fällen das Mehl deshalb entbehrlich ist, weil man Gemüse oder auch Fleisch heute leicht sehr fein pürieren kann. Aber es gibt doch Fälle, wo die sanfte Konsistenz einer mit wenig Mehl gebundenen Suppe nicht ersetzt werden kann. Dreimal weniger Mehl, als in den alten Rezepten steht: Damit kann man in vielen Fällen leben. Man sollte aber auch an andere Bindemittel denken, etwa Brot, Stärkemehl, Sago, Reis. Wir bringen nur ein Beispiel.

Tomatensuppe mit Zwiebeln und Speck

In *15 g Butter* erhitzt man *50 g kleingewürfelten Speck* und *50 g sehr fein gewürfelte Zwiebeln*, bis eine leichte Bräunung sichtbar wird (einmal umrühren). Dann fügt man *2 TL Mehl* dazu und läßt bei schwacher Leistung *5 Minuten* dämpfen. Man fügt etwa *0,9 l Tomatenmus* dazu, das von *1 kg grob geteilten Tomaten* durch *10 Minuten* Kochen bei voller Leistung und Durchpassieren hergestellt ist. Dazu *Thymian* und *Sariette*. Man kocht *noch 10 Minuten* durch, zugedeckt, wobei nach dem Aufkochen einmal umgerührt und dann bei ⅓ der vollen Leistung weitergekocht wird.

Zum Schluß fügt man *30 g Butter* dazu, oder wenn man will, gibt man vielleicht *1 EL Sahne* über die Suppe im Teller.

Mit Sahne und Eigelb gebundene Suppen

Sahne zuzugeben ist normal, wenn man einen etwas scharfen Geschmack mildern oder der Suppe etwas Weiches geben will.

Mit Eigelb abziehen wird man manchmal, wenn man eine Suppe ein wenig binden will, die wegen saurer Zutaten keine Sahne verträgt. Die Kombination von Sahne und Eigelb wird man nicht unnötig oft verwenden, denn sie prägt eine Suppe sehr in Richtung auf eine Vornehmheit, die gerechtfertigt sein muß. Man wird sich heute im Vergleich zu früher eher beschränken mit Suppen, die auf die Bezeichnung »Suprême« Anspruch erheben dürfen. Auch verwendet man heute wohl weniger Eigelb, als man das früher tat. Der Geschmack wird dadurch eher feiner, und die Fleischbrühe, die bei solchen Suppen meistens dabei ist, kommt besser heraus. Mit dem MW-Herd kann man auch mit relativ wenig Eigelb eine gute Bindung erreichen. In manchen Rezepten wird erlaubt, auch das Eiweiß mitzuverwenden. Ich finde, daß das meist zu einem etwas faden Geschmack führt, aber es gibt sicher Ausnahmefälle.

Hühnersuppe mit Brunnenkresse (6 Personen)
150 g sehr klein geschnittene oder pürierte Zwiebeln mit *20 g Butter* und *30 ml Sahne* zugedeckt *20 Minuten* erhitzen, erst bei voller Leistung, nach dem Aufkochen mit ⅓ Leistung. Die Zwiebeln sollen nicht braun werden. Während der letzten Minuten *1½ EL Mehl* miterhitzen. *500 ml Hühnerbrühe, 150 ml Weißwein* und *50 ml hellen Portwein* einrühren und aufkochen, *10 Minuten* bei kleiner Leistung kochen lassen. *300 g gewürfeltes gekochtes Hühnerfleisch* zugeben. *150 g verlesene und gewaschene Brunnenkresse* mit wenig von der Brühe pürieren, zugeben, mit *Sariette, wenig Thymian, Pfeffer*, aufkochen. Inzwischen *4 Eigelb* mit *200 ml Sahne, Muskat*, und *2 EL Portwein* verrühren, mit einem Teil der Suppe verrühren und unter Rühren der Hauptmenge zugeben, *50 g Butter* einrühren.

Kerbelsuppe mit Ei und Rahm (2 Personen)
100 g Kerbel in der Moulinette sehr fein pürieren (eventuell ein wenig Wasser zugeben). Im MW-Herd mit *3 EL Sahne etwa 5 Minuten* dämpfen, bis die Flüssigkeit verdampft ist.
2 Eigelb, 200 ml Sahne, Salz, Pfeffer, Muskat verrühren, in

dieselbe Schüssel *200 ml starke Fleischbrühe* und den *Kerbel* zugeben, bis fast zum Kochen erhitzen *(etwa 5 Minuten)*, gegen Schluß öfter mit dem Schlagbesen umrühren. Man kann die halbe Menge gleich im Suppenteller für 1 Person machen oder die ganze Menge auf zwei Teller aufteilen.

Fischsuppen

Ich wünschte, ich lebte und kochte am Meer oder an einem großen See, oder in der Nähe meines Enkels, der ein leidenschaftlicher Fischer ist. Dann könnte ich jede Woche oder noch öfter eine schöne Fischsuppe machen. So aber muß ich bei den Fischsuppen sehr bescheiden sein und mich an die Autorität von Vorbildern anlehnen, bei beschränkter Materialauswahl. Deshalb gibt es hier nur ein Beispiel.

Fischsuppe Suprême

30 g Schalotten, sehr klein geschnitten, mit *10 g Butter* und *20 ml Milch*, mit Folie zugedeckt, bei voller Leistung aufkochen und dann bei schwächster Leistung *10 Minuten* weiterkochen. *60 g Karotten, 40 g Lauch, 30 g Sellerie* in Stücken bzw. Streifen von etwa 1 cm zugeben, mit *0,8 l Fischsud* und *1 Messerspitze Safran 8 Minuten* kochen, zum Schluß *70 g geschälte, ausgedrückte und gewürfelte Tomaten* zugeben, dazu *200 g gewürfeltes Zanderfilet*. Aufkochen und *3 Minuten* ziehen lassen. Inzwischen *2 Eigelb mit 70 ml Sahne, Salz, Pfeffer* und *Muskat* verrühren, die Suppe in die Mischung einrühren und *20 g Butter* zugeben. Mit *Weißbrot* servieren.

Für den *Fischsud 500 g Gräten und Köpfe von Seezungen* ohne die Eingeweide, *je 50 g Zwiebeln, Karotten, Sellerie, Lauch* in kleinen Stücken, *Salz in 0,5 l Weißwein, 0,5 l Wasser* aufkochen und *30 Minuten* bei kleiner Leistung weiterkochen lassen. Man kann den Fischsud (Fischfumet) in flacher Schicht einfrieren und bei Bedarf Stücke abbrechen.

112

Suppen mit Fleisch, Eintöpfe

Ich muß gestehen, daß ich mit den Eintopfgerichten Schwierigkeiten habe. Einerseits ist da die Erinnerung an zerkochte Kartoffeln mit zerkochtem Gemüse und Sehnen und Knorpeln, mit wenig faserigem Fleisch und viel Fett, das am Gaumen klebte. Und andererseits gibt es viele annehmbare Gerichte, bei denen man nur nicht einsieht, warum sie zusammen in einem Topf serviert werden müssen, warum der Esser nicht die Wahl haben darf, wieviel er von jedem Bestandteil essen will. Und auch hier wird durch langes, dem Geschmack nicht bekömmliches Kochen meist eine falsche Gemeinsamkeit der Zutaten erreicht. Aber es gibt natürlich Ausnahmen; einige Beispiele sollen das zeigen, und ich hoffe noch mehr dazuzulernen, vielleicht durch Anregungen aus dem Kreis unserer geschätzten Leser. Ich muß vielleicht noch sagen, daß ein Eintopf auch nicht etwas sein soll, bei dem viele Zutaten auf komplizierte Weise zubereitet und schließlich in einer Schüssel serviert werden. Ein Sinn des Eintopfs muß immer sein, daß er dem Koch wenig Arbeit macht.

Hühner-Eintopf nach Zwiebelsuppenart
100 g Zwiebeln, feingeschnitten, mit *10 g Butter* und *30 ml Sahne* zugedeckt *10 Minuten* bei voller Leistung erhitzen, bis die Zwiebeln anfangen braun zu werden, nachdem die Sahne ganz verdampft ist. *150 g Karotten* und *50 g Sellerieknolle,* in Würfel von etwa 1 cm geschnitten, zugeben, dazu *300 g gekochtes Hühnerfleisch* in mundgerechten Stücken, mit *Hühnerbrühe* knapp auffüllen, *10 Minuten* kochen. Wenn man die Brust von einem Brathuhn verwendet, diese erst *in den letzten 5 Minuten* zugeben. Die Flüssigkeit soll zum Schluß etwas über den Zutaten stehen. Nun, wenn man will, die Oberfläche mit gebutterten Weißbrotscheiben bedecken und das Ganze unter dem Grill erhitzen, bis die Brotstücke leicht braun sind.

Bei diesem Rezept kann man die Gemüse- und Fleischzutaten weitgehend variieren. Man kann auch Fisch statt Fleisch

nehmen, darf aber diesen, in kleine Stücke geschnitten, nur etwa
3 Minuten kochen oder vielmehr ziehen lassen.

Grünkerneintopf

200 g magerer geräucherter Speck (Wammerl), in nicht zu dünne
Scheiben geschnitten und kurz blanchiert, wird in einen Topf
von etwa 15 cm Durchmesser gelegt, darüber *3 in Scheiben
geschnittene Zwiebeln* und *10 ml Olivenöl*. Zugedeckt *etwa 20
Minuten* erhitzen, *nach 5 Minuten* die Leistung auf schwach verringern. Die Zwiebeln sollen gerade anfangen braun zu werden.
Darüber kommen *250 g über Nacht eingeweichter Grünkern* und
0,5 l frisches Wasser, wenig Salz, Pfeffer. Noch 30 Minuten erhitzen,
dabei nach dem Aufkochen die Leistung auf schwach stellen.
Während der *letzten 10 Minuten 250 g feste geräucherte Bratwurst*,
zum Beispiel *Pfälzer* oder *Debreciner*, in mundgerechten Stücken
zugeben.

Tomatensuppe als Eintopf (2 Personen)

Eine relativ stark eingekochte Tomatensuppe ohne Wasser und
Mehl im MW-Herd aufkochen. Auf *500 ml Suppe* im letzten
Moment *100 ml Sahne* zugeben und fast aufkochen. Mit *100 g
angebratenen Wollwurst- oder Kalbsbratwurstscheiben, 50 g Brotwürfeln*, die im Ofen oder im MW-Herd in Butter gebräunt wurden,
und mit *2 pochierten Eiern* servieren, die Zutaten getrennt von
der Suppe.

Methodisches

Erhitzen mit Fett

Wir haben von der Tatsache gesprochen (vgl. auch S. 77), daß
man mit dem MW-Herd nicht braten kann. Aber schon bei den
Zwiebelrezepten und jetzt wieder bei den Suppen haben wir
gesehen, daß man beim Erhitzen mit Fett dem Anbraten sich in
einem gewissen Umfang nähert. Wenn man Zwiebeln in Butter
erhitzt, verdampft Eigenflüssigkeit der Zwiebeln (und auch die

etwa 15 Prozent Wasser, die die Butter enthält). Gleichzeitig dringt das Fett in die Zwiebeln ein, und diese werden bei etwa 100 Grad gegart. Wenn das meiste Wasser verdampft ist, bleibt offenbar noch etwas fester gebundenes Wasser zurück, das eine weitere Erhitzung über 100 Grad hinaus ermöglicht. Allerdings werden die Zwiebeln dann schnell hart oder zäh, man muß also die Erhitzung bald beenden. Dieses ist nun ein allgemeiner Prozeß, der immer eintritt, wenn nicht wie bei Tomaten ein Übermaß von Eigenflüssigkeit ihn verhindert. Er tritt auch, und besonders deutlich, bei Speck oder Schinken auf, wo das eigene Fett die Butter ersetzen kann. Auch das Rösten von Brotwürfeln erfolgt nach diesem Prinzip, ebenso das Erhitzen von Mehl mit Butter bei der Béchamelsauce oder den mit Mehl gebundenen Suppen.

Man kann, wie wir ebenfalls gesehen haben, diesem Prozeß nachhelfen und sowohl die Hitze wie das Fett gleichmäßiger verteilen, wenn man außer der Butter etwas Sahne oder Milch zufügt und so lange kocht, bis das anfängliche Überschäumen schwach wird. Damit lassen sich auch etwas größere Volumina mit Fett erhitzen, mit allenfalls ein wenig Rühren, also bequemer als in der Pfanne auf dem Herd.

Eindampfen, Verdampfen

Bei dem eben beschriebenen Erhitzen mit Fett und eventuell Sahne ist die Kochzeit nur aus der Erfahrung abzuleiten, weil, wie wir schon festgestellt haben, auch Eigenflüssigkeit aus dem Kochgut austritt, und noch aus einem anderen Grund: Wir sagten zwar (S. 39), daß bei 600 Watt in einer Minute 12 g Wasser verdampfen; aber es kann sein, daß der Dampf nicht gleich durch den Ventilator ins Freie geführt wird, sondern sich zum Teil an den kalten Wänden niederschlägt und von dort durch die MW-Leistung noch einmal erhitzt wird, wodurch sich die für das Gericht zur Verfügung stehende Leistung verringert. In diesem Punkt sind die von uns verwendeten Geräte sehr verschieden. Wir äußern deshalb den Wunsch an die Hersteller, sich um eine einwandfreie Ventilation – ohne Beschlagen von Wänden und Fenstern – zu kümmern.

115

Das Eindampfen spielt in der großen Küche eine wichtige Rolle zur Herstellung von Essenzen, zur Konzentration eines gewünschten Geschmacks. Auch wenn wir mit diesem Mittel eher sparsam umgehen, gibt es doch viele Beispiele, wo Eindampfen notwendig ist, siehe etwa die gedämpften Zwiebeln (S. 37). Der MW-Herd ist dafür geeignet, wenn man ihn erst einmal gut genug kennt, um die Eindampfzeiten vorherzusagen. Wird bei größeren Mengen die Eindampfzeit länger als die gewünschte Garzeit des Gerichts, kann es gut sein, die Flüssigkeit zum Schluß getrennt einzudampfen.

In anderen Fällen, wir sahen es bei der Herstellung von Fleischbrühe, will man möglichst wenig Dampfentwicklung haben, weil damit unvermeidlich eine starke Flüssigkeitsbewegung verbunden ist, die man nicht mag, da infolgedessen etwa eine Fleischoberfläche unerwünscht ausgelaugt wird oder Gemüse seine Konsistenz verliert. Das Verdampfen (S. 115) kann man durch noch so dichtes Abdecken des Kochgefäßes nicht verhindern. Die Dampfentwicklung hängt allein von der zugeführten Leistung ab und von dem Bruchteil dieser Leistung, der nicht zum Erwärmen der Umgebung verwendet werden muß. Die alte Marmite, ein Steinguttopf mit Deckel, kann die nach außen austretende Wärmemenge klein halten. Und das Abdecken etwa mit Folie bewirkt, daß sich der Luftraum über dem Kochgut auch bei sehr kleiner Kochleistung ganz mit Dampf füllt, so daß die eventuell oxydierende Luft verdrängt wird. Bei der wechselnden Leistung, wie sie MW-Herde bei den niedrigen Leistungsstufen haben, hat die Folie außerdem den Vorteil, daß sie sich jeweils senkt und hebt, so daß nie Luft von außen in wesentlicher Menge nach innen dringt.

Kochdauer bei verschiedenen Mengen: Wir haben in der letzten Lektion die drei Phasen des Kochvorgangs, bis zum Beginn des Kochens, das Eindringen der Wärme ins Innere und das sanfte Weiterkochen, besprochen. Die ersten beiden Phasen dauern sicher länger, wenn man mehr Kochgut hat, aber bei der dritten ist das nicht evident. In allen MW-Kochbüchern steht, daß man bei doppelter (halber) Menge doppelt (halb) so lang kochen muß. Wir empfehlen, bei dieser einfachen Regel zu bleiben, denn es lohnt fast nie, kompliziertere Gedankengänge anzustellen. Auf die Dauer wird man ja doch durch Probieren die besten Zeiten feststellen. Dazu nur noch eine Ermahnung: Es lohnt sehr, seine eigenen Erfahrungen immer aufzuschreiben, besonders wenn man ein Amateurkoch ist und nicht durch jahrelange Erfahrung, sozusagen von selbst, alles richtig macht.

Zeiteinteilung

Wir sind uns klar darüber, daß wir mit unseren vielen Erklärungen und Anweisungen ganz schöne Anforderungen an unsere lernenden Leser und Anwender stellen, und wir bitten Sie um Verzeihung und um Geduld. Lernen erfordert Nerven, und es braucht Aufmerksamkeit und Zeit. Sie werden am Anfang nicht das Gefühl haben, daß das Kochen mit dem MW-Herd fast von selbst geht und daß Sie dazwischen vieles andere tun können. Aber vielleicht denken Sie doch schon jetzt manchmal daran, daß auf die Dauer genau dieses der Fall sein wird. Die meiste Zeit brauchen Sie jetzt noch, um sich an das Neue zu gewöhnen, aber später wird es so sein, daß Sie, wenn einmal die Zutaten vorbereitet sind, zum Kochen selbst nur noch wenige Handgriffe nötig haben. Bei einem Teil davon müssen Sie allerdings den Kochvorgang, etwa das Aufkochen, beobachten oder abwarten und müssen in der Nähe des Herdes bleiben. Für diese Zeiten empfehlen wir, einschlägige Arbeiten zu erledigen wie Aufräumen oder Tischdecken – alles, was in der Nähe ist und was man schnell unterbrechen kann. Das Ende der längeren Kochzeiten wird durch das Signal am Herd angezeigt, und Sie können sich auch außerhalb seiner Hörweite aufhalten, wenn Sie einen Küchenwecker verwenden. Sie sind also frei, auch anderes zu tun; selbst das Telefon ist kein Hindernis, denn das Gerät schaltet sich ja selbst ab, und der Kochprozeß kann jederzeit wieder aufgenommen werden. Diese Freiheit werden Sie mehr und mehr zu schätzen wissen.

Zubereitung von Fleischspeisen im MW-Herd (T.)

Jede Köchin weiß, daß es Fleischsorten gibt, die nur sehr kurz erhitzt werden dürfen, um zart und saftig zu bleiben, und andere wieder, die unter Zugabe von Flüssigkeit längere Zeit hindurch dünsten oder kochen müssen, um weich zu werden. Anders ausgedrückt heißt das, daß weiße Fleischsorten von Geflügel oder Kalb nur gerade so weit erhitzt werden dürfen, bis sich das Blut- und Muskeleiweiß unter Wärmeeinfluß umgewandelt hat (bei etwa 60 bis 70 Grad), was sich auch durch Farbveränderung bemerkbar macht. Das bedeutet, daß das Stück bereits gar ist, bevor die Kochtemperatur von 100 Grad erreicht ist. Höheres Erhitzen läßt das Eiweiß so stark gerinnen, daß das Stück zäh und hart wird. Anders steht es mit dunkelrotem Fleisch vom ausgewachsenen Rind oder Schwein. Diese Fleischsorten enthalten je nach Körpergegend mehr oder weniger Bindegewebe, dessen Löslichkeit in Wasser erst ab 100 Grad zunimmt. Solche Fleischsorten müssen daher diese Temperatur für längere Zeit erreichen, um weich zu werden.

Bei der Zubereitung von Fleischspeisen im MW-Herd muß man überdies daran denken, daß das Wasser innerhalb des Muskelgewebes sehr schnell heiß wird und daß darum für weißes Fleisch eine kurzfristige Erwärmung bei niedriger Leistungsstufe für das Garwerden genügt. Erhitzt man zu stark, dann kommt es zum Kochen der Gewebsflüssigkeit, der Dampf entweicht, und zurück bleibt die trockene Substanz.

Kochfleisch hingegen ist von Anfang an mit Flüssigkeit bedeckt, in der es längere Zeit hindurch garen soll. Hier erwärmen sich das umgebende Wasser und der Fleischsaft gleichzeitig und langsamer auf 100 Grad; das Gewebe wird nicht zerstört, solange es mit genügend Flüssigkeit oder mit einer wasserhaltigen Schicht, zum Beispiel aus Gemüsen, bedeckt bleibt. Unter dieser Voraussetzung können Fleischgerichte beliebig lang bei kleiner Leistung im MW-Herd kochen oder dünsten, ohne auszutrocknen.

Es kann vorkommen, daß man, bei der Zubereitung von

Fleischspeisen oder beim Schmelzen von Speck, im MW-Herd ein leises Knacken oder Puffen hört, weil kleine, überhitzte Fleischpartien unter der bekanntlich immer etwas kühleren Oberfläche durch Dampfdruck zerplatzen. Dann muß der Herd schleunigst abgeschaltet oder der Speise mehr Feuchtigkeit zugesetzt werden, um das oben geschilderte Verschwarten zu verhindern.

Die folgenden Rezepte sind Beispiele für Fleischgerichte, die niedrige Temperaturen verlangen.

Schweinsleberfilets mit Speck

In einer weiten, flachen Schüssel häuft man in der Mitte *6 dünne Scheiben Hamburger Speck (durchwachsener Speck)*, bedeckt ihn mit einer Glas- oder Porzellanschale und schaltet den Herd bei 600 W *1½ Minuten* lang ein. In dem ausgeflossenen Fett wendet man die schmal und gleichmäßig dünn geschnittenen *Leberfilets (zusammen etwa 250 g), pfeffert* und würzt mit frischen, feingehackten *Gewürzkräutern* (z. B. *Bohnenkraut* oder *Basilikum*) und legt die Filets, abwechselnd mit den Speckstreifen, sternförmig in der Schüssel aus. *Nach 1 Minute* bei 600 W wendet man die Leberschnitten, wobei sowohl Ober- und Unterseite wie auch innere und äußere Teile des Sterns vertauscht werden. Dann wärmt man nur noch vorsichtig bei halber Leistung *1–2 Minuten* lang, der Saft darf nicht mehr blutig sein. Gleichmäßigere Wärmeverteilung kann man durch Abdecken der Schüssel mit Klarsichtfolie erreichen, das ist besonders dann sehr wichtig, wenn Speisen nur sehr kurz erwärmt werden dürfen. Im MW-Herd zubereitete Schweinsleber ist bedeutend zarter als konventionell zubereitete und qualitativ durchaus mit Kalbsleber zu vergleichen.

Hühnerbrust in Butter mit kleinen Zwiebeln

Die weite, flache Schüssel eignet sich auch hier am besten. In *30 g geschmolzener Butter (1 Minute* bei voller Leistung) wälzt man *6–8 kleine Zwiebeln* (zum Beispiel *Frühlingszwiebeln*), gibt *Salz* und *1 Prise Muskat* dazu, bedeckt die Schüssel mit Haus-

119

haltsfolie und dünstet bei 600 W *5 Minuten* lang. Während dieser Zeit klopft man *3 Hühnerbrust-Schnitzel (zusammen 250 g)*, die man zur Vorsicht mit Folie belegt, damit das zarte Fleisch nicht verletzt wird. Durch das Klopfen sollen die Schnitzel eine gleichmäßige Dicke von ca. 10 mm erhalten. Sie werden hierauf in der geschmolzenen Butter gedreht, um von allen Seiten mit Fett bedeckt zu sein, die Zwiebeln werden an den Rand geschoben, die Schnitzel mit der glatten Seite nach oben in der Mitte der Schüssel angeordnet, *gesalzen* und mit etwas *frisch gemahlenem weißem Pfeffer* bestreut, und die Schüssel mit Folie verschlossen. Die Garzeit, bei voller Leistung, beträgt wenig mehr als *2 Minuten*, die Folie bewirkt, daß die Schnitzel sehr rasch und gleichmäßig auf die nötige Temperatur gebracht werden.

Hühnerfrikassee mit Morcheln

Getrocknete Morcheln (1 Päckchen) werden *3–4 Stunden* in gewässerter Milch eingeweicht. *300 ml dieser Milch* schöpft man in eine große, flache Schüssel – Vorsicht, die Morcheln lassen meistens Sand zurück – und erhitzt die Milch *4 Minuten* bei voller Leistung. Dazu gibt man die in grobe Stücke zerteilten *Morcheln*, etwas *Salz* und *10–15 g Mehlbutter* (Mehl mit Butter im Gewichtsverhältnis 1 : 1 gemischt), die in feinen Spänen vom tiefgekühlten Vorratsblock geschabt wurde und die sich in der warmen Milch leicht verrühren läßt. Die Schüssel wird mit Folie abgedeckt, und das Ganze knapp zum Kochen gebracht, *2–3 Minuten* bei voller Leistung. *Hühnerschenkel*, gehäutet und entbeint, *350–400 g netto*, werden in die Morchel-Milch gelegt, die Schüssel wieder mit Folie verschlossen und ungefähr *3 Minuten* lang bei voller Leistung fertig gegart. Das Fleisch soll gerade nicht mehr roh sein. Die Sauce ist hellbraun, leicht dicklich und schmeckt pikant.

Hühnerfrikassee mit Zwiebeln und Champignons

20 g fein zerkleinerte Zwiebeln mit *30 g Butter* mit Folienbedeckkung dünsten (*4 Minuten* bei 600 W), *200–250 g kleine, halbierte Champignonköpfe* dazugerührt, wieder mit Folie verschlossen,

120

2 *Minuten* bei voller Leistung andünsten, *350–400 g Hühner-fleisch*, enthäutet und entbeint, beifügen, mit Folie fertigstellen (*ca. 3 Minuten, 600 W*). *50 ml vorgewärmten Rahm* unterziehen, eventuell leicht nachwärmen.

Hühnerfrikassee mit chinesischen Pilzen und Basilikum

Die chinesischen Pilze mindestens 1 Stunde vor Verwendung einweichen; Zubereitung wie beim Morchelrezept mit Milch und und etwas Mehlbutter. Diese Pilzsorte hat keinen besonderen Eigengeschmack, aber einen angenehmen Biß, darum ist Basilikum, am besten frisches, eine gute Ergänzung.

Hühnerfrikassee mit saurem Rahm

250 ml sauren Rahm, etwas geriebene Zitronenschale von einer ungespritzten Frucht. *350–400 g Hühnerfleisch, Salz, frisch gemahlenen weißen Pfeffer, 20 g Butterflöckchen* in flacher, mit Folie verschlossener Schüssel erwärmen, bis das Fleisch nicht mehr roh ist, aber nicht kochen lassen. Die richtige Temperatur erkennt man daran, daß die Folie gerade beginnt, sich über der Schüssel zu wölben. Zeigt das Fleisch nicht sofort eine gleichmäßige, weißliche Färbung, dann muß man die Schüssel einmal während der Garzeit öffnen und die noch rohen Teile an den Rand schieben.

Hühnerbrust in Porree-Sellerie-Sauce

In einer Schüssel mit weitem, flachem Boden *30 g Butter* erhitzen (*1 Minute, 600 W*); *3 Hühnerbrüste (240 g)*, die nicht direkt aus dem Kühlschrank kommen sollen, sondern die man schon vorher an einen warmen Platz bringt, vorsichtig unter einer Folie klopft, damit sie überall gleich dick sind, in der warmen Butter wenden, bis sie gleichmäßig mit Fett bedeckt sind, *salzen*, so weit es geht, in der Schüssel auseinanderschieben, damit sie sich gegenseitig nicht »beschatten«, mit dem noch heißen *Sellerie-Porree-Gemüse* (vgl. Rezept S. 172) gleichmäßig überziehen; *zweimal je 1 Minute* bei voller Leistung garen, dazwischen wenden, innere Seiten zu den Wänden der Schüssel hindrehen; *weitere 2 Minuten* bei halber Leistung fertig garen. Das Fleisch soll gerade nicht mehr blutig sein, dann ist es weicher und saftiger als konventionell in der Pfanne gebraten. Wird die optimale Garzeit überschritten, vermindert sich sehr rasch die Qualität.

Feiner Nudelauflauf mit Huhn und Pilzen

50 g Butter, 100 g Schalotten, 200 g Wildpilze (netto) oder kleine Champignonköpfe, etwa 250 g weißes Hühnerfleisch (roh), 300 g kleine Hörnchen oder feine Suppennudeln (gekocht), 2 Eier, ⅛ l saurer Rahm, Salz.

30 g Butter und die Schalotten werden in einer Gratinierschüssel, abgedeckt mit Folie, *5 Minuten* bei 600 W vorgedünstet. Die Pilze oder Champignonköpfe gart man mit der restlichen Butter in einer anderen Schüssel, ohne Abdeckung auch *etwa 5 Minuten*, 600 W, und vereinigt sie dann mit den Schalotten in der Gratinierschüssel. In diesem warmen Gemisch wälzt man das mundgerecht geschnittene Hühnerfleisch und gart es ein wenig vor (*1 Minute* bei 300 W, wenden, neu verteilen, nochmals *1 Minute* bei 300 W), das Fleisch soll noch teilweise roh sein, damit es später nicht zu fest wird. Nun mischt man die gekochte Teigware dazu und übergießt das Ganze mit dem glattgemixten Eier-Rahm-Gemisch, die Fleischstücke sollen nicht zu nahe der Oberfläche liegen. Die Garzeit beträgt *12–14 Minuten* bei 600 W.

Feingehackter Schinken, anstelle der Hühner, gibt auch ein sehr feines Gericht.

Truthahnbrust

Die oben geschilderten Rezepte lassen sich gut auch für das weiße Fleisch des Truthahns benützen. Auch Tiefkühlware gerät im MW-Herd zart und saftig, vorausgesetzt, sie wird nicht zu stark erhitzt. Die Truthahn-Schnitzel muß man, wie die Hühnerbrust, unter einem Blatt Papier oder unter einer Folie klopfen, damit sie überall gleich dick sind und gleichmäßig gar werden können.

Braten im MW-Herd (T.)

Allen bisher angegebenen Fleischgerichten ist gemeinsam, daß sie auch in der konventionellen Küche hell gefärbt sind und nicht, wie Pfannengerichte, gebräunt werden müssen. Seit es im Handel für den MW-Herd das sogenannte Bräunungsgeschirr gibt, kann man auch hier innerhalb gewisser Grenzen, »rasch abbraten«, das heißt, daß durch hohe Temperatur die Feuchtigkeit an der Unterseite der Fleischschnitte abdampft, so daß in gleicher Weise wie in der Pfanne eine dünne trockene, und darum braune Fleischkruste entsteht.

Das Bräunungsgeschirr, eine große, flache Schüssel, ist unter der Glasur mit einer Spezialschicht versehen, die ebenfalls MW-Energie in Wärme umzusetzen vermag. Die Schüssel wird für maximal 7 *Minuten* (600 W) trocken in den Herd gestellt und erwärmt sich dabei über 100 Grad, so daß sie dann fast wie eine Pfanne benützt werden kann. Für das Bräunen wird die Schüssel aus dem Herd genommen. Hier erweisen sich die Herdtypen als vorteilhaft, bei denen sich die Herdtüre nach vorn herunterklappen läßt: Man braucht die schwere Schüssel nicht aus dem Herd zu heben, sondern zieht sie mitsamt dem Drehteller zu sich heran auf die Türe, die für die folgenden Hantierungen gleichzeitig als Arbeitsfläche dient.

Die wärmeaufnehmende Schicht bedeckt nicht die ganze Bodenfläche der Bratschüssel, sondern endet 2–3 cm von der Wand der Schüssel entfernt. Der Rest der Grundfläche erwärmt sich nur indirekt und langsam, die Handgriffe bleiben kühl. Der Teil der Bodenfläche, über dem gebräunt werden kann, beträgt ungefähr 25 qcm. Als Bratfette bewähren sich besonders temperaturbeständiges Fritierfett und Erdnußöl, aber auch Fett von zerlassenem Selchspeck.

Die erzielbare Bräunung ist von der Vortemperatur des Bratgutes und von der Größe der Fläche, mit der es in der Schüssel aufliegt, abhängig. Man soll darum nicht direkt aus dem Kühlschrank genommenes Fleisch verwenden, sondern es einige Zeit vor dem Braten an einem warmen Platz wenigstens auf Raumtemperatur anwärmen. Dabei muß es mit einer Kunststoff-Folie luftdicht abgedeckt sein, damit es unter Einwirkung von Luftsauerstoff nicht unansehnlich grau wird, was auch den Geschmack beeinträchtigt. Auch das Bestreichen mit Öl, besonders bei magerem Rindfleisch, wirkt sich in diesem Sinne günstig aus.

Die Fläche des Bratgutes spielt eine Rolle, weil das Stück auf verschiedene Teile der hocherhitzten Fläche verschoben und dadurch auch brauner werden kann. Das Zischen, das hier, ebenso wie in einer gewöhnlichen Bratpfanne, zu hören ist, wenn das Fleisch die heiße Fläche berührt, ist ein gutes Kennzeichen, ob die jeweilige Temperatur noch zum Bräunen ausreicht. Das zischende Zerplatzen von Dampfblasen an der Unterseite des Bratgutes zeigt an, daß die Temperatur an dieser Stelle noch höher ist als 100 Grad. Hört die Dampfbildung auf, ist auch die Bräunungsfähigkeit zu Ende. Wegen der geringen Wärmeleitfähigkeit des Keramikmaterials der Schüssel reicht die Temperatur, wenige Zentimeter von der ursprünglichen Stelle, noch aus, um kräftigere Bräunung zu erzielen oder bei kleinen Fleischscheiben auch die zweite Seite zu braten. Für viele Fälle genügt bereits das Braten im Bräunungsgeschirr vor der Herdöffnung, nur bei dicken Stücken schiebt man die Schüssel wieder in den Herd, schaltet auf halbe Leistung und gart kurzfristig weiter. Dabei erwärmt sich nur noch das Bratgut, das Bräunungsgeschirr läßt sich hier kein zweites Mal auf mehr als 100 Grad bringen, weil nun das wasserhaltige Gut die Mikrowellen auffängt. Zu langes Braten beziehungsweise zu hohe Leistung beim Nachgaren kann das Fleisch ebenso hart und trocken werden lassen, wie dies zu Anfang dieses Kapitels beschrieben wurde. Wenn man es richtig macht, ist das Ergebnis saftiger und zarter als in der Pfanne Gebratenes.

Die folgenden Rezepte sollen zeigen, daß alles viel einfacher geht, als es sich zunächst einmal anhört.

Beefsteak natur oder in Rahmsauce

2 Filetsteaks (zusammen 350–400 g), von der dünnen Seite des Lungenbratens geschnitten, werden, wie beschrieben, *2–3 Stunden* vor dem Braten nebeneinander auf einen Teller gelegt, mit Folie luftdicht abgedeckt und vorgewärmt. Auch das Bratfett soll nicht eiskalt sein. Da die beiden Steaks bereits geölt sind, genügt *1 Löffel Fritierfett*, das vor dem Braten auf die »schöne« Seite der Steaks gestrichen wird. Unterdessen wurde das Bräunungsgeschirr *7 Minuten* lang bei voller Leistung vorgeheizt. Nun zieht man die Schüssel aus dem Herd und legt die beiden *gepfefferten* Beefsteaks mit der gefetteten Seite nach unten in die Mitte der Schüssel und läßt sie brutzeln. Waren die Steaks genügend vorgewärmt, dann haben sie schon nach einmaligem Verschieben genügend Farbe und können gewendet werden. Auch wenn kein Brutzeln mehr zu hören ist, gibt die Schüssel noch weiter Wärme ab, das Garen geht langsam weiter, aber das Maximum an Bräunung ist erreicht. Dünne Fleischschnitten sind dann auch schon »halb englisch«. Unsere dicken Steaks müssen noch *40–90 Sekunden* lang fertigbehandelt werden (niedrigste Leistungsstufe). Jetzt erst wird *gesalzen* und der Saft mit etwas Butter verlängert. Servieren kann man gleich im Bräunungsgeschirr, das mit seiner weißen Glasur durchaus tischfähig ist und außerdem die Wärme gut hält.

Für Steaks in Rahmsauce mischt man *50 ml sauren Rahm* in den Saft. Auch der Rahm muß *vorher 25 Sekunden* fast bis zum Kochen aufgewärmt werden.

Gebratenes Kalbsherz

Rasch abgebratenes Herz ist ein sehr empfehlenswertes Gericht. Das Vorwärmen des Bräunungsgeschirrs erfolgt wie geschildert. *200–250 g Herz* wird in etwa zentimeterdicke Scheiben geschnitten, etwas geklopft, mit *weißem, frisch gemahlenem Pfeffer* bestreut, leicht *bemehlt* und mit *wenig Fritierfett* auf dem heißen Teil der Schüssel ausgebreitet. Gewendet wird, sobald die erste Seite nicht mehr blutig ist. Ist man ein Freund von gebratenem *Selchspeck*, dann ist jetzt der richtige Moment, einige dünne

Scheiben mitzubraten. Speck schmilzt bereits bei relativ niedriger Temperatur, andererseits wird dieses Fett leicht schwarz und brennt am Boden der Schüssel fest. Auch Gewürzkräuter, wie *Thymian, Pfefferkraut oder Basilikum*, schmecken zu Herz sehr angenehm. Scheiben der angegebenen Dicke brauchen kein oder fast kein Nachwärmen im MW-Herd. Wenn es nicht überhitzt wird, ist Herz sehr weich und saftig.

Rahmherz vom Kalb und Schwein

Schweinsherz von jungen Tieren läßt sich in gleicher Weise behandeln wie Kalbsherz und wird auch ausreichend weich. Man muß sich auf den Metzger verlassen können. Besser ist es jedoch, das Herz nach kurzem Anbraten in Flüssigkeit weichzudünsten. Dabei sind alle Vorsichtsmaßnahmen anzuwenden, die für die Fleischzubereitung im MW-Herd gegeben wurden, denn das Fleisch kann auch noch nach dem Anbraten austrocknen und hart werden.

Zum Anbraten nimmt man wieder etwas *vorgewärmtes Fritierfett*, gibt aber zusammen mit dem geschnittenen Fleisch auch *Würfel von Selchspeck* dazu. In der schon kühleren Schüssel besteht keine Gefahr mehr, daß das Fett anbrennt, und der Selchgeschmack paßt hier sehr gut dazu. Nachdem das Zischen in der Pfanne aufgehört hat, mischt man löffelweise *sauren Rahm* in den sich bildenden Saft, wärmt jedesmal kurz bei mittlerer Leistung (300–360 W), so lange, bis das Herz weich und mit einer schönen Rahmsauce überzogen ist.

Schweinslungenbraten (Jungfernbraten, Schweinsfilet)

Die Lungenbraten werden der Länge nach halbiert. Da sie an der Außenseite immer mit etwas Fett bewachsen sind, braucht man im Bräunungsgeschirr kein Bratfett, die Fettränder tragen außerdem zur leichteren Bräunung bei. Wie immer achtet man darauf, daß die Filets nicht eiskalt sind, sodern wenigstens Raumtemperatur angenommen haben, damit die verfügbare Wärmemenge optimal für den Bräunungseffekt aufgewandt wird. Die Anzahl und die Größe der Filets soll so bemessen sein, daß man damit gerade den heißen Fleck in der Schüssel bedeckt. Nachdem die Bratschüssel auf maximale Temperatur gebracht wurde, legt man die Filets, mit der Fettseite nach unten, nebeneinander auf und brät sie durch leichtes Verschieben und Wenden in der vor der Herdöffnung stehenden Schüssel, bis sie genügend Farbe bekommen haben oder das Zischen aufgehört hat. Dann dreht man sie auf die flache Seite und wärmt sie bei niedriger Leistung kurz, bis sie gar sind. Die Filets sollen innen noch rosa sein (in unseren Breitengraden fürchtet man sich heute nicht mehr vor Trichinen), *Salz* kommt erst vor dem Servieren hinzu, damit kein Saft vorzeitig ausfließt. Die anderen *Gewürze (Pfeffer und Kräuter)* kann man schon vor dem Braten dazutun.

Bœuf Stroganoff
400 g Rindsfilet (mit Rumpsteak geht das Rezept fast noch besser), geklopft, geschnetzelt, *gepfeffert*, mit *2 EL Erdnußöl* etwa *1 Stunde*, in Folie gewickelt, marinieren. Kurz vor dem Kochbeginn in der Folie handwarm vorwärmen, warmstellen. *50 g feingehackte Zwiebeln* in *20 g Butter 6 Minuten* in einer flachen, mit Folie bespannten Schale bei voller Leistung glasig dünsten. Als nächstes Bräunungsgeschirr bei voller Leistung 7 *Minuten* erhitzen. *100 g Champignons* putzen, blättrig schneiden, mit etwas *Zitronensaft* gegen Braunwerden schützen, Zitronenschale darüberreiben. Fleischstücke auf dem heißen Bräuner verteilen, einige Zeit, ohne umzurühren, Farbe annehmen lassen, erst gegen Ende mit einem Holzspachtel etwas umschichten. Während das Fleisch außerhalb des MW-Herdes im Bräuner brutzelt, Zwiebeln zusammen mit den Champignons *2 Minuten* bei voller Leistung garen, ein- bis zweimal dazwischen umrühren. *50 g Delikateßgurken*, am besten Salzgurken, in der Messermühle zerkleinern, zu den Champignons geben, kurz miterhitzen. Längeres Erwärmen läßt zu viel Saft aus den Champignons austreten. Die heißen Zutaten zusammen mit *⅛ l Crème fraîche* rasch unter das Fleisch mischen, mit *Salz* würzen. Ohne Bedeckung bei mittlerer Leistung *2 Minuten* erhitzen, dazwischen einmal

umrühren. Bei längerem Erhitzen wird das Optimum der Fleischqualität überschritten.

Truthahnschnitzel mit Schinkenspeck gebraten

2 Schnitten Truthahnbrust (250 g) werden unter einem Blatt Papier, einer Alu- oder Klarsichtfolie gleichmäßig ausgeklopft, bis sie zusammen etwa Form und Größe der erhitzbaren Fläche der Bräunungsschüssel aufweisen. *60 g Schinkenspeck*, in feine Scheiben geschnitten, werden vorbereitet. Beides soll, wie bei den früher angegebenen Rezepten, nicht eiskalt sein. Das Bräunungsgeschirr wird diesmal nur *7 Minuten* lang vorgewärmt, um das zarte Truthahnfleisch nicht zu überhitzen. Nachdem die Schüssel aus dem Herd vorgezogen wurde, legt man zuerst die Speckscheiben auf und reibt mit der Hilfe eines Holzspachtels mit dem Speck den heißen Fleck ein, bevor man die beiden Schnitzel auflegt. Man muß rasch arbeiten, damit das Fett nicht in der Schüssel verbrennt. Die Speckscheiben schiebt man inzwischen an den weniger heißen Schüsselrand, wo sie langsam weiterschmelzen können. Die Schnitzel wendet man sehr bald, sie müssen ja keine Farbe annehmen, sondern nur gar werden. Das Wenden wird mehrmals wiederholt, um keine Seite zu stark zu erhitzen. Man drückt die Schnitzel jedesmal mit dem Spachtel fest auf den Schüsselboden, damit sie mit ganzer Fläche aufliegen. Das ist immer dann notwendig, wenn mit wenig Fett gebraten wird.

Truthahnfleisch darf innen nicht mehr blutig sein, was durch leichten Einstich mit einem Zahnstocher festgestellt werden kann. Nur im Notfall, wenn die Schüssel nicht mehr genügend Wärme abgibt, schiebt man die Schnitzel noch einmal für kurze Zeit in den Herd zurück und wärmt nochmals für *30–60 Sekunden* bei niedriger Leistung vorsichtig nach. Überhitztes Truthahnfleisch schmeckt trocken und langweilig.

Sollten sich einmal trotz aller Vorsicht schwarze Ränder von verbranntem Saft auf dem Schüsselboden festgesetzt haben, dann darf man keineswegs mit scharfen Gegenständen daran herumkratzen, denn die Oberfläche ist sehr empfindlich. Die schwarzen Spuren lösen sich leicht, wenn man die Schüssel mit Wasser und Soda (Spülmaschinen-Pulver) einige Zeit stehenläßt.

Hühnerschnitzel in pikantem Gemüse

240–280 g Hühnerschnitzel, 15 g Räucherspeck, 250 g Staudensellerie, 150 g weiße Porreestangen, Salz, 50 ml Öl, 1 Dotter, 1–2 EL Weißweinessig. Etwas Pfeffer, einige Stämmchen Rapunzelsalat oder Gartenkresse.

250 g Staudensellerie und 150 g Weißes vom Porree werden dünn aufgeschnitten und mit Salz in einem mit Folie bedeckten Topf weichgedünstet (*11 Minuten*, 600 W). Unterdessen schneidet man von einem Brathuhn die Schenkel ab, entbeint sie und klopft die so entstandenen kleinen Schnitzel, bis sie überall gleich dick sind. Die Hühnerhaut wird auf den Schnitzeln, zumindest weitgehend, belassen. Ebenso kann man bei Bedarf von der Brust knochenlose, dünne Schnitzel schneiden, im ganzen aber nur so viele, wie im Bräunungsgeschirr nebeneinander Platz haben. Die Schnitzel werden an einem warmen Platz etwas vorgewärmt.

Während das Bräunungsgeschirr für *7 Minuten* (600 W) in den MW-Herd kommt, püriert man das Gemüsegemisch im Mixer. Hat man es, wie oben empfohlen, in dünne Scheiben geschnitten, braucht man es nicht mehr zu passieren. Es schmeckt ganz angenehm, wenn der Gemüsebrei etwas »strukturiert« ist. 50 ml Öl, 1 Dotter und – je nach Geschmack – 1–2 EL Weinessig werden nach und nach im Mixer beigegeben. Der Gemüsebrei soll einen schwach säuerlichen, pikanten Geschmack haben, Ei und Öl nehmen ihm den ursprünglich wäßrigen Charakter und machen ihn sämig; mit etwas Pfeffer abschmecken.

Inzwischen ist die Bräunungsschüssel schon beinahe heiß. Vor Ablauf der letzten der *7 Minuten* öffnet man kurz den Herd und legt in jede der 4 Ecken der Schüssel kleingeschnittene Scheiben Räucherspeck und läßt sie mit heiß werden. Da sie auf dem nicht aktiven Teil der Bodenfläche liegen, erwärmen sie sich in der zur Verfügung stehenden Zeit gerade richtig, um so viel von ihrem Fett ausfließen zu lassen, wie man für die Schnitzel braucht. Die leicht vorgewärmten Schnitzel, die mit Salz, Pfeffer und flüssiger Butter mariniert wurden, kommen mit der Hautseite nach unten auf die heiße Fläche der Schüssel. Wenn man es richtig gemacht hat, reicht die Wärme des Bräunungsgeschirrs aus, um die Hautseite nicht nur zu garen, sondern auch zart zu bräunen. Wenn das Zischen in der Schüssel aufgehört hat, dreht man die Schnitzel um, verschließt das Geschirr mit dem dazugehörigen Deckel und gart *2 Minuten* bei 300 W. Dann schiebt man die Schnitzel etwas auseinander, häuft den noch warmen Gemüsebrei rund um das Fleisch, erhitzt weitere *1½–2 Minuten* bei 600 W. Der hohe Wassergehalt des Gemüses nimmt den Hauptanteil der Mikrowellen auf, so daß für das Fleisch keine Gefahr besteht, bei der hohen Leistung Schaden zu leiden.

Das fertige Gericht wird mit ein paar Stämmchen Rapunzelsalat oder mit etwas Gartenkresse belegt. Diese Verzierung kann und soll mitgegessen werden, weil sie den Geschmack angenehm ergänzt.

Kalbspörkelt mit und ohne Bräunungsgeschirr zubereitet

Zur Klärung der Frage, ob Fleisch, das später in Flüssigkeit gedünstet wird, vorher kurz angebraten werden soll oder nicht, wurde das folgende Rezept ausprobiert. Das Ergebnis spricht meiner Meinung nach für die Nicht-Anbrat-Methode, zumindest was den MW-Herd betrifft. Der Mehraufwand, den die Verwendung des Bräunungsgeschirrs mit sich bringt, wird durch keinerlei Geschmacksvorteil aufgewogen. Aber wer will, soll sich selbst überzeugen können.

350 g Kalbsvögerln (Wade), 20 g Butter, 80 g Zwiebelringe, 1 TL Backfett, 1 TL Paprikapulver, 1 TL Mehl, Salz. Dünn geschnittene Zwiebelringe werden, wie S. 37 angegeben, zusammen mit der Butter in einem kleineren, mit Folie bedeckten Geschirr bei 600 W *6 Minuten* lang »geröstet« und zunächst beiseitegestellt. Das Bräunungsgeschirr wird auf volle Hitze vorgewärmt *(7 Minuten)*. Währenddessen schneidet man das Wadenfleisch in flache Stücke und stellt sie warm. Nach Ablauf des Vorheizens gibt man das Bratfett zusammen mit den Fleischbrocken rasch in die Bratschüssel und rührt und wendet sie mit einem nichtmetallischen Löffel oder Spachtel. Die Wärmemenge der Schüssel reicht aus, um die angegebene Fleischmenge von allen Seiten gleichmäßig anlaufen zu lassen. Zwiebeln zusammen mit dem Paprikapulver zugeben; die Schüssel ist jetzt nicht mehr so heiß, daß der empfindliche Paprika anbrennen würde. Das Ganze wird mit Mehl bestäubt und gründlich durchmischt, bevor die Flüssigkeit dazukommt. Am besten nimmt man hier Brühe von Kalbsknochen, die man stets fertig in der Tiefkühltruhe vorrätig halten sollte. Um die Fleischwürfel in der großflächigen Bratschüssel ausreichend zu bedecken und so vor dem Austrocknen im MW-Herd zu bewahren, braucht man ungefähr *400 ml Brühe*. Mit Folie bedeckt gart die Speise zunächst bei höchster Leistung, bis sich die Folie nach oben zu wölben beginnt; für den Rest der Garzeit genügen dann 300 W. *Nach etwa 15 Minuten* kann man nachsehen, ob das Pörkelt fertig ist.

Ohne Bräunungsgeschirr wird von Anfang an eine 1½ bis 2 l fassende Schüssel verwendet, in die, nach dem Anrösten der Zwiebeln Paprika, Fleisch, Mehl und Salz und hierauf die Flüssigkeit zum Dünsten gegeben wird. Die nötige Flüssigkeitsmenge beträgt hier *250–300 ml*, die Garzeit ist ungefähr die gleiche. Will man den Saft am Ende noch mit *saurem Rahm* verfeinern, dann ist jedenfalls die zweite Methode für den MW-Herd die geeignetere.

Nockerln

Zu allen Pörkeltgerichten gehören eigentlich *Nockerln*, das sind so etwas wie entfernte Verwandte der schwäbischen Spätzle: Aus *250 g Mehl, 2 Dottern, etwas Salz* und *mehreren EL Obers* wird ein leichter Teig angerührt, von dem mit einem Löffel kleine Nockerln abgestochen und in siedendes Wasser gelegt werden. Nach Aufsteigen der Nockerln an die Wasseroberfläche werden sie vorsichtig abgeschöpft, in *heißem, mit saurem Rahm* versetzten *Fett* abgeschmalzen und gleich serviert.

Weitere Rezepte für Innereien von Kalb und Schwein (T.)

Geröstetes Schweinshirn (Kalbshirn)

300 g Hirn blanchiert und gehäutet wie üblich, *80 g Zwiebeln* moulinettiert, mit *30 g Butter*, mit Folie bedeckt *5 Minuten* bei 600 W gelbglasig werden lassen, Hälfte davon gleich zum Hirn gemischt, Rest *weitere 3Minuten* bei 600 W bräunlich geröstet. Erste Partie Zwiebeln mit zerkleinertem Hirn *3 Minuten* bei 600 W, gerührt, *2 Minuten* bei 600 W, gerührt, *nochmals 2 Minuten* bei 600 W. Würzen mit *Salz, Pfeffer, gebräunte Zwiebeln* darüber.

Hirn mit Ei

Gleiche Zubereitung wie oben, nur keine braunen Zwiebeln. *1 Ei* wird getrennt, das *Eiklar* mit dem Hirn vermischt, leicht nachgewärmt, bis alles gestockt ist, zu einem Häufchen zusammenschieben, *Dotter* in die Mitte setzen, *gehackte Petersilie* darübergeben.

Beuschel von Kalb und Schwein

Beuschel (Lunge) mit Knödel ist ein sehr beliebtes Gericht in Wien. Ich esse es auch sehr gern, hätte es aber ohne MW-Herd niemals selbst zubereitet: Erstens bekommt man es in jedem guten Gasthaus – in Wien »Beisel« genannt – in guter Qualität, und zweitens wäre mir die Zubereitung viel zu mühsam gewesen. Die stark lufthaltige Lunge bläht sich beim Kochen auf, ist schwer zu bändigen, quillt aus dem Topf und ist schwammig-elastisch und schwer zu schneiden. Im MW-Herd braucht man sie gar nicht in einen Topf zu zwingen, sie erhitzt sich von innen heraus, verliert bald das blutige Aussehen und wird fest und ist darum leichter zu schneiden.

Der Fleischhauer ist bestrebt, Herz, Lunge und Schlund in einem Stück zu verkaufen (zusammen meist 1 kg). Dagegen kann man sich wehren, andererseits aber läßt sich der Schlund in dem Sud, den man für den Beuschelsaft braucht, auskochen, der Sud wird auf diese Weise kräftiger. Außerdem belohnt mich mein Metzger immer durch Zugabe von einem Extrastück Herz, wenn ich den Schlund mit in Kauf nehme.

Für die Zubereitung des Suds trennt man die *Lunge* ab und legt sie zur Seite. Mein größtes, für MW-Kochen geeignetes Gefäß faßt etwas mehr als 2 l. Das *Herz*, zusammen mit dem gut gereinigten, in grobe Stücke geteilten *Schlund*, eventuell mit ein paar kleingehackten *Kalbsknochen*, wird auf den Boden der Schüssel gelegt, darüber kommen viel *Suppengrün (Petersilwurzel, Karotte, Sellerie, Porree, etwas Zwiebel)* und die sehr wichtigen Gewürze: *Thymian (½ TL)*, 1 *Lorbeerblatt* und *Pfefferkörner*, der *Saft von ½ Zitrone* und, nachdem sie ausgepreßt wurde, auch die *Zitronenschale*. Die *Wasser*zugabe sollte laut Rezept *800 ml* betragen, was aber das Fassungsvermögen meiner Schüssel übersteigt. Ich fülle daher einen Meßbecher mit der Wassermenge und gieße daraus so viel, bis in der Schüssel alles bedeckt ist. Auf diese Weise kann man feststellen, wieviel Wasser später, nach Entfernen von Schlund und Knochen, noch zugegeben werden muß. Anstelle einer Folie lege ich hier die Lungenteile oben auf die Schüssel. Das ist der Vorteil der Mikrowellen, daß die Lunge zum Garen nicht in Wasser liegen muß, sie verändert auch so ihre rosige Farbe zu dunklem Grau.

Nach etwa 7 *Minuten* (600 W) ist der obere Teil der Lunge bereits verfärbt, man dreht sie um und schaltet nochmals für *6 Minuten* ein bzw. so lange, bis die ganze Lunge außen und innen dunkle Farbe angenommen hat. Dann wird sie aus der Schüssel genommen und in kaltes Wasser zum Auskühlen gelegt, wobei sie zusammengedrückt wird, zum Beispiel durch Beschweren mit einem Teller, damit sie fester wird und dadurch leichter zu schneiden ist. Unterdessen hat das Herz in dem mit dem restlichen Wasser aufgefüllten Sud noch weitergekocht, bis es weich ist. Meistens braucht das *Herz 15–18 Minuten*. Von Herz und Lunge werden alle groben Blut- und Luftgefäße entfernt, man schneidet alles zunächst in dünne Schnitten und dann fein nudelig. Den Sud mit dem Suppengrün kann man in der Zwischenzeit nochmals in den MW-Herd stellen, damit das Gemüse weich genug ist, um sich mühelos durch ein Sieb passieren zu lassen.

Nun werden die pikanten Zutaten des *Beuschel* vorbereitet.

Schon während der Kochzeit von Lunge und Herz wurden *2 kleine Gewürzgurken, 10 Kapern, 20 g Zwiebeln, 1 Zehe Knoblauch* und die, nachdem sie weichgekocht ist, aus dem Sud gefischte *Zitronenschale* in der Messermühle fein gehackt und mit *1 EL Butterschmalz* oder auch anderem *Fett* (kein Öl!) und *1 gehäuften TL Mehl* im MW-Herd in einer anderen Schüssel »angeröstet«. Die Schüssel ist dabei wieder zur gleichmäßigen Wärmeverteilung mit Folie bedeckt, die Feuchtigkeit der Zutaten verliert sich auch bei aufgelegter Folie. Laut Rezept der »Alten Küche« ist eine dunkle Einbrenn vorgeschrieben, denn der Beuschelsaft soll dunkel gefärbt sein. Im MW-Herd kann man durch Trocknen auch braune Farbe erzeugen, dabei muß man aber sehr vorsichtig sein, denn zu stark entwässert schmeckt die Einbrenn bitter. Mein Rat lautet daher, das Mehl mit der moulinettierten Masse nur *4–5 Minuten* anzurösten und kein weiteres Risiko einzugehen. Die Einbrenn wird mit einem Schöpfer Beuschelsud gelöscht, dann gießt man den Rest des Suds über ein Sieb dazu und passiert den Gemüseanteil im Sieb ebenfalls zu der Flüssigkeit, gibt das feingeschnittene Herz und Beuschel dazu und kostet, ob der Geschmack richtig ist. Gegebenenfalls wird mit *Zitronensaft oder Weinessig* nachgesäuert, bevor man das Ganze kurz aufkocht. Das Beuschel soll weich sein und feinsäuerlich-interessant schmecken. Mancherorts wird empfohlen, das fertige Beuschel mit Resten von Gulaschsaft zu versetzen; ich persönlich halte das für barbarisch.

»Gebackene« Speisen (T.)

Die bisher erzielten Ergebnisse mit dem MW-Kochen ermutigten uns, die neue Methode auch auf weitere kulinarische Gebiete auszudehnen. Dabei sollten keine Phantasie-Gerichte entstehen, sondern Altbewährtes und Beliebtes versuchsweise transponiert werden. Es war ein vergnügliches Unternehmen, denn es ergab sich daraus eine erstaunliche Vielfalt von Möglichkeiten. Sicher ist das, was wir hier zeigen, noch nicht alles. Rezepte alter Tradition für Entdeckungen mit der Mikrowelle zu erproben, können wir den Besitzern solcher Herde nur empfehlen.

Backen mit dem Bräunungsgeschirr

Die ersten Backversuche wurden mit dem Bräuner unternommen. Man wird vielleicht fragen, welchen Vorteil bietet hier der MW-Herd gegenüber den altbewährten Methoden mit Pfanne und Bratrohr? Die Verkürzung der Garzeit und das Sparen von elektrischem Strom sind zwar wichtige Argumente, sollten aber hier nicht ausschlaggebend sein. Ebensowenig ist dies die Aufwandsverminderung: Beim Backen und Braten im MW-Herd gibt es keine fettspritzenden Pfannen und kein Anbrennen, die Arbeit für die Küchensäuberung reduziert sich beträchtlich. Entscheidend für unsere Empfehlung sollten ja nur eine Geschmacksverbesserung, auch ernährungsmäßige Vorteile, sein, und diese sind hier zweifellos gegeben.

Die Speisen werden nur zu einem sehr geringen Anteil, nämlich nur an der Berührungsfläche mit der erhitzten Bräunungsschüssel, wärmer als 100 Grad, und das auch nur für sehr kurze Zeit, bis die vorgegebene Wärmemenge verbraucht ist. Im weitaus größten Teil des Teiges bleibt die Temperatur unter 100 Grad. Durch richtige Zeitvorwahl bleibt der Herd nur so lange eingeschaltet, bis die im Teig enthaltenen Eier fest geworden sind (70 Grad). Das bedeutet, daß praktisch alle hitzeanfälligen Ernährungsbestandteile unzerstört und daher ernährungsmäßig wertvoll bleiben. Auch der Geschmacksvorteil ergibt sich daraus zwangsläufig, denn alle Eierteige schmecken viel besser und frischer, wenn sie nicht überhitzt wurden.

Feiner Mehlschmarren
Das wesentliche eines Mehlschmarrens ist eine aus Dottern, Mehl, Milch oder Schlagobers, einer Prise Salz und dem aus den zugehörigen Eiklaren steif geschlagenen Schnee bereitete lockere Masse, die mit viel Butter in einer flachen Kasserolle gebacken,

135

gewendet, zerrissen und fertig gegart wird. Die Speise kann salzig mit Gemüse oder Salat oder süß mit frischen oder getrockneten Früchten gegessen werden. Die Mengenverhältnisse der einzelnen Bestandteile sind sehr unterschiedlich in den verschiedenen Rezeptangaben, die ich aufgestöbert habe. Sie scheinen also nicht sehr kritisch zu sein, vorausgesetzt, die Masse ist flaumig-locker. Ich gebe hier ein mit Erfolg erprobtes Rezept für die salzige Variante wieder, der ebenfalls in diese Gruppe zählende *Kaiserschmarren* wird bei den Nachspeisen beschrieben werden.

Die maximale Menge wird durch die Aufnahmefähigkeit des Bräunungsgeschirrs bestimmt, 3 Eier scheinen mir die obere Grenze zu sein.

Wiener Fleisch-Schmarren

Aus *1 Ei, 1 gehäuften EL Mehl, 50–100 ml Bier* und *ein wenig Salz* wird mit dem Mixer ein glatter Teig gerührt, den man für kurze Zeit rasten läßt. In einer kleinen Schüssel (Suppenteller) dünstet man in *etwa 20 g Butter 100 g Zwiebeln* zusammen mit *2 frischen oder tiefgekühlten Paprikaschoten* (7 *Minuten*, 600 W, Folienbedeckung). Das Bräunungsgeschirr wird voll erhitzt, *350 g faschiertes Fleisch – halb Schwein, halb Rind –* wird über die heiße Fläche der Schüssel verteilt. Will man, daß das Fleisch angeröstet schmecken soll, dann beläßt man es zunächst in der ursprünglichen Lage, bevor man es wendet und weiter zerteilt, so lange, bis das Zischen in der Schüssel aufhört. Dann rührt man die Zwiebel und Paprika dazu und erhitzt weitere *2–3 Minuten* bei voller Leistung. Wenn das Fleisch nicht mehr blutig aussieht, verteilt man den vorbereiteten Teig über das Ganze, setzt den Glasdeckel auf und erhitzt weiter, bis der Teig leicht erstarrt ist, wendet und zerreißt die Masse, bis der Teig innen nicht mehr roh ist (*ca. 14 Minuten* bei 600 W).

Bratenschmarren

Verwendbar sind alle Arten von Fleisch- und Bratenresten. Im vorliegenden Fall habe ich *50 g geselchtes Pfefferfilet*, fein moulinettiert, in einen Teig aus *2 Dottern, 50 g Mehl* und *75 ml Milch* mit dem Handmixer eingerührt, bevor der Schnee *der 2 Eiklare* beigefügt wurde. Das Bräunungsgeschirr wurde unterdessen aufgeheizt. *30 g Butter* wurden praktisch gleichzeitig mit dem Teig in die Schüssel getan, man muß sehr schnell arbeiten, damit die Butter nicht zu dunkel wird. Die Teigmasse kühlt die Schüssel sofort stark ab, so daß später für die Butter keine Gefahr mehr besteht. *Nach 1 Minute* bei 300 W war die Masse so weit erstarrt, daß sie mit einer flachen Schaufel gewendet werden konnte. Nun wird der in der Mitte bereits schön verfärbte Fladen in Stücke zerrissen, die dunklen Teile an den Außenrand geschoben, die helleren Stücke kommen in die Mitte. Zwischen den Stücken bleibt der Boden der Schüssel stellenweise unbedeckt, man kann da noch weitere *nußgroße Butterstücke* zugeben, der Schmarren soll ziemlich fett sein. Nach einer weiteren Minute, diesmal bei voller Leistung, weil die Schüssel an den freien Stellen weitere Wärme aufnimmt, war der Schmarren innen nicht mehr roh, aber noch sehr flaumig. Der Geschmack von Geselchtem zusammen mit dem *geschroteten, schwarzen Pfeffer* der Filets paßt gut zu dem Eierteig. Dazu wurden in Butter geschwenkte *grüne Fisolen* (Bohnen) serviert. Die Speise ist durch ihre Zutaten sehr sättigend.

Backen ohne Bräuner

Nicht immer ist eine hart gebackene, braune Kruste für den Wohlgeschmack unbedingt erforderlich. Bei Speisen, die viel Ei enthalten, kann durch Überhitzen ein geradezu unangenehmer Beigeschmack entstehen, so daß das »sanfte« Backen im MW-Herd durchaus ein Vorteil sein kann. Die folgenden beiden Rezepte sind Beispiele dafür.

Schinkenfleckerln
Obwohl unter diesem Namen von Wiener Kabarettisten als altösterreichisches Leibgericht besungen, nimmt man dazu auch

andere Teigwaren, Hörnchen zum Beispiel, Spiralen oder einfach Nudeln, besonders, da »Fleckerln«, das heißt quadratisch geschnittener Nudelteig, heute kaum mehr erhältlich sind.

Eine flache Auflauf- oder Gratinierform wird mit *Butter* ausgestrichen und reichlich mit gerösteten *Bröseln* bestreut. *200 g Schinken oder anderes qualitativ gutes Selchfleisch* wird kleingeschnitten, mit *300 g gekochten Teigwaren* gemischt, in die gebröselte Schüssel gefüllt, mit einem Gemisch aus *⅛ l saurem Rahm* und *2–3 Eiern* übergossen und obenauf sehr reichlich mit weiteren gerösteten Bröseln bestreut. Das Fleisch soll überall mit Masse überdeckt sein, frei an der Oberfläche liegende Stücke könnten austrocknen. Die Speise bleibt unbedeckt, die Garzeit beträgt *etwa 15 Minuten* bei voller Leistung. Die Flüssigkeit soll fest geworden sein, die Oberfläche leicht angetrocknet (Bröseln bräunen, vgl. S. 170).

Eierkuchen von saurem Rahm

So ist das Originalrezept der oft zitierten M. von Rokitansky betitelt, das sehr vielseitige Verwendung und Abwandlung erlaubt, darum sei es hier auch im Original wiedergegeben:

»Zu ²/₁₀ l saurem Rahm sprudelt man 3 Dotter, Salz, 1 EL Mehl, mischt den festen Schnee der 3 Klare dazu, füllt die Masse in einen mit Butter bestrichenen Model und bäckt sie. Gestürzt gibt man den Kuchen zu eingebrannten Linsen, Sauerkraut und dergleichen oder man bäckt die Masse in kleinen Tortelettenformen und serviert Caviar dazu.«

Für den MW-Herd adaptiert, ist es besser, statt in einem Model (Puddingform) die Masse in mehreren Einzelportionen in Schälchen aufzustellen, weil dadurch das Problem der gleichmäßigen Wärmeverteilung leichter zu lösen ist. Ich habe auch die Tortelettenform im MW-Herd ausprobiert, allerdings zunächst nicht mit Kaviar, sondern, viel weniger hochtrabend, einfach mit etwas Blattspinat. Sicher lassen sich raffiniertere Füllungen für diese zarten Eierfladen ausdenken.

Ich habe gefunden, daß sich die Eier-Rahm-Masse auch direkt mit Verschiedenem füllen läßt. Das folgende Rezept ist überdies eine gute Verwertung von übriggebliebenem, gekochtem Rindfleisch.

3 Dotter, 200 ml saurer Rahm, 1 EL Mehl, 100–200 g gekochtes Rindfleisch, mit der Messermühle fein zerkleinert, werden mit dem Handmixer glattgerührt und mit *Salz* abgeschmeckt. Der steifgeschlagene *Schnee von 3 Eiklaren* wird untergehoben und die Masse in 4 gebutterte Schalen gefüllt. Die Garzeit im MW-Herd beträgt *5 Minuten* bei 600 W.

Die zugesetzte Rindfleischmenge ist je nach Geschmack innerhalb vernünftiger Grenzen variabel, statt Rindfleisch kann natürlich auch feingehackter Schinken genommen werden. Auch gekochter, gehackter Blattspinat oder verschiedene, in kleinen Würfeln vorher gedünstete Gemüsearten, wie zum Beispiel Kohlrabi oder auch junge Erbsen, passen gut als Füllung in die stark gelbe Kuchenmasse. Die kleine Vorspeise kann bunt gestaltet werden.

Aus der gleichen Ausgangsmasse läßt sich auch ein Nachtisch machen, wenn dem Schnee *50–70 g Zucker* zugesetzt werden. Dazu braucht man aber noch eine Geschmacksverbesserung durch Zugabe von *Vanille* oder, besser noch, durch das *Abgeriebene von 1 ungespritzten Zitronenschale*. Dazu paßt eine Fruchtsauce, zum Beispiel aus roten oder schwarzen Ribiseln (Johannisbeeren).

Gemüse-Flans (T.)

Eine andere Erweiterung des Anwendungsgebiets für den MW-Herd sind kleine Kuchen oder Puddings, wir nennen sie hier Flan. Es gibt Rezepte für Obst-Flans mit einer gebackenen Teighülle oder ganz andersartige Flans, bei denen geeignete Gemüse oder Kombinationen von Gemüsen die Basis bilden, die mit Eiern und Obers zur Puddingmasse vervollständigt wird. Bezüglich der Mengenverhältnisse der einzelnen Zugaben sind Variationen zulässig. Was folgt, sind sozusagen Protokolle über durchgeführte Rezepte, sie stellen keineswegs die einzige Möglichkeit dar, die Zutaten zu einem Flan zu verarbeiten. Gemüse-Flans eignen sich besonders als Vorspeise oder Beilage.

Flan aus Spinat mit Kresse

Blattspinat (netto 300 g), im Tuch »blanchiert« oder in gewässerter Milch mit *Salz* und *Muskat* kurz vorgekocht (vgl. Spinatrezept S. 174), mit kaltem Wasser rasch abgespült und in den Mixer geleert. Dazu kommen *20 g Schalotten*, die mit *40 g Butter* und *1 EL* von der vom Spinat abgegossenen *Milchbrühe* in einem kleineren, mit Folie bedeckten Gefäß *3 Minuten* lang bei 600 W überdünstet wurden.

Von einem Kästchen Gartenkresse entfernt man die Wurzelteile und schneidet die langen Stiele ein paarmal durch, weil der Mixer Fasern schlecht verarbeitet. Die *Kresse (ca. 20 g)* wird roh zugesetzt, dazu kommt noch *1 Ei* und *1 Dotter* und *⅛ l Schlagobers*, etwas *Pfeffer* und *Salz*. Gemixt wird nicht allzu fein, etwas von der Gemüsestruktur soll noch erhalten bleiben.

Savarinförmchen oder Mokkatassen wurden bereits vorher, wie beim Rezept von Topfenknödeln (siehe S. 200) in dort beschriebener Weise gebuttert und gekühlt. Die angegebene Masse reicht für 5–6 Förmchen. Will man die Masse vermehren, dann kann man noch mehr Eier und Obers dazutun, aber die Flans verändern dann etwas ihre Farbe, sie sind nicht mehr so schön giftgrün wie bei der konzentrierteren Spinatmasse. Wie gewöhnlich, dürfen die Schälchen nicht zu voll gefüllt werden, der Flan steigt hoch während der Garzeit von *7 Minuten* bei 600 W, sinkt nach dem Ausschalten des Herdes wieder etwas in sich zusammen, das jedoch um so weniger, je mehr feste Spinatmasse anteilmäßig vorhanden ist. Die Flans werden gestürzt, mit *rohen Kressestengeln aus einem weiteren Kästchen* bestreut, warm serviert.

Kohlrabi-Zwiebel-Flan

200 g grob zerkleinerte Kohlrabi zusammen mit *100 g Zwiebeln* werden in einem weiten, mit Folie bedeckten Gefäß mit *Salz, etwas Muskat, Pfeffer* und *40 g Butter etwa 9 Minuten* bei 600 W

140

weichgedünstet. Im Mixer werden *1–2 Eier* und *100–200 ml Schlagobers* zugesetzt. Auch hier soll nicht zu stark püriert werden, Gemüsepartikel sollen in der Speise durchaus noch bemerkbar sein, zu breiige Konsistenz schmeckt fad. Man kann das Kohlrabi-Zwiebel-Verhältnis auch verändern, bei gleichen Anteilen schmeckt die Zwiebel aber schon sehr deutlich hervor.

Zu Kohlrabi-Flan passen aus Tomatenmark zubereitete pikante Saucen.

Fenchel-Flan

Fenchelknollen (300 g netto) werden halbiert, quer zu den Fasern in Scheiben geschnitten, mit *30 g Butter* und *etwas Salz* in einer flachen, mit Klarsichtfolie abgedeckten Schüssel *10 Minuten* bei voller Leistung weichgedünstet. Im Mixer gibt man *2 Eier* und *100 ml Schlagobers* dazu, zerkleinert nur mäßig und teilt die Masse auf die vorbereiteten, gebutterten Schälchen auf. Nach *etwa 6 Minuten* im MW-Herd bei höchster Leistungsstufe sind die kleinen Kuchen gar.

Karottenkuchen mit Kerbelkraut

Auf dieses Flan-Rezept bin ich besonders stolz, denn es hat großen Anklang gefunden:

Grob in Stücke geschnittene *Karotten (350 g netto)* werden mit *40 g Butter, etwas Salz* und *1 TL Zucker* in einer weiten Schüssel mit Folie bedeckt, weichgedünstet, *12 Minuten* bei voller Leistung. Bei trockeneren Winterkarotten sollte nach ungefähr der Halbzeit der Kochvorgang unterbrochen und die Karotten gut umgerührt werden. *Etwa 1 Handvoll frisches Kerbelkraut* wäscht man unter fließendem Wasserstrahl, drückt es in einem Tuch aus; die saftigen Stengel müssen hier nicht entfernt werden, es empfiehlt sich aber, den Kerbel auf dem Schneidbrett mit dem Messer zu zerkleinern, bevor man ihn zusammen mit den Karotten in den Mixer einfüllt. Tut man das nicht, dann findet man das Grünzeug um das Messer gewickelt, statt fein im Kuchen verteilt. *2 ganze Eier* und *100 ml Schlagobers* vervollständigen die Flan-Masse. Wieder soll nur kurz püriert werden, damit man auf

Karottenstückchen beißen kann. Die Garzeit ist die gleiche wie bei den früheren Flan-Rezepten. Hat man kein Kerbelkraut, dann geht auch *Petersilie*, mit Kerbel schmeckt es eben interessanter. Sicher eignen sich auch noch weitere Gemüsearten zur Bereitung von diversen Flans, zum Beispiel Karfiol (Blumenkohl) oder grüne Fisolen (Bohnen).

Pudding und Auflauf in der Gugelhupf-Form (T.)
Einfluß der Gestalt des Kochgefäßes auf den Kochvorgang

Für alle bisherigen Puddingrezepte haben wir immer vorgeschrieben, die Puddingmasse auf mehrere Schälchen mit kleinem Durchmesser aufzuteilen, um die Temperatur im Pudding-Innern ebenso schnell steigern zu können wie in der Randzone und damit das schöne Aufgehen des Puddings zu ermöglichen. (Wir erinnern uns an unsere ersten Lektionen, an das Besondere der Mikrowellen, im wesentlichen nur in einer äußeren Zone von 2–3 cm Dicke unmittelbar wirksam zu werden, während tiefer gelegene Partien sich nur indirekt und daher bedeutend langsamer erhitzen, S. 42 f.)

Diese Aufteilung in Schälchen ist zwar in manchen Fällen bei Tisch nützlich und effektvoll, zum Beispiel bei Vorspeisen, vermehrt aber eindeutig den küchentechnischen Aufwand.

Seit einiger Zeit gibt es nun im Handel eine Kranz- und eine Gugelhupfform aus Kunststoff, die beide das Aufteilen überflüssig machen. Ihre Gestalt, unten abgerundet mit einer Ausnehmung in der Mitte, erlaubt einen ausreichend guten Zutritt der MW in das Innere des Puddings; das Verhältnis Oberfläche zu Volumen ist besonders bei dem geriffelten Gugelhupfmodel sehr günstig. Mit diesen Formen gelingen risikolos wunderschöne Aufläufe und Puddings.

Die Zubereitungsweise ist dabei denkbar einfach: Ein ungefähr nußgroßes Stück Butter wird gleich im Gugelhupfmodel geschmolzen (40 Sekunden) und zum Einfetten verwendet. Die Masse füllt man, wie üblich, bis etwa ⅔ der Gefäßhöhe ein. Die

Kochdauer ist dieselbe wie bei der Schälchenmethode, sie hängt von der Art und der Menge der Zutaten ab: Eier werden schon bei niedriger Temperatur fest, Obst- und Gemüseeinlagen enthalten viel Wasser, was die Kochzeit verlängert.

Weil es nun so einfach geht, hat der neue Model eine wahre Flut von Puddings und Aufläufen auf unseren Tisch gebracht. Hier sind einige Proben aus meinen Kochprotokollen:

Kartoffel-Topfen(Quark)-Auflauf

1 größere Zwiebel, grob zerkleinert, in *Butter* andünsten (*5 Minuten*, 600 W), *300 g gekochte Kartoffeln, 250 g Topfen (Quark)*, *½ Becher Crème fraîche, 3 Eier, Salz, Pfeffer* im Mixer glattrühren, die Zwiebel beimischen, in den gebutterten Model füllen, *ca. 15 Minuten*, 600 W.

Brot-Speck-Auflauf

70 g Selchspeck in Würfeln im Glasgefäß mit Deckel auslassen (*2 Minuten*, 600 W), *100 g Semmelwürfel* dazurühren und »anrösten« (4 Minuten, 600 W), *300 ml Milch, 2 Eier, 1 EL Senf, 1 TL Paprika, Salz, Pfeffer* verrühren und über die Semmelwürfel geben, gut vermischen, kurze Zeit einziehen lassen. Masse in gefetteten Model füllen, *etwa 6 Minuten*, 600 W.

Dieser Auflauf kann leicht zu trocken werden, wenn das Brot nicht genügend durchfeuchtet ist und wenn eine zu lange Kochzeit gewählt wird (rechtzeitig nachschauen, ob Auflauf schon gar ist!).

Kürbisauflauf

500 g junger Kürbis, in grobe Würfel geschnitten, *etwas Salz*, kurz vorgekocht (*5 Minuten*, 600 W), in gefetteten Model eingefüllt. *2 Eier, 1 Becher Crème fraîche, Salz, Pfeffer, Muskat* absprudeln (verrühren) und über den Kürbis gießen. *9 Minuten*, 600 W, fertigen Pudding mit gerösteten Bröseln überstreuen.

Auflauf mit Hühnerleber und grünen Fisolen (Bohnen)

20 g Butter in einer flachen Schüssel schmelzen, *5 Hühnerlebern (160 g)* der Breite nach halbiert, in der Butter gewälzt, mit *Pfeffer und Oregano (oder Bohnenkraut)* gewürzt, *ca. 2 Minuten* bei niedriger Leistung vorsichtig vorgebraten. *2 Eier* mit *150 ml Obers* verquirlen, *200 g gekochte Spätzle oder Hörnchen, 250 g gekochte Fisolen, Salz,* vermischen, *etwas Butter* im Gugelhupfmodel erwärmen und verteilen, Model zur Hälfte mit der Mischung füllen, Lebern so einlegen, daß keine an der Gefäßwand direkt anliegt, restliches Gemisch einfüllen, Lebersaft und Butter obendrauf gießen, *ca. 9 Minuten* bei 600 W fest werden lassen. Der Auflauf sollte beim Stürzen nicht mehr flüssig sein, die Lebern sollen nur noch so kurz wie möglich gegart werden.

Statt Fisolen schmecken hier auch *frische Paprikaschoten,* grob zerkleinert und *5 Minuten* bei voller Leistung vorgedünstet. Man kann auch mehr Eier beziehungsweise auch mehr *Obers (250 ml)* nehmen.

Kleiner Tomatenauflauf mit Rindfleischresten

400 g Tomaten, halbiert, ohne Stielansatz, ca. *8 Minuten,* 600 W, auf ein Sieb geleert, nach dem Abkühlen enthäutet.

150 g gekochte Suppennudeln, 2 Eier, ½ Becher Crème fraîche, Salz, Pfeffer, Bohnenkraut und *100–150 g gekochtes, moulinettiertes Rindfleisch* (von eventuellem Fett befreit), vermischen, die festen *Tomatenteile (netto ca. 200 g)* untergehoben, in gefetteten Model füllen, auf höchster Leistungsstufe, bis Masse fest geworden ist.

Nudelgericht mit Zucchini als Auflauf

Das in der ersten Lektion beschriebene Nudelgericht (S. 64) läßt sich gut auch in Auflaufform servieren, die angegebenen Mengenverhältnisse der Zutaten können dabei nach Wunsch etwas variiert werden:

Etwa 300 g Zucchini werden mit *etwas Butter* und *Salz* kurz vorgedünstet *(5 Minuten,* 600 W), mit *200–300 g gekochten Nudeln, 30 g weicher Butter, 1–2 Eiern, ⅛ l Schlagobers* oder ½ *Becher Crème fraîche, 1 ausgepreßten Zehe Knoblauch, viel gehacktem*

Basilikum, Salz, Pfeffer, Muskat und *50–60 ml Weißwein* gemischt und in den Model gefüllt. *12–15 Minuten*, 600 W.

Die kleine Auswahl zeigt, daß man fast alles in der Gugelhupfform in einen Auflauf verwandeln kann.

Vierte Lektion

Gemüse (T.)

Einige Bemerkungen über die Behandlung von Gemüsen

Ein Höhepunkt des MW-Kochens ist sicherlich die Zubereitung von Gemüsen. Durch ihren hohen Wassergehalt sind sie geradezu prädestiniert für die Behandlung im MW-Herd. Echte Geschmacksverbesserungen und auch viele Vereinfachungen ergeben sich daraus: Gemüse lassen sich im eigenen Saft in sehr kurzer Zeit erhitzen, das übliche Kochen in Salzwasser fällt in den allermeisten Fällen weg. Jedenfalls kann man Gemüse so behandeln, daß nichts im Kochwasser ausgelaugt wird. Der Eigengeschmack wird dadurch intensiver. Durch die kurze Kochzeit werden die hitzeempfindlichen wertvollen Nahrungsbestandteile geschont, man kann, wenn es sein muß, auch mit Fett viel sparsamer sein, weil sich nichts im Kochgeschirr anlegt. Die Bekömmlichkeit ist also zusätzlich vermehrt. Der MW-Herd macht es möglich, Gemüse viel mehr als bisher naturbelassen auf den Tisch zu bringen. Wer hat nicht schon öfter erlebt, daß »englische Gemüseplatten«, für das Auge zwar einladend bunt, geschmacklich aber enttäuschend waren, weil die diversen Gemüse wäßrig und eigentlich alle ziemlich ähnlich schmeckten. Die MW-Methode verleiht den einzelnen Gemüsesorten viel mehr Individualität. Farbenfrohe Platten werden hier ebenso verschiedenartig schmecken, wie sie aussehen.

Welche Hauptregeln sollen wir beim Gemüsekochen bedenken?

Man sollte möglichst oft auch tatsächlich von den geschilderten Vorteilen Gebrauch machen und »Gemüse natur« zubereiten. Kochen mit Einmachsaucen, langes Dünsten und Einkochen und ähnliche besonders in der *alten* Wiener Küche gewohnten Kochgebräuche sind zwar auch im MW-Herd möglich, aber es wäre schade, auf die Vorteile der neuen Küche zu verzichten. Kurz in Butter, manchmal auch noch mit etwas Zitronensaft zubereitete Gemüse schmecken köstlich. Chicoree, Fenchel oder Auberginen sind gute Beispiele dafür. Außerdem wird der Arbeitsaufwand verschwindend klein.

Kochen und Dünsten sollte so kurz wie möglich dauern. Längeres Garen vermindert den Geschmack und kann austrocknen. Die Zeit bis zum Kochen schätzt man, wie immer im MW-Herd, nach der Menge der Einwaage. Es empfiehlt sich darum, das Gewicht des geputzten Gemüses wenigstens annähernd festzustellen. Der Anfänger muß hier nicht verzweifeln: Es ist kein Unglück, wenn man einmal vergißt, das Nettogewicht des Kochguts festzustellen: Man kann jederzeit den Kochvorgang unterbrechen und kosten, ob das Gericht schon fertig ist. Mit wachsender Routine wächst die Fähigkeit, Mengen und Garzeiten richtig zu schätzen.

Die *Garzeiten*, die in den folgenden Rezepten angeführt werden, sind nur ungefähre Richtwerte, weil der Wassergehalt einer bestimmten Sorte, jahreszeitlich bedingt, sehr verschieden sein kann. Zum Beispiel können *Kohl, Karfiol (Blumenkohl)* oder *Karotten* durch längeres Lagern im Winter viel von ihrer natürlichen Feuchtigkeit verloren haben. Durch Benetzen mit Wasser oder Rindssuppe zwischen den Blättern beziehungsweise Röschen, wird dieser Verlust teilweise wieder wettgemacht.

Beim *Dünsten in Butter* bewährt es sich, die Butter vorher im Kochgefäß zu schmelzen (1–2 Minuten bei voller Leistung) und das zerkleinerte Gemüse sorgfältig in die Butter einzurühren. Der Film von zerlassener Butter vermindert den Angriff von Luftsauerstoff und verbessert den Geschmack, zum Beispiel bei *Karotten, Kohlrabi* oder *Sellerie*.

Blanchieren in Wasser

Fisolen (Bohnen) und *Spargel* trocknen an der Oberfläche, bevor sie gar sind. Sie müssen, trotz ihres hohen Wassergehalts, außen von Wasser umgeben sein. Manche Gemüse verlangen ein kurzes Blanchieren in Wasser *(Kohlsprossen = Rosenkohl)*, um ihren bitteren Geschmack zu verlieren.

Auf welche Weise gute Erfahrungen gemacht werden konnten, wird bei den einzelnen Gemüsesorten besprochen.

Blanchieren ohne Wasser

Grüne Blätter – zum Beispiel Spinat oder Mangold –, die man üblicherweise nach dem Abwaschen durch Ausschütteln in einem sauberen Leinentuch oder Küchenkrepp von überschüssigem Wasser befreit, kann man gleich zusammen mit dem Tuch für wenige Minuten in den MW-Herd setzen. Die widerspenstigen Blätter sind dann gezähmt; der Spinat ist schon halb gegart. Das Tuch wird unverzüglich aus dem Herd genommen und vorsichtig geöffnet, denn zwischen den Blättern ist noch genügend Dampf, um sich die Finger zu verbrühen. Der Spinat ist leuchtend grün und muß nur noch kurz fertiggegart werden. Das Tuch hat hier offenbar die Wirkung, die Blätter in einer Weise zusammenzuhalten, daß der entstehende Dampf sich gleichmäßig zwischen ihnen verteilt, so daß alle Blätter sehr rasch Hitze abbekommen. Das Blanchieren soll nicht länger dauern als die geschätzte Zeit bis zum Aufkochen einer etwa gleichschweren Wassermenge, sonst beginnen die äußeren Blätter zu trocknen. Sie kann kürzer sein, etwa bei Kraut, wenn man die Blätter nur weich machen will.

Noch einige Bemerkungen (H.)

Gemüse werden fast immer bis zum Kochen erhitzt. Deshalb haben wir hier besonders gute Erfahrungen gemacht mit dem Bedecken des Kochgefäßes mit Folie. Dabei erkennt man den Beginn des Kochens leicht am Aufwölben der Folie. Von dann an breitet sich die Wärme über den Dampf sehr rasch überallhin aus (siehe die Beschreibung S. 78), und bei den meisten Gemüsen, wenn sie in flacher Schicht liegen, braucht man nurmehr kurz weiterzukochen.

Ein weiterer Vorteil besteht darin, daß das Austrocknen weniger Bedeutung hat, weil nach dem Aufkochen alles von fast gesättigtem Dampf umgeben ist. Ein anderer Weg, dies zu erreichen, ist, daß man das Gemüse mit wenig Milch oder Sahne aufstellt, die dann hochschäumen und alle Teile umgeben und die zugleich in den meisten Fällen den Geschmack verbessern.

Bei Trockengemüsen mag man zweifeln, ob bei den langen Kochzeiten der MW-Herd noch einen Vorteil hat. Ich glaube ja, denn erstens kann nichts anbrennen, und die Möglichkeit des Überkochens kann man ohne allzuviel Aufmerksamkeit vermeiden. Und danach kann man sehr sanft weiterkochen lassen; weil die Wärme im Innern entsteht, gibt es wenig Strömungen, unter deren Einfluß das Gemüse zerfallen könnte.

Bei manchen Gemüsen, bei Tomaten vor allem, aber auch etwa bei Spinat, tritt im MW-Herd sehr viel Wasser auf. Deshalb wird man Tomaten möglichst nicht zum Kochen kommen lassen, wenn man sie nicht als Mus einkochen will, und man wird, wo nötig, auf kurze Kochdauer achten.

Im folgenden sind alle nicht mit (H.) gekennzeichneten Rezepte von T.

Artischocken mit Wein, Schalotten und Champignons
In einem Topf mit flachem Boden werden *100 g Schalotten* in *30 ml Olivenöl* vorgedünstet und mit *⅛ l herbem Weißwein* abgelöscht. *8 kleinere Artischocken* werden sorgfältig von den äußeren harten Teilen und dem Heu befreit. Ebenso wie beim Spargel-

putzen müssen auch beim Vorbereiten von Artischocken etwa vorhandene geizige Regungen unterdrückt werden, denn es ist ärgerlich, in der fertigen Speise auf härtliche Blattreste zu stoßen. Die so geputzten und geviertelten Artischocken kommen unverzüglich in den Wein, der das Dunkelwerden der Schnittflächen mildert. *Etwas Wasser* kann zugesetzt werden, damit möglichst alles mit Flüssigkeit bedeckt ist. Man verschließt den Topf mit Klarsichtfolie und kocht zunächst *12 Minuten* bei voller Leistung bzw. bis die Artischocken weich sind. In einem anderen Geschirr werden *ca. 200 g gereinigte Champignonköpfe* nebeneinandergesetzt, mit dem Stielansatz nach oben. Die Schnittflächen werden mit *flüssiger Butter,* der *etwas Zitronensaft* zugesetzt wurde, bestrichen. Ohne Abdeckung werden die Champignons *3 Minuten* bei voller Leistung gegart und danach zu den Artischocken gegeben. *2–3 EL Obers, Salz* werden eingerührt, hierauf setzt man den Topf nochmals unbedeckt für etwa *2 Minuten* in den MW-Herd (bei voller Leistung), bis die Flüssigkeit weitgehend eingezogen ist. *Feingehacktes Kerbelkraut* (im äußersten Notfall *Petersilie*) werden in die heißen Artischocken eingerührt, und die Vorspeise kann serviert werden.

Artischockenböden mit Schinkenfüllung

4 Artischocken werden gründlich geputzt, die verbliebenen Böden unverzüglich in Essigwasser gelegt. In der Messermühle zerkleinert man *1 gehäuften EL trockene Weißbrotwürfel* oder *eine entsprechende Menge von frischem Weißbrot* und anschließend, je nach Größe der Artischocken, *80–100 g gekochten Schinken.* Mit diesem Gemisch füllt man die Artischockenböden, die man nebeneinander in einen geeigneten Topf setzt. *100 ml gewässerten Weißwein* gießt man so über die Artischocken, daß auch die Fülle gut benetzt wird, setzt auf jede *eine dicke Butterflocke,* bevor man den Topf mit Folie verschließt. Nach *12–14 Minuten* (volle Leistung) sind die Artischocken weich. Sie eignen sich gut als warme oder kalte Vorspeise, die, abgesehen vom Putzen der Artischocken, sich schnell und einfach zubereiten läßt.

150

Variante:
Zur Fülle kommt pro Artischocke *je 1 Champignonkopf* dazu. Die Champignons werden mit *etwas Zitronensaft* in der Messermühle mitgemixt.

Sehr apart ist eine Fülle aus *geriebenen Walnüssen*, befeuchtet mit *Zitronensaft* und *flüssiger Butter*.

Artischocken natur

Dies ist für die Hausfrau die bequemste Weise, Artischocken auf den Tisch zu bringen, denn die Hauptarbeit besorgt jeder Esser selbst. Man entfernt nur die äußeren trockenen Blätter, schneidet Stiel und Blattspitzen weg, setzt die Artischocken nebeneinander in den Topf, begießt mit gewässertem Wein, dem auch das Salz beigemengt ist, bedeckt mit Folie und kocht die Artischocken weich. Bei Tisch bekommt jeder ein Schälchen mit zerlassener Butter mit etwas Salz und Zitronensaft, oder Vinaigrette.

Auberginen

Gedünstete Auberginen können leicht brennend schmecken, darum wird in den meisten Kochbüchern vorgeschrieben, das Fruchtfleisch vor der Zubereitung mit einem spitzen Messer einzuritzen, mit Salz einzureiben und den Saft der Aubergine nach einiger Zeit auszudrücken. Wir haben gefunden, daß Auberginen gar nicht bitter werden, wenn man verhindert, daß Luftsauerstoff auf das rohe Fruchtfleisch an den Schnittstellen einwirkt. Im MW-Herd kann die Aubergine unzerteilt oder halbiert gegart werden. Dementsprechend sind die schmalen, länglichen Sorten hier meistens bequemer zu verwenden. Für die dicke runde Fruchtform dauert das Dünsten etwas länger, weil das Fruchtinnere nicht mehr direkt erhitzt wird.

Für die Zubereitung braucht man eine große Schüssel mit ebenem Boden, auf denen die Auberginen mit der Schnittfläche nach unten, möglichst ohne Luftspalt, aufgesetzt werden.

Auberginen natur
500 g Auberginen, 40 g Butter, Salz, Zitronensaft, Garzeit *ca. 18 Minuten* bei voller Leistung.

Halbierte Auberginen werden in der eben beschriebenen Weise an den Schnittflächen mit Salz und etwas Zitronensaft präpariert, in zerlassene Butter gedrückt, die Schüssel mit Kunststoff-Folie verschlossen. Man gart bei höchster Leistung, bis die Auberginen völlig weich sind und die Butter durch das Fruchtfleisch fast vollständig eingesogen ist. Die Haut der Auberginen bekommt zwar Runzeln, ist aber so weich, daß man sie mitessen kann. Oder man schabt das Fleisch mit einem Löffel vorsichtig aus der Schale und vermischt die Teile mit dem übriggebliebenen Buttersaft. Das ist die einfachste und müheloseste Art, Auberginen zuzubereiten – trotzdem gibt es ein vorzügliches Gericht.

Auberginen in saurem Rahm oder Crème fraîche
Die in *heiße Butter* gelegten *Auberginenhälften* werden jeweils mit *50 ml Crème fraîche oder 100 ml saurem Rahm* überzogen und ohne Abdeckung gegart, bis die Frucht weich und der Rahm etwas angetrocknet ist. Zur Abwechslung kann man *mildes Paprikapulver* in den Rahm mischen *(½ TL/250 ml Rahm),* dann gibt es eine pikante Vorspeise.

Auberginen in Obers
Auch in diesem Falle bilden in Butter gedünstete, halbierte Früchte die Basis für das Gericht, nur nimmt man, wegen des Fettgehalts von Obers, zum Dünsten weniger Butter. Hier sieht es besser aus, wenn die dunkle Haut entfernt und das Fleisch der Aubergine zerteilt wird, bevor man *50 ml Obers* beigibt, etwas *pfeffert* und noch wenige Minuten weitergart, bis ein Teil der Flüssigkeit eingezogen ist.

Bocuse bestreut die Speise mit *frischgehacktem Kerbel.*

Auberginen in Tomatenmark

500 g Auberginen, 3 EL Olivenöl, 200 ml Tomatenmark oder eine entsprechende Menge frische, gehäutete und ausgedrückte Tomaten. *Salz, wenig Pfeffer.* Wahlweise *12 schwarze Oliven, 100 g gehackte, glasig gedünstete Zwiebeln, ½ Zehe Knoblauch,* zerkleinert, *oder Bohnenkraut oder Basilikum; Petersilie* zum Bestreuen.

Halbierte Auberginen werden in Öl und Tomatenmark mit Salz und Pfeffer, eventuell mit schwarzen Oliven oder mit Basilikum oder Sariette in einer Gratinierschüssel mit Folie bedeckt, weichgedünstet, oder man dünstet zunächst die feingehackte Zwiebel in dem Öl (*4 Minuten, 600 W*), bevor die Auberginen, Tomaten, Oliven und, falls gewünscht, der Knoblauch dazukommen. Die Garzeit beträgt etwa *12 Minuten* bei voller Leistung. Das Einreiben mit Zitronensaft kann hier wegfallen, weil die sauren Tomaten ebenfalls den brennenden Geschmack der Auberginen verhindern.

Mit gehackter Petersilie bestreuen.

Auberginenstreifen mit Tomaten und Oliven

400–500 g Auberginen, 2 große Zwiebeln (200 g), 1 Handvoll schwarze Oliven, 2 frische, mittelgroße Tomaten, 1 Knoblauchzehe, 80–100 ml Olivenöl, 2 Lorbeerblätter, Thymian, Oregano, Bohnenkraut, von jedem sehr wenig, *1 TL Koriander, frisches Basilikum, notfalls Petersilie.*

In einer großen Schüssel mit flachem Boden dünstet man die in dünne Ringe geschnittene Zwiebel mit 20 ml Öl, mit Folie bedeckt, *3 Minuten* bei voller, anschließend *2 Minuten* bei halber Leistung. In der Zwischenzeit werden die Tomaten in dünne Spalten geschnitten, die Auberginen in 1 bis 2 cm breite Streifen. In die Schüssel legt man abwechselnd Tomaten- und Auberginenstücke und bedeckt sie mit den Zwiebeln. Die zerquetschte Knoblauchzehe, die schwarzen Oliven und die in Stücke gebrochenen Lorbeerblätter werden rundum und über den Auberginen angeordnet. Von Thymian, Oregano und Bohnenkraut nimmt man jeweils nur eine Spur, mit Korianderkörnern kann etwas verschwenderischer umgegangen werden. *Salz* und *Pfeffer* nicht vergessen. Zum Schluß übergießt man alles mit dem restlichen Olivenöl, deckt mit Plastikfolie zu und gart *18–24 Minuten* im MW-Herd bei 600 W, je nachdem, wie feucht oder trocken man die Auberginen haben will.

Ratatouille (H.) (2 Personen)

1 große Zwiebel grob zerkleinern; in einer Schüssel, die groß genug ist, auch alle übrigen Zutaten aufzunehmen, in *40 ml Olivenöl 4 Minuten* lang bei voller Leistung vordünsten. *4 gehäutete, ausgedrückte Tomaten* kommen zu den Zwiebeln und werden ebenfalls erhitzt (*2 Minuten* bei voller Leistung). Die Schüssel wird dabei vorläufig mit einem passenden Glasdeckel bedeckt – aus Bequemlichkeitsgründen –, die Kunststoff-Abdeckung gibt man erst, wenn alle Zutaten beisammen sind. Die *Aubergine (200 g)* wird diesmal in Scheiben geschnitten, die aber unverzüglich in das heiße Tomaten-Zwiebelgemisch getaucht werden sollen, damit der strenge Geschmack der Aubergine verhindert wird. *2 bunte Paprikaschoten* putzen, zerteilen und zugeben, mit *½ zerkleinerten Knoblauchzehe, Salz* und etwas *Pfeffer* würzen, diesmal mit Folie verschließen und *8 Minuten* bei voller Leistung und danach *4 Minuten* bei 300 W fertigdünsten. Man kann auch *Zucchini* zu den Gemüsen geben, dann wird die Ratatouille ziemlich flüssig. Das Zuviel an Flüssigkeit kann man abgießen, etwas einkochen und wieder zur Ratatouille fügen.

Auberginen-Gratin (H.)

120 g grob zerkleinerte Zwiebeln werden mit *50 ml Öl*, mit Folie bedeckt, in einem 1½ l-Topf *4 Minuten* vorgedünstet (volle Leistung). Gehäutete und entwässerte *Tomaten (250 g netto)* mischt man mit den Zwiebeln. *1 mittelgroße Aubergine (250 g)* schneidet man in Scheiben und legt sie in den Topf, so daß der Tomaten-Zwiebelbrei die Auberginen gut bedeckt. Wieder wird mit Folie bedeckt, wenn man geschickt ist, kann man die gleiche Folie benützen. Dann gart man noch einmal *ca. 8 Minuten* bei voller Leistung, bis die Auberginen weich sind und die Tomaten mit den Zwiebeln einen dicklichen Brei bilden. Die überschüssige

Flüssigkeit ist dann eingesogen bzw. abgedampft. Mit *Salz* und *Pfeffer* wird abgeschmeckt. Wenn möglich, die Oberfläche der Speise mit frischen Basilikumblättern bestreuen, bevor die Sauce für den Gratin darübergestrichen wird. Für die Saucenzubereitung war Zeit während der Garzeit der Gemüse.

Gratinsauce

125 g Topfen (Quark) mit 20% Fettgehalt, 1 gehäufter EL geriebener Gruyère, 2 Dotter oder 1 Ei und 1 Dotter, 50 ml Obers, Salz, Pfeffer, werden mit dem Handmixer zu einer dicken Creme gerührt und über die Auberginen gestrichen.

Natürlich kann man nun den Gratin unter dem Grill bräunen, man kann aber auch im MW-Herd die Behandlung zu Ende führen. Der Gratin quillt und steigt im Anfang und festigt sich etwas an den Rändern. Nach *9 Minuten* (600 W) hat er eine gute Konsistenz, die Farbe ist zwar nicht dunkel, aber infolge der Dotter angenehm goldgelb, und der Geschmack ist ausgezeichnet. In Öl zu einem dicklichen Brei gedünstete Zwiebeln kann man gut auf Vorrat halten.

Püree von Brunnenkresse (H.)

50 g Zwiebeln mit *15 g Butter* und *5 g Mehl* in flacher Schicht mit Folie bedeckt erhitzen. *300 g* sorgfältig in Wasser ausgelesene *Brunnenkresse* dazugeben und *3 Minuten* erhitzen, bis die Blätter zusammengefallen sind. *40 ml Sahne, Salz, Pfeffer* zugeben und *7 Minuten* kochen lassen. Es soll nur noch wenig Flüssigkeit vorhanden sein. Im Food Processor pürieren. Mit *10 g Butter* noch einmal fast bis zum Kochen erhitzen.

Breite Fisolen (Bohnen)

Verschiedene traurige Erfahrungen ließen die Überzeugung entstehen, grüne Fisolen gerieten im MW-Herd nur, wenn sie eng nebeneinander gelegt, mit Salzwasser gerade bedeckt, gekocht werden, weil ihre Oberfläche leicht antrocknet und runzelig wird und auch der Geschmack leidet. Die breiten italienischen Bohnen wurden darum zunächst nach der gleichen Methode behandelt, mit ganz gutem Erfolg. Das Fleisch dieser Bohnenart ist aber viel wäßriger und lockerer als das ihrer schlankeren Verwandten aus unseren Breiten, so daß ein Versuch sich anbot, sie einmal ganz ohne Wasserzusatz zu garen. Das Ergebnis war sehr zufriedenstellend.

250 g werden sehr sorgfältig gewaschen, Stielansatz und Spitze vorerst aber noch nicht entfernt. Man schlichtet sie nebeneinander in ein längliches Gefäß, das mit Folie verschlossen wird. Nach *6 Minuten* bei 600 W sind die Fisolen weich und hellgrün. Man entfernt sogleich die Folie und schreckt die Fisolen kurz mit kaltem Wasser ab, damit man sie mit den Händen anfassen kann. Jetzt erst zieht man Stielende und Spitze zugleich mit den Seitenfäden ab. Die breiten Bohnen haben nämlich leider den Nachteil, fädig zu sein, und diese Fäden reißen leicht, wenn man versucht, sie von den harten, rohen Bohnen zu ziehen. Geputzt kommen sie in die Schüssel zurück, man verteilt *Salz* möglichst gleichmäßig und gibt *30 g Butter* in Stücken darüber, deckt nochmals die Folie darüber und wärmt etwa *1 Minute* nach, bevor die Fisolen serviert werden.

Broccoli in Wein und Olivenöl
200 g Broccoli (netto), 50 ml Olivenöl, ½ Zehe Knoblauch, 80 ml Weißwein, mit Folie bedeckt *7 Minuten*, volle Leistung.

Die Rosen werden knapp unter der feinen Verästelung abgeschnitten, die Strünke, soweit es nötig ist, geschält, in feine Scheiben geschnitten und zu den Röschen gegeben. Salz und 50 ml Olivenöl werden möglichst gut in die Broccoli eingemischt, eine Knoblauchzehe wird unter die Röschen geschoben. Sie wird nach Fertigstellung der Speise wieder entfernt. 80 ml Wein kommen dazu. Mit Folie bedeckt sind die Broccoli bereits nach *7 Minuten* (volle Leistung) gar und von schöner grüner Farbe. Die Folie muß gleich nach der Fertigstellung entfernt werden, sonst verwandelt sich dieses Grün in ein weniger ansehnliches Olivbraun.

Man kann Broccoli, statt in Wein und Öl, auch in Butter und Zitronensaft dünsten, dann entfällt natürlich der Knoblauch.

Dafür kann man sie mit gerösteten Bröseln à la polonaise servieren.

Glacierte Champignons mit Schalotten

250 g Champignons, 100 g Schalotten, 50 g Butter, Salz, Pfeffer, Saft von ½ Zitrone.

Die zunächst noch ungeschälten Schalotten gibt man, in ein Tuch gewickelt, für *3 Minuten* bei voller Leistung in den MW–Herd, läßt sie auskühlen, bis man sie anfassen kann, schneidet dann die Wurzelscheibe ab und drückt das schon etwas weich gewordene Innere aus der Schale. Grob zerkleinert kommen sie zusammen mit der Butter in einen Topf, der genügend weit sein soll, daß später die Champignonköpfe, nebeneinandergelegt, Platz finden, und werden *3 Minuten*, mit Folie bedeckt, gedünstet. Die Champignons werden möglichst nicht gewaschen, sondern mit einem feuchten Tuch abgerieben. Die Strünke werden abgeschnitten; soweit sie weiß sind, können sie, in feine Scheiben geschnitten, zu den Köpfen dazugenommen werden. Die Köpfe drückt man mit der Schnittfläche nach oben zwischen die Schalotten, befeuchtet sie mit dem Saft von ½ Zitrone, salzt und pfeffert und gibt den mit Folie bedeckten Topf für *5 Minuten* in den MW–Herd (volle Leistung).

Champignons in Gratinsauce

50 g Schalotten, feingehackt, 10 g Butter, 250 g Champignons, ⅛ l Obers, 1 Ei, 80 g Gruyère, Salz, Pfeffer, Muskat.

In einem Topf, wie im vorigen Rezept beschrieben, dünstet man kurz die feingehackten Schalotten, mit Folie bedeckt, in der Butter. Sie können leicht zu trocken werden. Die Champignonköpfe werden in der ebenfalls beschriebenen Weise nebeneinandergesetzt und mit etwas Zitronensaft befeuchtet. Für die

Gratinsauce

sprudelt man das Ei mit ½ Becher Obers, mischt den frischgeriebenen Käse darunter, schmeckt mit Salz, Pfeffer und wenig Muskat ab und verteilt das Ganze gleichmäßig über die Champignons. Ohne Abdeckung gegart ergibt das nach nur *8 Minuten* (volle Leistung) eine sehr gute Speise. Sie ist zwar nicht gebräunt, wie ein übliches Gratin, dazu enthalten die Champignons zu viel natürliche Flüssigkeit, hat aber eine angenehme gelbliche Farbe. Die Sauce ist zwischen die Champignons abgesunken und leicht fest geworden. Überschüssige Feuchtigkeit ist abgedampft. Der Eigengeschmack der Champignons bleibt bei dieser Behandlung sehr konzentriert erhalten und wird durch den der Sauce gut ergänzt.

Chicoree natur
Hier kommen die Vorteile des MW-Herds voll zum Tragen, denn den von Natur aus stark wasserhaltigen Gemüsen muß für die Zubereitung weder Wasser noch Brühe zugesetzt werden. Es ist auch nicht nötig, durch langsames, langdauerndes Garen den vollen Geschmack hervorzubringen. Gerade die sehr kurzen Garzeiten im MW-Herd fördern und erhalten den frischen, charakteristischen Geschmack der Chicoree. Man kann die Stangen der Länge nach halbieren oder sie im Ganzen lassen. Ich finde, im Ganzen schmecken die Chicoree-Herzen noch intensiver und interessanter:

300 g Chicoree, 30 g Butter, etwas Zitronensaft, Salz.

In einer gebutterten Gratinierschüssel legt man frisch geputzte Chicoree-Stangen so nebeneinander, daß die dicken Enden nach außen zeigen, die dünnen Blätter möglichst in der Mitte liegen. Sie werden mit Salz bestreut und mit wenig Zitronensaft betropft; dann verteilt man reichlich Butterstücke über die Oberfläche. Oder man läßt die Butter in der Schüssel flüssig werden (*2–3 Minuten*, 600 W), gibt Salz und Zitronensaft dazu und schwenkt die Chicoree, bis sie gründlich mit Buttersaft überzogen sind, bevor man sie in der Schüssel anordnet. Mit Folie bedeckt werden sie weichgedünstet (*etwa 7 Minuten* bei voller Leistung).

So gedünstete Chicoree-Herzen können auch die Basis für weitere Chicoree-Speisen sein.

Gratinierte Chicoree

Zum Gratinieren ist es günstig, bereits vorbehandelte Stangen zu nehmen, weil beim Dünsten ziemlich viel Saft entsteht, der beim Gratinieren stört. Der abgegossene, mit Butter vermengte Saft wird, wenn er nicht zu bitter ist, als Zugabe für die Gratinsauce verwertet. Die in der Gratinierform angeordneten Chicoree überzieht man mit Gratinsauce, gewürzt mit dem Saft und der geriebenen Schale von ½ Zitrone. Zur gleichmäßigen Wärmeverteilung wird die Schüssel mit Folie abgedeckt, der Wasserdampf kann trotzdem in ausreichendem Maße entweichen, so daß die Oberfläche abtrocknet. Nach *12 Minuten*, 600 W, ist der Gratin genügend fest und von goldgelber bis sanft bräunlicher Farbe.

Gratinsauce (H.)

Mehl ist bei Saucen, die recht sämig sein und sich nicht zersetzen sollen, trotz aller Abneigung in der modernen Küche auch bei den großen Köchen nicht ausgestorben. Wir verwenden allerdings viel weniger Mehl als früher, siehe etwa das Béchamelrezept S. 35.

30 g Butter und *10 g Mehl* bei voller Leistung erhitzen, dabei einmal vermischen, wenn die Butter geschmolzen ist. Sobald die Bläschenbildung aufhört, *0,3 l Milch* einrühren und *10 Minuten* bei kleiner Leistung kochen lassen. Man kann auch statt eines Teils der Milch etwas von der Gemüseflüssigkeit zugeben, auch mehr Flüssigkeit, und dann etwas einkochen lassen. Darauf gibt man *0,25 l Sahne* zu, schlägt *1–2 Eier* hinein, *Salz, Pfeffer, Muskat*, und gibt die Sauce über das Gemüse, das dann noch einmal erhitzt wird, so daß die Sauce stockt.

Feine Erbsen mit Salat und Speck (H.)

Erbsen kaufen wir fast als einziges Gemüse nur tiefgefroren. Bei frischen Erbsen sind die Kochzeiten länger.

100 g ungeräucherten, mageren Speck in feine Streifen schneiden und in dem Topf, in dem später die Erbsen gekocht werden, mit Papier zugedeckt, bei voller Leistung erhitzen, bis der größere

Teil des Fetts ausgelassen ist. Dieses abschütten, *300 g aufgetaute feine Erbsen* und *½ Kopf* in feine Streifen geschnittenen *grünen Salat* darübergeben, *Salz* und *wenig Pfeffer*, mit Folie bedeckt bei voller Leistung aufkochen und *noch 2 Minuten* weiterkochen. *20 g Butter* zugeben und alles vermischen.

Coulis von Gurken (H.)

1 Gurke schälen, ¾ davon pürieren, mit *Salz, Pfeffer, 10 g Butter (Petersilie oder Dill oder Estragon) 10–15 Minuten* unter mehrmaligem Rühren erhitzen, bis die Masse etwas eingedickt ist. Den Rest der Gurken kleingewürfelt zugeben, noch *20 g Butter*, noch einmal kurz erhitzen.

Karotten mit Kerbel

400 g Karotten, 40 g Butter, 1 TL Zucker, Salz, 1 Handvoll Kerbelkraut.

Butter in der Kochschüssel schmelzen, die stiftelig oder feinblättrig geschnittenen Karotten in die Butter rühren, Salz und Zucker beifügen, mit Folie abdecken, *7 Minuten* bei voller Leistung dünsten, Folie entfernen, rühren, feingehacktes Kerbelkraut untermischen, nochmals bei hoher Leistung einige Minuten dünsten. Die Karotten sollen ohne Saft und mit einer goldgelben Fettschicht überzogen sein. Das Kerbelkraut intensiviert den natürlichen Karottengeschmack.

Karotten in karamelisiertem Zucker

Für dieses Rezept braucht man eine größere Ausgangsmenge *(500–600 g)*, weil hier den Karotten mehr Wasser entzogen wird, so daß sie entsprechend mehr zusammensinken, dafür soll die Buttermenge kleiner sein *(30 g)*. Man legt die Butter auf den Grund einer stark konkaven Schüssel, häuft darauf *1–2 EL Zucker* und läßt bei voller Leistung den Zucker karamelisieren. Das gelingt nur dann, wenn der Zucker mit der Butter auf einem engen Volumen beisammen ist, so daß der Zucker hinreichend erhitzt wird, bevor das in der Butter vorhandene Wasser verdampft ist. Verwendet man eine flache Schüssel, auf deren

Boden der Zucker ausgebreitet ist, bildet sich nur ein Gemisch von Zucker und flüssigem Butterschmalz, die Zuckertemperatur kann in dieser Anordnung nicht die für das Karamelisieren nötige Höhe erreichen.

Auf den »gebrannten« Zucker gibt man die in feine Scheibchen geschnittenen Karotten. Das Karamel wird zunächst hart durch die Abkühlung, löst sich aber während des Dünstens in der Wärme und der Feuchtigkeit der Karotten, besonders wenn man ein- oder zweimal umrührt. Am Ende sind die Karotten nur noch wenig feucht, etwas gedunkelt und von sehr gutem Geschmack.

Kichererbsen (H.)

200 g Kichererbsen über Nacht einweichen, mit neuem Wasser gut bedecken, zugedeckt bei voller Leistung aufkochen und *etwa 1 Stunde* bei kleiner Leistung weichkochen. *Thymian, Bohnenkraut, wenig Lorbeer*, wenn man will, *wenig Knoblauch*, mitkochen. *200 g kleingeschnittene Zwiebeln in 40 ml Olivenöl*, mit Folie zugedeckt, bei voller Leistung *3 Minuten*, bei kleiner Leistung *8 Minuten* erhitzen und eindampfen; sie sollen am Schluß anfangen, dunkler zu werden. *300 g geschälte, gewürfelte Tomaten* zugeben, *noch 4 Minuten* bei starker Leistung erhitzen. Mit den abgegossenen Kichererbsen mischen. Man kann das Gericht auch kalt servieren.

Kohl, Kraut und Rotkraut

Alle gewohnten Rezepte für die verschiedenen Kohl- und Krautarten lassen sich im Prinzip im MW-Herd mit dem gleichen Erfolg ausführen wie in der konventionellen Küche. Man kann Zwiebeln glasig dünsten oder Speckwürfel auslassen, bevor das Gemüse in den Topf gegeben wird, einen rohen Apfel zusetzen, mit Wein oder Suppe aufgießen, ganz wie gewohnt. Wer davon nicht loskommt, kann auch eine Mehleinbrenn im MW-Herd herstellen, vorausgesetzt, man verwendet Wasser enthaltende Butter anstelle von Schmalz, das sich im MW-Herd nur indirekt erwärmen läßt. In den hier angeführten Rezepten weiche ich mit

161

Absicht von der alten Wiener Küche ab, in der mit viel Mehl eingebrannt wurde. Der MW-Herd begünstigt neue Wege, auf die man nicht verzichten soll.

Kohl mit Speck (Wirsing)

1 mittlerer Kohlkopf (500–600 g), von den äußeren Blättern befreit, wird halbiert und in schmale Spalten geschnitten. Der Anteil des Mittelstrunks wird weggeschnitten.

In einer möglichst großen, runden Schüssel mit flachem Boden häuft man in der Mitte ungefähr doppelt so viele dünne *Selchspeckscheiben (Räucherspeck)* wie Kohlschnitten auf, überdeckt sie mit einer großen Tasse und »röstet« sie *1½ bis 2 Minuten* bei halber Leistung. Den steif und bräunlich gewordenen Speck nimmt man aus dem ausgeflossenen Fett, um ihn vor dem Servieren oben auf dem Kohl zu verteilen. Die Kohlstücke schlichtet man im Kreis in der Schüssel, streut *Salz* gleichmäßig darüber, schöpft mit einem Löffel von dem heißen Fett so viel als möglich über den Kohl und, falls der Kohl schon eine längere Lagerung hinter sich hat, auch noch *2–3 EL Brühe*. Mit Folie bedeckt gart der Kohl *6–8 Minuten* (volle Leistung). Er soll kernig weich sein, zu lange Garzeit läßt ihn an der Oberfläche austrocknen. Vor dem Anrichten ordnet man die Speckstücke über die Speise und erwärmt das Ganze *1–2 Minuten*.

Braungedünstetes Kraut

600 g geschnittenes Weißkraut, 1 EL Zucker, 40 g Butter, 1–2 EL Rotweinessig, Salz.

Karamel bereiten (vgl. S. 160), Kraut dazugeben, unter Folie garen, mit Butter und Essig, bis es stark zusammengedünstet und bräunlich gefärbt ist. Volle Leistung *ca. 20 Minuten*.

Krautrouladen mit saurem Rahm

In einer mittelgroßen Schüssel dünstet man *1 feingeschnittene Zwiebel* in *20 g Butter 5 Minuten* bei voller Leistung. *1 Scheibe frisches Toastbrot* und *1 Handvoll Petersilie* und *Basilikum* werden in der Messermühle zerkleinert und mit *400 g Faschiertem, Salz* und *Pfeffer* zu den Zwiebeln gemischt. Die Masse teilt man in 5 Portionen, von denen jede in 2, von dicken Rippen befreite, im MW-Herd blanchierte Krautblätter zu einem länglichen Paket gewickelt werden. Diese Rouladen drückt man nebeneinander in das glasierte Unterteil des Römertopfs, bedeckt sie mit ⅛ l *leicht gesalzenem, saurem Rahm*, legt auf jede *1 dünne, vom kalten Butterblock geschnittene Scheibe*, legt den Tondeckel auf und stellt das Ganze in den MW-Herd. Beim Garen wechseln Aufheizzeit (600 W) mit Durchwärmzeiten (150 W) miteinander ab: *6 Minuten* 600 W, *3 Minuten* 150 W, *5 Minuten* 600 W, *2 Minuten* 150 W, *2 Minuten* 600 W.

Der Rahm soll leicht angetrocknet, die Blätter weichgedünstet sein, die Fleischfülle darf in der Mitte gerade nicht mehr roh sein.

Variante:
Man kann den Boden des Römertopfes mit dünnen Selchspeckscheiben auslegen und anstelle der Butter ebenfalls Speck obenauf legen. Dann nimmt man aber auch besser Bohnenkraut statt Basilikum als Beigewürz.

Krautstrudel
Für Strudel allgemein siehe S. 196. *60 g würfelig geschnittener Selchspeck* wird in der schon öfter beschriebenen Weise auf dem Boden einer großen Schüssel, bedeckt mit einer Suppentasse, ausgelassen (*1 Minute* volle Leistung, *1 Minute* halbe Leistung, der Speck kann leicht braun und hart werden). Die Grammeln werden zunächst aus dem Fett geschöpft, während etwa *100 g gehackte Zwiebeln 4–5 Minuten* lang in dem Fett glasig gedünstet werden. *500 g junges, kleingeschnittenes Kraut* kommt in die Schüssel zu den Zwiebeln, die Grammeln werden eingemischt; man würzt mit *etwas Pfeffer* und *wenig Salz*, verschließt die Schüssel mit Folie und dünstet das Kraut weich (*ca. 6 Minuten* volle Leistung, älteres Kraut braucht entsprechend länger). Die wie üblich vorbereiteten Strudelblätter werden wieder bis zur Hälfte mit Kraut belegt, bevor sie mit Hilfe des untergelegten

Tuches zusammengerollt werden. Zum Einfetten der Teigblätter, besonders der übereinandergeschlagenen Teigränder, verwendet man hier auch besser ausgelassenes Grammelfett anstelle von Butter. Der zusammengerollte Strudel kommt wie üblich in die Backwanne aus Kunststoff und wird wieder mit *braungerösteten Bröseln* von allen Seiten bestrichen. Die Backzeit beträgt *etwa 12 Minuten* bei 600 W, sie hängt vom Feuchtigkeitsgehalt der Krautfülle ab.

Sauerkrautstrudel
Für Strudel allgemein siehe S. 196. Anstelle von frischem Kraut gibt auch *Sauerkraut* eine sehr interessante Speise. Frisches Sauerkraut muß vor dem Einfüllen in den Strudel, zusammen mit dem Speck und den vorgedünsteten Zwiebeln, in einer mit Folie bedeckten Schüssel *ca. 20 Minuten* weichgedünstet werden, was ebenfalls viel weniger Zeit in Anspruch nimmt als konventionelles Kochen. Abgepacktes Kraut *(500 g)* ist meistens direkt verwendbar. Auf jeden Fall muß man kosten, ob das Kraut nicht zu sauer ist, und es gegebenenfalls in etwas kaltem Wasser ausdrükken. Alles weitere verläuft wie oben beschrieben. Der fertige Krautstrudel kann mit *Schnittlauch* bestreut werden.

Warmer Krautsalat
Auf dem Boden einer weiten Schüssel läßt man, mit einer Suppentasse bedeckt, *50 g gewürfelten Selchspeck* aus, nimmt die Würfel aus dem Fett und stellt sie beiseite. In das Fett werden *300 g netto sehr feingeschnittenes Weißkraut*, ohne Strunk und dicke Rippen, *Salz* und *50 ml* heißgemachter, im Verhältnis 1:1 gewässerter, guter italienischer *Rotweinessig* gründlich eingemischt. Unmittelbar vor dem Servieren stellt man die mit Folie bedeckte Schüssel für *2 Minuten* (volle Leistung) in den MW-Herd.

Diejenigen, die *Kümmel* im warmen Krautsalat für unumgänglich notwendig halten, können ihn zusammen mit dem gewässerten Essig aufkochen und unter das Kraut mischen. In diesem Fall nimmt man keinen Weinessig.

Kürbis mit Äpfeln

100 g mageren, rohen Speck in Würfeln, 4 Minuten bei mittlerer Leistung im MW-Herd leicht bräunen. Darüber *500 g Kürbiswürfel (1 cm)*, umrühren, *Salz, 1 TL Zucker, Pfeffer, Majoran, 10 Minuten* zugedeckt kochen. *500 g Äpfel*, geschält, in Schnitzen, darüber, *Salz, Pfeffer, 1 EL Zitronensaft. Noch 8 Minuten* zugedeckt erhitzen, *15 g Butter* darüberstreichen. Zu Schweinekoteletts oder Schweinebraten.

Kürbis in Würfeln blanchiert in Kühltrühe.

Kürbis-Gratin

1300 g würfelig geschnittener Speisekürbis (netto), 40 g Mehl, 1 Büschel Petersilie, 3–4 Zehen Knoblauch, 80 ml Olivenöl, Salz, Pfeffer; 30 g Brösel in 30 g Butter geröstet.

20 g Butter in einem hohen ¼ l-Glas (Bierglas) erhitzen (*1 Minute* volle Leistung), *1 gehäuften EL Brösel* einrühren, Schaltuhr auf *1 Minute* 600 W und anschließend *2 Minuten* halbe Leistung einstellen. Die Brösel sind in der Mitte des Glases ziemlich dunkel und werden mit den hellen Bröseln an der Glaswand zu einheitlicher Farbe vermischt.

Den geschälten, entkernten und in Würfel von 1–2 cm Kantenlänge geteilten Kürbis vermischt man gründlich mit 3 gehäuften EL Mehl, der feingehackten Petersilie, den in der Presse zerdrückten Knoblauchzehen, 5 EL Olivenöl, Salz und frisch gemahlenem Pfeffer und füllt ihn in eine große, geölte Gratinierschüssel. Es macht nichts, wenn die Schüssel mit Kürbis überhäuft ist, die darübergelegte Folie hält alles zusammen. Nach *12 Minuten* bei 600 W entfernt man die Folie, bestreicht die Kürbisoberfläche, die nun schon unter den Rand der Schüssel eingesunken ist, mit den dunklen Bröseln und gibt den Kürbis nochmals für *ca. 4 Minuten*, 600 W, in den MW-Herd.

Ein köstliches Gericht, apart aussehend und denkbar einfach zubereitet.

Porree (Lauch) natur
250 g Porree (netto), 20 g Butter, Salz, 50 ml Wasser, 8 Minuten bei voller Leistung.

Porree wird im MW-Herd leicht trocken und braucht deshalb etwas Wasserzugabe. Am besten, man legt die Stangen in einer ebenen Schicht dicht nebeneinander in eine Schüssel mit flachem Boden, so daß eine möglichst geringe Wassermenge ausreicht, den Porree zu überdecken. Damit die Stangen im Wasser schwimmen, legt man einen kleinen Teller auf, der die Stangen unter Wasser hält. Butter und Salz werden über die Oberfläche verteilt und die Schüssel mit Folie verschlossen. Die Garzeit ist ziemlich kurz, bei längerer Kochdauer kann die obere erste Porreeschicht antrocknen und zäh werden. Darum ist es besser, im MW-Herd keine sehr großen Porreemengen auf einmal zu verarbeiten.

Porree in Speck
Die weißen Teile von Porreestangen in ca. 4 cm lange, fingerdicke Stücke teilen, dickere Stangen halbieren oder vierteln. Diese Stücke werden mit dünnen Scheiben fetten, durchwachsenen Räucherspecks umwickelt, so daß der Porree ganz mit Speck bedeckt ist. Dieser verhindert das Austrocknen des Porrees. Man kann, wenn nötig, den Speck mit hölzernen Zahnstochern befestigen. Die so entstandenen Röllchen verteilt man auf dem Boden einer flachen Schüssel, verschließt diesmal nicht mit Kunststoff-Folie, die durch Fettspritzer Löcher bekäme, sondern mit einem Glas- oder Porzellandeckel oder mit einem passenden Teller. *Nach wenigen Minuten* ist der Porree weich und der Speck – relativ – resch, jedenfalls wohlschmeckend. Ein guter Happen, wenn man Gäste mit einem Glas Wodka begrüßen will.

Linsen (H.)
0,5 kg Linsen, in einem mittelhohen Topf fingerhoch mit Wasser bedeckt und mit Folie als Deckel, *40 Minuten* im MW-Herd erhitzen, erst bei voller Leistung und nach dem Aufkochen, das in einer Wölbung der Folie sichtbar wird, bei etwa ¼ der Vollei-

stung. In diesem Zustand können die Linsen eingefroren werden, in flacher Schicht, so daß man bei Bedarf davon abbrechen kann.

Linsen mit Butter (H.)
Für 1 Person *5 EL gekochte Linsen (gehäuft), 2 TL Weinessig, Salz, Pfeffer, 2 EL Wasser oder Fleischbrühe, 15 g Butter, 3 Minuten* bei voller Leistung im MW-Herd, dann umrühren und *noch 2 Minuten* stehen lassen.

Linsen mit Zwiebeln und Speck (H.) (2 Personen)
40 g gehackte Zwiebeln, 100 g kleine Speckwürfel (oder Schinken) mit *2 EL Olivenöl* im MW-Herd bei voller Leistung erhitzen, bis die Zwiebeln anfangen braun zu werden *(etwa 5 Minuten)*. *5 EL Fleischbrühe oder Wasser* und *8 EL gekochte Linsen* zugeben und mit Folie zugedeckt *5 Minuten* bei voller Leistung kochen. Dazu Salat und Bier.

Mange-tout (Zuckerschoten) (H.)
Die süßen flachen Schoten gehören zu den feinsten Gemüsen. Eine Zeitlang waren sie sehr teuer, das hat sich jetzt geändert. Wir haben sie früher immer wie Erbsen oder Bohnen im Garten gezogen; ich erinnere mich an keine Schwierigkeit dabei und auch an keinen Unterschied im Geschmack gegenüber den heutigen.

250 g Mange-tout putzen (die Enden abschneiden und die Fäden abziehen), waschen und mit *wenig Salz* und *10 g Butter*, mit Folie zugedeckt, bei voller Leistung aufkochen und dann *noch 2 Minuten* schwach weiterkochen. Man kann sie sehr gut einfrieren.

Mangold
wird wie Spinat zubereitet, hier allerdings werden die Stengel vor dem Kochen entfernt. Die Stengel selbst ergeben in Salzwasser mit einem Schuß Milch versehen, mit gerösteten Bröseln serviert, ein sehr gutes Gericht.

Etwa 100 g Mangoldstengel nebeneinander in eine flache Schüssel gelegt, mit *100 ml Wasser, 40 ml Milch, Salz* übergossen, mit Folie bedeckt, *4 Minuten*, 600 W. Zugedeckt stehen lassen, bis das restliche Menü servierbereit ist, dann Flüssigkeit abgießen, *etwa 20 g Butter* obenauf, *1–2 Minuten*, 600 W. Noch besser bereitet man aus *40 g Butter* und *40 g Bröseln* in *4 Minuten* Brösel à la polonaise (siehe S. 170 f.).

Maronen mit Wein und Sahne gedämpft;
Maronenpüree (H.) (2 Personen)
Die Maronen kreuzweise einkerben, portionsweise *3 Minuten*, mit Wasser bedeckt, bei voller Leistung kochen, die harte und die weiche Schale entfernen. Von den Maronen, die dabei ganz bleiben, gibt man pro Person *100 g* in ein nicht zu kleines Gefäß, *Salz, Pfeffer, je 2 EL Weißwein und Sahne*, kocht, mit Folienabdeckung, bis alle Flüssigkeit verdampft oder eingesogen ist (*etwa 7 Minuten* bei voller Leistung).

Dazu ein Glas Rotwein, nachher Brot und Käse. Eine wunderschöne kleine Mahlzeit.

Maronenpüree (H.)
200 g geschälte Maronen in *100 ml Fleischbrühe, wenig Salz, Pfeffer*, mit Folie zugedeckt, weichkochen *(ca. 10 Minuten)*, pürieren, mit *20 g Butter* und *30 ml Sahne* vor dem Servieren noch einmal heißmachen.

Paprikagemüse (H.) (3 Personen)
100 g Zwiebeln im Food Processor in dicke Ringe schneiden, mit *1 ungeschälten Knoblauchzehe* und *40 ml Sahne*, mit Folie zugedeckt, bei voller Leistung *5 Minuten* kochen. *3 Paprikaschoten, rot und grün (zusammen 200 g)*, ohne Kerne und weiße Teile, in Streifen schneiden. Die Knoblauchzehe herausnehmen, die *Paprika, Salz, Pfeffer, Bohnenkraut, Salbei* und *noch 40 ml Sahne* zugeben und wie vorher *noch 8 Minuten* kochen. *3 Tomaten* häuten, entkernen, in Scheiben schneiden. Das Paprikagemüse auf Tellern anrichten, die Tomaten darauf verteilen, *Petersilie* mit

168

der Schere darüberschneiden, *wenig Salz und Pfeffer* und *je 5 g Butter* darübergeben. Die Teller *je 50 Sekunden* bei voller Leistung erwärmen.

Dazu *gekochtes Hühnerfleisch* und *Butterreis.*

Karfiol (Blumenkohl) in der Folie gekocht

Für kleinere bis mittlere Karfiolrosen *(450 g)* eignet sich sehr gut die folgende Zubereitungsmethode:

Der Karfiolstrunk wird so weit entfernt bzw. ausgehöhlt, daß die Rose gerade noch zusammenhält und nicht zerfällt. Das ist notwendig, weil der Strunk längere Zeit benötigt, um weich zu werden, so daß Gefahr besteht, daß die feinen Röschen schon etwas trocken werden. Nach gründlichem Waschen in kaltem Wasser soll etwas Wasser zwischen den Ästchen haften bleiben. Der Karfiol wird mit der Strunkseite nach oben auf ein großes Stück Haushaltsfolie gesetzt, sorgfältig mit *Salz* und *1 Prise Zucker* bestreut und in die Folie eingeschlagen. Über dieses Paket wird eine zweite Folie so aufgelegt, daß der Karfiol überall von 2–3 Folienschichten dicht bedeckt ist. In dieser Verpackung kommt die Rose, wieder mit dem Strunk nach oben, für *8–9 Minuten* bei voller Leistung in den MW-Herd. Der Karfiol soll weichgekocht, aber nicht trocken sein. In der Packung bleibt er lange warm, so daß man bequem auch die anderen Teile des Menüs fertigstellen kann, bevor man ihn, z. B. mit Butterbröseln, serviert.

Kohlsprossen (Rosenkohl) mit Butter oder à la polonaise

Kohlsprossen gehören zu den Gemüsen, die im MW-Herd kurz mit wenig Wasser abgebrüht werden müssen, damit sie nicht bitter schmecken. Wenn man das richtig macht, kann man gegenüber den wie üblich in Salzwasser gekochten Sprossen im MW-Herd einen bedeutenden Geschmacksvorteil erzielen.

300 g Sprossen netto, 150 ml Wasser, ½ TL Salz, 40 g Butter.

150 ml Salzwasser bringt man in einer zugedeckten breiten Schüssel zum Sieden, öffnet die Schüssel, gibt die Sprossen

hinein und rührt und rüttelt gründlich, damit jedes Sprosserl mit Salzwasser benetzt ist. Nach Verschluß der Schüssel mit Folie kocht man *5 Minuten* bei 600 W, entfernt das Wasser, indem man die Sprossen auf ein Sieb leert, gibt sie aber gleich wieder in die Schüssel zurück, mischt 40 g Butter bei und verschließt wieder mit Folie. Nach *weiteren 4 Minuten* bei voller Leistung sind die Sprossen gar. Die durch die Folie bedingte gleichmäßige Wärmeverteilung hat jedes Umrühren erspart. Die Farbe der Sprossen ist leuchtend grün, sie sind kernigweich und haben einen angenehmen Geschmack.

Wenn man will, kann man die Sprossen mit in Butter gerösteten Bröseln überziehen.

Geröstete Bröseln für Gemüse à la polonaise

Das Bräunen von Bröseln, Zwiebelringen etc. im MW-Herd kommt durch Wasserentzug zustande, und man kann sie – so merkwürdig das klingt – durch völlige Wasserabgabe auch »verbrennen«, das heißt schwarz und ungenießbar machen. Der Vorgang kann durchaus mit der Erzeugung von Holzkohle im Kohlenmeiler verglichen werden, nur ist die Art der Wärmeerzeugung hier prinzipiell eine andere. Dieses unerwünschte Resultat kann man leicht vermeiden, wenn man den Garprozeß unterbricht, sobald die Oberfläche des Röstguts eine gelbe oder sehr hell-bräunliche Farbe angenommen hat. Die Bröseln sind dann gerade richtig gefärbt, denn, wie wir schon öfter erklärt haben, die Temperatur ist an der Oberfläche immer etwas niedriger als im Innern.

Die Mikrowellen werden besser ausgenützt, wenn die Bröseln zusammengeballt sind und nicht über eine weite Fläche ausgebreitet, in einer Schicht, die viel dünner ist als die Wirkungstiefe der Mikrowellen. Ideal wäre Kugelgestalt. Besonders bei kleinem Durchmesser der Masse ist darauf zu achten, daß die Bröseln in der Mitte nicht zu dunkel werden.

Ich verwende zum Bröselrösten entweder eine Glasschale von 5 cm Tiefe und 12 cm oberer lichter Weite, aus der aber bei mehr als 1 Minute Erwärmzeit die Butter leicht herausspritzt.

Gut bewährt sich auch ein Bierglas von parabelförmigem Querschnitt (Höhe 20 cm, oberer Durchmesser 7,5 cm), in dem die Butter schäumend hochsteigt, sich dabei etwas abkühlt und nicht so leicht spritzt. Dafür dauert in der kühleren Butter das Bräunen ca. 1 Minute länger.

Bröseln kann man auch am Vortag bräunen, zum Beispiel wenn man Gäste erwartet und nicht viel Zeit hat. Für Gemüse à la polonaise streut man die Bröseln knapp vor Ende der Garzeit über das Gemüse und wärmt sie kurz mit.

Gratin von weißen Rüben

Weiße Rüben, die eigentlich mehr lila als weiß gefärbt sind, findet man im Frühjahr und Herbst auf dem Markt. *300 g grobgeraspelte weiße Rüben* werden mit *30 g geschmolzener Butter, Salz* und *etwas Pfeffer* gründlich vermischt und in eine gebutterte Gratinierform eingefüllt, mit *100 ml Obers* übergossen, mit Folie bedeckt, weichgedünstet (*3 Minuten* volle, anschließend *5 Minuten* halbe Leistung). Nach Entfernen der Folie streicht man *vorgeröstete Brösel* über die Rüben und erhitzt noch *weitere 4 Minuten* bei voller Leistung.

Schwarzwurzeln (H.)

1 kg Schwarzwurzeln waschen, auf einer Metallfläche neben dem gefüllten Wasserbecken schälen, dabei alle Abfälle ins Wasser kehren und die Hände sehr naß halten, sonst werden sie schwarz und klebrig. Die Stangen sofort in 5 cm lange Stücke schneiden und in Wasser mit etwas Milch legen.

In einer Schüssel *1,5 l Wasser* mit *Salz, 1 EL übergestreutem Mehl* und *etwas Milch* die Schwarzwurzeln mit Folie bedeckt bei voller Leistung zum Kochen bringen, dann *25 Minuten* bei schwacher Leistung kochen.

Geröstete Schwarzwurzeln (H.)

Die Hälfte der Schwarzwurzeln mit *20 g Butter* wie Bratkartoffeln rösten, *Salz, Pfeffer*, wenn man will, *Petersilie* zugeben.

Schwarzwurzeln mit Sahne (H.)
Die andere Hälfte mit *30 ml Sahne, Salz, Pfeffer, 10 g Butter 10 Minuten,* mit Folie zugedeckt, bei voller Leistung erhitzen.

Staudensellerie mit Zitrone
Die weißen Stengel der Staudensellerie werden in 2–4 cm lange Stücke geschnitten. Bei den äußeren Blättern der Pflanze zieht man gleichzeitig die faserigen Blattgefäße heraus. Die Zubereitung ist ähnlich wie für Knollensellerie mit *Butter* und *Zitronensaft*, nur brauchen sie keine Zusatzflüssigkeit.

Staudensellerie mit Tomaten
200 g feste Tomaten, gehäutet und ausgedrückt, mit *40 g Butter 4 Minuten* bei voller Leistung mit Folie bedeckt vorkochen. *170 g geputzte geschnittene Selleriestauden* dazugeben, wieder mit Folie verschließen, *3 Minuten* bei voller Leistung. Die Sellerie ist dann noch »knackig«.

Staudensellerie und Porree
Die zarten Teile von Porree und Sellerie ergeben zusammen eine sehr gute Geschmacksverbindung. Man kann sie entweder, nudelig geschnitten, in Milch zusammen gedünstet, als Gemüsebeilage verwenden oder im Mixer püriert, eventuell durch ein Sieb gestrichen, mit Butterstückchen montiert als Sauce, besonders in Verbindung mit Hühnerfleisch servieren. Der Selleriegeschmack soll dabei überwiegen; der Porree darf nicht zu stark vorschmecken. Die Zubereitung ist besonders einfach.
200 g helle Teile von Porreestangen, 300 g Sellerierippen, beides zerkleinert, *20 g Butter, 100 ml Milch, Salz,* zusammen in einem mit Folie bedeckten Topf *6 Minuten* bei voller Leistung, später bei halber Leistung *ca. 8 Minuten* weichdünsten.
Das im obigen Rezept geschilderte, in Milch und Butter weichgedünstete Porree-Sellerie-Gemisch ist auch Ausgangsbasis für eine sehr feine *Suppe:* Aufgefüllt wird mit ¼ l *Hühnerbrühe* und ½ l *Schinkenessenz.* Beides sollte tiefgekühlt möglichst immer vorrätig sein. Gewürzt wird mit etwas *Muskatnuß.*

172

Knollensellerie

Sellerie wird meistens als Salat gegessen. Für die wenigen in Kochbüchern beschriebenen warmen Selleriegerichte wird immer vorgeschrieben, die zerteilte Knolle in Salzwasser vorzukochen. Im MW-Herd geht das einfacher:

Ca. 400 g geschälte, rohe, in Scheiben oder Stäbchen geschnittene Sellerie kommen in die Kochschüssel, in der bereits *40 g zerlassene Butter*, vermischt mit *etwas Zitronensaft*, vorbereitet wurde. Die Zitrone verhindert das Dunkelwerden der Sellerie, sie ist aber auch für den Geschmack wichtig. Man darf nur wenig davon nehmen, damit sie nicht säuerlich vorschmeckt. Für lange gelagerte Knollen tut man gut, *1–2 EL Rindsuppe* oder *Kalbsfond* zuzusetzen. Die Flüssigkeit soll am Ende der Garzeit eingesaugt bzw. abgedampft sein. Nach Einstreuen der nötigen *Salzmenge* verschließt man die Schüssel mit Folie. Bei voller Leistung wird *3 Minuten* angeheizt, das Fertigdünsten bei halber Leistung dauert *etwa 10 Minuten*.

Man kann die Sellerie auch in *100 ml Weißwein* zubereiten, dann entfällt die Zugabe von Zitronensaft und anderen Flüssigkeiten. Der charakteristische Eigengeschmack der Sellerie kommt aber mit der Zitrone besser zur Wirkung.

Selleriescheiben mit Rahm (H.)

Eine flache Form von etwa 20 cm Durchmesser mit *wenig Sahne* befeuchten, mit *1½ cm dicken Selleriescheiben*, die mit etwas Zitronensaft eingerieben sind, dicht belegen. Weitere *Sahne (zusammen 70 ml), Salz, Pfeffer* darübergeben, mit Folie bedeckt bei voller Leistung kochen, bis die Sahne verdampft ist und die Ränder sich zu bräunen beginnen.

Gut zu Kalbskoteletts.

Ungeschälte Spargel: Das zweite und dritte Drittel (H.)

Wir verwenden öfter statt des ganzen Spargels Spargelspitzen, also das obere Drittel der Spargelstangen, weil sie das beste am Spargel sind und weil man sie nicht schälen muß.

Das mittlere Drittel der Spargel läßt sich ungeschält verwenden, wenn man es in dünne Scheiben von 1–2 mm Dicke schneidet. Mit der Hand kann man hübsche ovale Scheiben schneiden, und das gleichzeitig an 8 bis 10 Spargelstangen. Mit der Schnitzelmaschine kann man in Sekundenschnelle runde Scheiben von einer ähnlichen Zahl machen.

Das übrigbleibende letzte Drittel wird, nur gewaschen, für Spargelbrühe in Wasser oder Wein ausgekocht, etwa *30 Minuten* lang. Man kann die ausgekochten Stangen in der Messermühle pürieren und mit ihnen und der Brühe eine gebundene Spargelsuppe machen, die man, wenn man will, mit Rahm und Ei abziehen kann. Diese Suppe gewinnt, wenn man etwas Sellerie mitkocht und mitpassiert.

Die *Spargelscheiben* sind sehr gut als *Salat*, einfach mit *Öl, wenig Essig, Salz und Pfeffer* angemacht.

Tomatensalat paßt gut dazu.

Eine andere Verwendung ist, daß man sie ganz kurz in Wasser oder Spargelbrühe kocht und warm mit Butter oder holländischer Sauce serviert.

Oder schließlich: Man kann sie einer klaren Brühe oder einer mit Ei und Rahm gebundenen Suppe zugeben. Sehr gut ist eine Hühnersuppe mit Spargelbrühe und mit Spargelscheiben.

Blattspinat

300 g gewaschene, noch nasse Spinatblätter wickelt man in der auf S. 148 geschilderten Weise in ein reines Tuch oder in Küchenkrepp, setzt sie für *3–4 Minuten* bei voller Leistung in den Herd, um die Blätter zusammenfallen zu lassen. Sie werden in einer Gratinierschüssel ausgebreitet, mit *50 ml gesalzenem Obers* begossen und kommen noch für *weitere 4 Minuten* bei voller Leistung in den Herd.

In vielen Kochbüchern wird verlangt, die dicken Spinatstengel zu entfernen. Bei frisch gepflücktem Spinat lasse ich die Stengel immer dabei, denn ich finde, daß sie den Spinatgeschmack verbessern. Nach dem Blanchieren zerteile ich die Spinatmasse mit ein paar Messerschnitten quer durch, dann sind im fertigen Gericht die Stengel von den Blättern nicht mehr zu unterscheiden.

174

Spinatpudding (H.)

100 g mageren, nicht geräucherten Speck in kleine Würfel schneiden, mit *15 ml Olivenöl*, mit Papier zugedeckt, bei voller Leistung erhitzen, bis der größere Teil des Fetts ausgetreten ist. *60 g feingeschnittene Zwiebeln* zumischen, bei schwacher Leistung *10 Minuten*, mit Folie zugedeckt, dämpfen. *300 g blanchierten, gehackten Spinat*, eventuell aus der Kühltruhe, zugeben, dazu *100 g Quark, 60 g frische Weißbrotbrösel, Salz, Pfeffer, Muskat, 40 g erweichte Butter* und nacheinander *3 Eier.* Alles gut mischen, in 4 gebutterte Förmchen nicht ganz bis zum Rand füllen und die 4 Förmchen zusammen bei voller Leistung erhitzen und einzeln herausnehmen, wenn die Masse aufgegangen ist.

Spinat oder Mangold »überbacken« – Gratin aus rohem Gemüse

200–300 g rohe Blätter, grob zerkleinert in eine mittelgroße, mit Öl gefettete Gratinierschüssel legen, mit *Salz und Muskat* würzen. Über die Blätter legt man lose einen Porzellanteller und blanchiert *2 Minuten* bei voller Leistung. Man drückt die Blätter zusammen, bedeckt die ganze Oberfläche mit etwa *50 g Semmelbröseln* und gießt *80 ml Olivenöl* gleichmäßig über die Brösel. Man gart zunächst wieder mit aufgelegtem Teller (*3 Minuten, 600 W*), verteilt einige *Butterflöckchen* und gart dann ohne Abdeckung *ca. 8 Minuten* bei voller Leistung, bis die Blätter ziemlich trocken sind.

Will man den Spinat weniger trocken und trotzdem von gebräuntem Aussehen, dann kann man die rohen Blätter mit etwas vorgebräunten Bröseln bestreichen.

Zu gebratenem Lammfleisch eine sehr gute Zuspeise.

Tomates concassées (H.)

Tomaten schälen, Kerne ausdrücken, grob würfeln. *Salz, Pfeffer, 10 g Butter pro 100 g* dazugeben. Mit Folie zugedeckt bei voller Leistung gerade zum Kochen bringen.

Tomaten mit Schwarzwurzeln (H.)
Tomaten schälen, am Fruchtansatz einen tiefen Einschnitt machen, *Butterstückchen* hineinschieben, *Salz, Pfeffer, Sariette* dazugeben.

Gekochte Schwarzwurzeln, in kleine Stücke geschnitten, mit *Sahne* heiß machen (siehe S. 171), zwischen die Tomaten gießen.

Das Gefäß soll groß genug sein, daß zwischen den Tomaten ein Abstand bleibt. Bei voller Leistung erhitzen, bis die Butter geschmolzen ist. Über die Tomaten *Petersilie* geben.

Geröstete Zwiebelringe

Man kann Zwiebelringe auch im MW-Herd knusprig braun »rösten«, gerade so, wie man sie auf Erbsen- oder Kartoffelpüree oder auf Zwiebelrostbraten haben will. Ähnlich wie beim Bröselrösten ist es besser, die Zwiebeln nicht flach ausgebreitet, sondern zusammengeballt in den MW-Herd zu bringen.

Auf der Suche, herauszufinden, welches Gefäß in meinem Haushalt für diesen Zweck am besten geeignet ist, benütze ich jetzt, nach verschiedenen Experimenten, ein hohes ½ l-Rex-(Einmach-)Glas, in das die Zwiebeln gestopft werden. Um gleichmäßige Wärmeverteilung zu erreichen, wird das Glas anfangs mit Folie verschlossen. Der entstehende Wasserdampf kann trotzdem in genügendem Ausmaß entweichen. Nach *10 Minuten* (600 W) wird die Folie entfernt, die zusammengesunkene Zwiebelmasse mit einer Gabel aufgelockert, damit sie später nicht zu fest zusammengebacken ist. Nun beginnt der spannende Teil, bei dem man sich aber auch durch einen Kunstgriff helfen kann. Die Zwiebeln müssen noch wenige Minuten weitergetrocknet werden, bis sie braun werden. Dieses Trocknen muß aber genau im richtigen Moment unterbrochen werden, denn das Schwarz- und Bitterwerden vollzieht sich sehr rasch. Man muß also beim Weitergaren mit offenem Glas sehr gut aufpassen, und wenn die Zwiebeln deutlich gelbe Farbe zeigen, den Inhalt des Glases rasch auf einen Teller leeren. Die heißen Zwiebeln trocknen an der Luft weiter und werden dabei dunkel und resch. Durch diesen Trick verliert die Prozedur viel von ihrer Dramatik. War man zu ängstlich, und hat man das Trocknen zu früh unterbrochen, dann können die Zwiebeln auf dem Teller noch vorsichtig nachbehandelt werden, bis sie sicher nicht mehr ledern sind. Man kann auf diesem Wege Zwiebelringe schon früher vorbereiten, sie erst kurz vor dem Servieren auf das Püree etc. geben und sie zusammen mit diesem kurz nachwärmen. Übrigens schmecken diese Zwiebeln auch kalt sehr gut, zum Beispiel, wenn man sie auf kleine Schmalzbrote streut und zum Cocktail reicht.

Und so lautet das erprobte Rezept:

200 g (netto) Zwiebelringe, 20 g Schweineschmalz, Gans- oder Entenfett (Öl schmeckt nicht so gut, Butter geht auch), *12 Minuten* bei voller Leistung mit Folie, *2–3 Minuten* offen.

Fünfte Lektion

Nachtisch; Wiener Mehlspeisen, Kuchen

Wir haben schon mehrfach von Desserts gesprochen und Rezepte angegeben. Ein gesonderter Abschnitt darüber ist sicher gerechtfertigt, sowohl wegen der Vielfalt der verschiedenen Nachtischarten und der Techniken wie auch wegen des Gewichts, das der Nachtisch für unsere Eßgewohnheiten hat. Man mag Süßes in fast jeder Form ablehnen. Trotzdem bleibt nach einer größeren Mahlzeit ein physiologisches Bedürfnis, den gesunkenen Blutzuckergehalt wieder anzuheben. Und gerade bei der relativ einfachen und wenig arbeitsaufwendigen Küche, die wir befürworten und bei der das Menü mit zwei Gängen häufig ist, wird dieses Menü sehr oft aus Hauptgang und Nachtisch oder vielleicht noch öfter aus Suppe und Nachtisch bestehen.

Natürlich wissen wir, daß die Kalorien von Mehl und Zucker zu fürchten sind. Es tut uns auch leid, daß wir von den einfachsten Nachspeisen, die nicht gekocht sind, rohem Obst und Obstsalat etwa, hier im Mikrowellenkochbuch nicht viel reden können. Wir haben an anderer Stelle unsere Theorie zur gesunden Ernährung entwickelt, die darin besteht, daß man vielseitig ißt, nichts ausschließt, aber einen hinhaltenden Kampf gegen unnötige Hungergefühle führt. Wenn der Heißhunger kommt, geben wir ihm mit Maßen nach. Aber wir versäumen keine Gelegenheit, nichts oder nur etwas Symbolisches wie einen Apfel zu essen, wenn wir nicht hungrig sind, und unsere Erfahrung ist, daß man das Nicht-Hunger-Haben züchten kann.

Kirschenfleisch (T.) (3 Personen)

In einer Schale bedeckt man *500 g entsteinte süße Kirschen* mit *30 g Zucker*, verschließt mit Folie, läßt bei voller Leistung aufkochen und erhitzt *noch 3 Minuten* mit schwacher Leistung weiter. Die Kirschen sollen schon Flüssigkeit abgeben, aber nicht zuviel. Man gibt die Kirschen heiß zu Eiscreme, oder man läßt sie im Kühlschrank sehr kalt werden und gibt sie zu einem leichten Gebäck oder einem Pudding.

Apfelkompott mit Varianten (H.) (4 Personen)

In dem Rezept auf S. 90 wurde schon Apfelkompott behandelt. Man kann das Rezept variieren. Für Kompott wird man mehr Flüssigkeit nehmen: *Wasser, Weißwein oder Rotwein.* Die Äpfel sollen nicht fest bleiben.

Man kann sogar noch weitergehen und sie zerfallen lassen. In diesem Fall wird man ganz trockenen Wein (oder Wasser mit mehr Zitrone) verwenden, relativ stark mit *Zitronenschale* und vielleicht etwas *Zimt* würzen und das Kompott sehr kalt servieren. Ich finde, man erhält so eine bessere Konsistenz, als wenn man die Äpfel püriert.

Zwetschkenkompott (T.) (2 Personen)

250 g entkernte Zwetschken, 1 Nelke, etwas Zimt, 50 ml Wasser, 1 EL Zucker, 2 EL Cognac, mit Folie zugedeckt, *4–6 Minuten* bei voller Leistung kochen. Es kommt sehr auf den Reifegrad der Zwetschken an. Wenn sie, was gut ist, sehr reif sind, kann man erst alle Zutaten *2 Minuten* kochen und dann die Zwetschken zugeben und kurz fertiggaren.

Apfelscheiben mit Sabayon (H.) (2 Personen)

In zwei flachen Schälchen (wie für Spiegeleier) *je 10 g Zucker mit 5 ml Wasser* und *5 g Butter* karamelisieren lassen (siehe S. 180). *Je 1 Apfel* schälen, in 2 Hälften schneiden, auskernen, in dem Karamelzucker wenden, noch *5 g Butter* zugeben. *3 Minuten*, mit Folie zugedeckt, kochen, warmstellen.

Sabayon (H.)

2 Eigelb, 2 EL Zucker in einem hohen Gefäß mit dem elektrischen Rührer kräftig schlagen, *20 Sekunden* bei voller Leistung erhitzen, noch einmal schlagen. *100 ml Weißwein, 100 ml Portwein* einrühren, bei halber Leistung erhitzen und *jede Minute* schlagen, bis sich das Volumen verdoppelt hat. Spätestens aufhören, wenn die ersten Blasen aufsteigen. Über die Äpfel geben und sofort servieren.

Karamel im MW-Herd (T.)

Gebrannten Zucker (Karamel) bereitet man im MW-Herd, indem man ihn mit einer kleinen Wassermenge befeuchtet, bevor man ihn in den MW-Herd bringt. Die relativ geringe Erwärmung des Zuckers durch das von ihm aufgenommene Wasser reicht bereits für die Karamelisierung aus. Während des Abdampfens des Wassers bräunt sich das Karamel und »verbrennt« sogar, das heißt es wird schwarz und bitter, wenn der Vorgang nicht rechtzeitig durch Abschalten des Herdes unterbrochen wird.

1 zu einem Häufchen aufgeschichteter *EL Zucker* mit *1 TL Wasser* benetzt, beginnt – bei voller Leistung – *nach etwa 40 Sekunden* zu brodeln, nach *70 Sekunden* hat er bereits Farbe angenommen, und *20–30 Sekunden* später ist bereits alles schwarz. Bei halber Leistung verläuft der Vorgang etwas weniger rasant, und man kann die diversen Zuckergrade etwas leichter beobachten, aber auch da hat man *nach ungefähr 2 Minuten* bereits bräunliches Karamel.

Wie schon früher bei anderen Bräunungs- und Röstprozessen erläutert, spielt die Gestalt des Röstguts eine Rolle: Flach auf dem Boden einer Schüssel ausgebreiteter Zucker kann sich sehr ungleichmäßig verfärben. Karamel kann man auch mit Butter machen, die genügend Wasser enthält, um den Karamelisierungsprozeß in Gang zu setzen (siehe braun gedünstetes Kraut, glacierte Karotten: S. 160 und 162).

Birnen in Karamel mit Schlagobers (T.)

Man bereitet das *Karamel* in Dessert-Schalen, die man auch zu Tisch bringen kann. In jede Schale kommt *1 geschälte halbierte Birne, etwas Zitronensaft*, um das Braunwerden der Birne zu verhindern, und *etwa 10 g Butter*. Mit Folie abgedeckt werden die Birnen kurz pochiert, bis sie weich sind und das Karamel sich im Birnensaft gelöst hat. Die Birnen werden lauwarm, mit *Schlagobers* bedeckt, serviert.

Birnenkompott mit Karamelsauce (T.)

Geschälte Birnen werden ohne Wasser und Zucker, ausschließlich mit etwas Zitronensaft, kurz weichgedünstet (Folienabdeckung). Man bereitet Karamel, löst es mit dem entstandenen Birnensaft und etwas Rotwein, dampft ein wenig ein, bis die Sauce leicht dickflüssig ist, und gibt sie über die Birnen.

Gemischtes Kompott in Stachelbeersauce (T.)

Man bereitet *Karamel* in einer etwas größeren Schale und löst es hierauf, indem man frische oder halbgetaute, tiefgefrorene *Stachelbeeren* in der Schale zerdrückt, rührt und etwas erwärmt, bis alle braunen Krusten verschwunden sind. Die Stachelbeeren werden passiert, in der entstehenden dicklichen Sauce pochiert man kurz diverse frische oder tiefgekühlte Früchte. Besonders geeignet, weil in Farbe und Geschmack gut zusammenpassend, sind hier halbierte *Zwetschken* und *Marillen* (Aprikosen). Von diesen Früchten habe ich immer einen Vorrat in der Tiefkühltruhe, weil das die saisonunabhängige Zubereitung der bei uns sehr beliebten Zwetschken- und Marillenknödel ermöglicht.

Zitronensorbet; Zuckersirup (H.) (6 Personen)

400 ml frischen Zitronensaft mit der Schale von *2 ungespritzten Zitronen* mischen, *2 Stunden* stehen lassen. Für den Zuckersirup *250 g Zucker* mit *200 ml Wasser* in einem hohen Gefäß bei voller Leistung aufkochen, umrühren, bis aller Zucker gelöst ist, bei schwacher Leistung *8 Minuten* weiterkochen. Abkühlen lassen, den *Zitronensaft* durch ein Sieb zugeben und in der Eismaschine gefrieren lassen. Nach der Fertigstellung in der Kühltruhe reifen lassen. Etwa *40 Minuten* vor dem Verzehr aus der Kühltruhe nehmen und weich werden lassen, mit dem elektrischen Rührer schlagen. Man kann auch ohne Eismaschine arbeiten. Dann muß man die Mischung etwa alle *10 Minuten* aus der Kühltruhe nehmen und gründlich durchrühren.

Der Zuckergehalt ist sehr Geschmacksache. Man muß die Zuckermenge selbst probieren.

Alle anderen Sorbets mit Fruchtsaft werden genauso hergestellt, mit wechselndem Gehalt an Sirup. Man kann, wenn man will, *1 Eiweiß* vor dem Gefrieren miteinrühren, um das Sorbet etwas geschmeidiger zu machen.

Bayerische Creme mit Erdbeeren (H.) (6 Personen)
Das einzige, was bei diesem Rezept heiß wird, ist die *Gelatine.* Man bedeckt *6 g* davon mit *50 ml Wasser* in einer Schüssel, wartet *10 Minuten* und erhitzt dann etwa *30 Sekunden* bei voller Leistung, wonach sich die Gelatine vollständig verrühren lassen muß. Sonst muß man ein wenig länger erhitzen, darf aber nicht kochen. Nun gibt man *300 ml durchpassierte frische Erdbeeren* (eventuell auch aus der Kühltruhe) und *120 g Zucker* zu, verrührt sorgfältig und läßt im Kühlschrank erkalten, bis die Masse etwas weniger flüssig ist *(etwa 40 Minuten).* Dann schlägt man mit dem elektrischen Rührer sorgfältig bis zu einer leichten Schaumbildung und zieht anschließend *300 ml Schlagsahne*, die sehr kalt geschlagen wurde, unter. Man läßt mindestens *1 Stunde lang* im Kühlschrank erstarren und serviert mit einer *Himbeersauce* (siehe S. 90) mit viel Zitronensaft.

Englische Creme (T.)
Die Englische Creme ist die Grundlage zahlloser Rezepte. Wir geben deshalb das Rezept ohne weitere Anwendung.

125 g Zucker, 4 bis 6 Eigelb sehr sorgfältig schlagen, bis die Mischung fast weiß ist; inzwischen ⅜ l *Milch* mit ½ *Vanillestange* bei voller Leistung in *etwa 3 Minuten* aufkochen, dann allmählich in die Eimischung einrühren. Nun bei voller Leistung *1 Minute* erhitzen, rühren, und dies *alle halbe Minute* wiederholen, bis die Oberfläche nicht mehr gleich nach dem Rühren glatt wird. Herausnehmen und auf einer kalten Unterlage weiterrühren, damit die Oberfläche keine Haut bildet und nicht rauh wird. Das Rühren muß, mit Unterbrechungen, weitergehen, bis die Creme abgekühlt ist. Wenn man 6 statt 4 Eigelb genommen hat, kann man zum Schluß *Obers* bis zur gewünschten Konsistenz zugeben.

Beispiele für Anwendung der Englischen Creme

Ananascreme (T.)
5 Dotter, 150 g Zucker, ⅛ l Ananassaft, Vanilleschote, ¼ l ziemlich steif geschlagenes Obers, 150 g Ananaswürfel.

In die erkaltete Creme aus den ersten vier Zutaten gibt man die Ananaswürfel und fast das ganze Schlagobers; den zurückbehaltenen Rest kann man zur Verzierung der Oberfläche der Creme verwenden, nachdem diese in eine tischfähige Schüssel gefüllt ist.

Die Ananasscheiben können auch vorher in Maraschino mariniert werden.

Kaffee-Schokoladencreme (T.)
5 Dotter, 150 g Zucker, 60 g weiche Schokolade, ⅛ l rohe Milch, Vanilleschote, 1 EL hochwertiger Löskaffee, ¼ l geschlagenes Obers.
Zubereitung wie oben. Wer Bedenken gegen Löskaffee hat, kann die Milch durch ⅛ l starken schwarzen Kaffee (erkaltet) ersetzen.

Himbeer-Eiscreme (H.)
600 g Himbeeren, frisch oder tiefgefroren, mit einem Teil von *300 g Zucker* und dem *Saft von 1 Zitrone* passieren. Mit *5 Dottern, etwas Vanille, 400 ml Milch* und *200 ml Obers* sowie dem Rest des Zuckers eine Englische Creme herstellen und abkühlen lassen. Mit den Himbeeren mischen und im Eisbereiter oder einfach in der Kühltruhe gefrieren lassen.

Karamelpudding (T.) (3 Portionen)
300 ml Milch, 2 Dotter, 1 Ei, 40 g Zucker für die Milch und *je
20 g pro Portion (etwas Vanille).*

In 3 Tassen oder Schälchen häuft man je 1 EL Zucker, tropft
etwas Wasser darauf, so daß der Zucker überall benetzt ist, und
gibt die Tassen in den MW-Herd. Wenn der Zucker Honigfarbe
angenommen hat, schwenkt man jede Tasse, damit Boden und
ein Teil der Wände der Tassen wie mit brauner Glasur ausgeklei-
det sind, bevor das Karamel erstarrt. In einem gläsernen (Meß-)
becher erwärmt man 300 ml Milch mit 40 g Zucker, bis der
Zucker ganz gelöst ist, läßt die Milch aber nicht aufkochen.
2 Dotter und 1 Ei werden vorsichtig verrührt, um unerwünschte Schaumbildung zu vermeiden, mit der Milch vereint
und mit ein paar Tropfen Vanilleextrakt parfümiert, bevor die
Eiermilch in die 3 Tassen verteilt wird. Die Milch soll dabei
durch ein Teesieb geleert werden, damit an den Dottern haf-
tende Eiweißklümpchen nicht in die Creme kommen. Bei mittlerer Leistung (300 W) erhalten die 3 kleinen Puddings nach
8–10 Minuten cremige Festigkeit. Man läßt sie einige Zeit stehen,
damit das Karamel Zeit hat, gelöst zu werden. Wenn die Puddings nach dem Erkalten gestürzt werden, zeigen sie eine braune
Haube und sind von Karamelsauce umhüllt.

Grießbrei (H.) (2–3 Personen)
*80 g Grieß, 150 ml Sahne, 150 ml Milch, 2 El Zucker, abgeriebene
und fein geschnittene Schale von 1 Zitrone* bei voller Leistung aufkochen, umrühren und bei kleiner Leistung *noch 3 Minuten* weiterkochen. Mit Kompott und Zucker und Zimt warm servieren.

Grießpudding (T.) (3–4 Personen)
Grießbrei nach dem vorstehenden Rezept zubereiten, *40 g Butter*
und *2 Dotter* sowie *1 ganzes Ei* zumischen, dazu *250 g geviertelte
Zwetschken oder entsteinte süße Kirschen oder Ananasstücke;
2 geschlagene Eiweiß* unterziehen. In gebutterten Förmchen bei
etwa halber Leistung erhitzen, bis die Masse aufgegangen ist.
Warm oder kalt servieren.

Reisbrei (H.)

100 g Reis in kochendes Wasser schütten, *2 Minuten* kochen, mit kaltem Wasser abspülen, abtropfen. *400 ml Milch mit 50 g Zukker, etwas Zitronenschale, wenig Zimtstange* aufkochen, die Gewürze herausnehmen, den Reis zugeben, aufkochen, rühren und, mit Folie zugedeckt, *35 Minuten* bei kleiner Leistung fertigkochen. Zugedeckt abkühlen lassen.

Reis Impératrice (H.)

Man stellt Reisbrei in der eineinhalbfachen Menge des obigen Rezepts und Englische Creme in der dort angegebenen Menge her. Man mischt sie zusammen unter Beifügung von *300 g frischen Früchten*, etwa Walderdbeeren oder Ananas in kleinen Stücken oder entsteinten süßen Kirschen. Schließlich zieht man *250 ml sehr kalt geschlagene Sahne* unter, füllt in mit *etwas Mandelöl* ausgestrichene Schälchen und kühlt über Nacht im Kühlschrank.

Radetzky-Reis (T.)

Wieder verdanken wir der Lektüre der berühmten Mme. Rokitansky die Wiederentdeckung einer vergessenen Lieblingsspeise aus der Kindheit. Der nach dem beim Volk beliebten Feldmarschall benannte Radetzky-Reis ist ein mit einer Eierschaumhaube überbackener Reis besonderer Art.

Der *Milchreis* kann schon lang vor dem eigentlichen Kochbeginn vorbereitet werden: *150 g Reis, ½ l Milch* und *1 Prise Salz* kommen in einer tischfähigen, feuerfesten weiten Schüssel, mit Folie bedeckt, in den MW-Herd. Man erhitzt etwa *6 Minuten* bis zum Aufkochen mit voller Leistung und dann bei schwacher Leistung, *insgesamt 30 Minuten*. Diese Art der Zubereitung von Milchreis ist für den MW-Herd besonders gut geeignet.

Karamelsauce

70 g Zucker »brennt« man, indem man ihn zusammen mit *30 g Butter* in einem schlanken hohen Glas für *2–3 Minuten* bei voller Leistung erhitzt. Sobald die Butter flüssig geworden ist und schäumt, etwa nach *1 Minute*, unterbricht man den Vorgang, um Butter und Zucker gleichmäßig zu verrühren. Das Brennen ist zu Ende, wenn man an der Außenseite des Zuckers eine leichte Gelbverfärbung bemerkt. Man muß die Masse schnell verrühren, denn sie ist im Innern schon viel dunkler als außen und kann, infolge der hohen Temperatur des Karamels, auch noch nachdunkeln. Man löscht bzw. löst das Karamel durch Zugabe von *30–50 ml warmem Wasser* und dem *Saft von 1 Orange* und *1 Zitrone*. Wenn das hartgewordene Karamel sich nicht gleich lösen läßt, heizt man kurz nach, nicht zuviel, damit kein Aroma verlorengeht.

Die entstandene goldbraune Sauce, mit säuerlichem Orangen-Karamel-Geschmack, läßt sich auch gut für andere Mehlspeisen verwenden. Zum Beispiel kann man sie heiß über kalten Schneenockerln verwenden.

Für den *Radetzky-Reis* mischt man den Milchreis mit dem Orangen-Karamel, erwärmt das Gemisch, falls die Konsistenz das erforderlich macht, glättet mit einem Löffel die Oberfläche des Breis und bestreicht ihn dick mit Orangen- oder Marillen-marmelade. Hat man genügend Zeit und will man einen ganz besonders guten Radetzky-Reis haben, dann bereitet man die »Marillensalse« (Aprikosenmarmelade nach Großmutter-Art) selbst nach dem untenstehenden Rezept. Für die Radetzky-Haube schlägt man aus zwei Eiklaren einen steifen, wenig gesüßten Schnee und verteilt ihn, mit einem schwachen Gupf in der Mitte, gleichmäßig über die Marmelade. Für das Bräunen der Haube kommt der Reis unter den vorgeheizten Grill im Backrohr.

Marillensalse

250 g Marillen, es können auch im ganzen gefrorene Früchte aus der Tiefkühltruhe sein, werden entsteint und geschält. Bei gefrorenen Früchten ist das Schälen besonders einfach: Man hält sie kurz in warmes Wasser, bei leichtem Druck schlüpft die Frucht aus der Haut. Man vermischt sie unverzüglich mit *100 g Zucker* und dem Saft *1 Zitrone*, um sie vor der Einwirkung von

Luftsauerstoff zu schützen, und gibt sie in einer folienbedeckten Schüssel in den MW-Herd. Nach dem Aufkochen bei voller Leistung dünstet man bei schwacher Leistung weiter, bis der Marillensaft fast verschwunden ist und sich mit den Früchten zu einem Brei verrühren läßt.

Himbeerauflauf (H.) (2 Personen)
200 g Himbeeren mit *1 EL Zucker* und *Saft von ¼ Zitrone* in eine Schale geben, darüber *100 ml Sahne*, verrührt mit *4 Eigelb* und *40 g Zucker*. Bei voller Leistung erhitzen, bis sich Anzeichen von Kochen zeigen *(4–5 Minuten)*.

Saftiger Kirschen- oder Weichselkuchen (T.)
140 g Zucker, 4 Eier, 80 g Semmelbrösel, 30 g Butter, Schale und *etwas Saft 1 Zitrone, 1 Glas (½ l) Kirschen- oder Weichselkompott oder eine entsprechende Menge Frisch- oder Tiefkühlobst.*
In einem hohen Viertelliter-Glas (Bierglas) zerläßt man 40 g Butter (*1 Minute* volle Leistung), rührt die Hälfte der Semmelbrösel ein und röstet sie *2 Minuten* bei voller Leistung. Unmittelbar nach dem Abschalten des Herdes rührt man rasch durch, damit der in der Mitte des Glases befindliche Anteil nicht schwarz wird. Die Brösel dunkeln nach, weil sie, solange die Butter sehr heiß ist, immer noch Wasserdampf abgeben. Zu den gerösteten kommen die rohen Brösel dazu, das Ganze soll abkühlen.
Inzwischen werden in einer weiten Schüssel der Zucker und die 4 Dotter glattgerührt, dazu kommen die abgeriebene Schale und etwas Saft von 1 Zitrone, die jetzt schon kalten Brösel und der steifgeschlagene Schnee der 4 Eiklare. Die Früchte von einem Glas Kirschen- oder Weichselkompott seiht man ab, etwa ¾ der entsteinten Kirschen kommen in die Kuchenmasse. Nun füllt man alles in einen gebutterten ausgebröselten Model entsprechender Größe, in dem die Masse aufgehen kann, und erhitzt *3 Minuten* bei voller Leistung und *12 Minuten* bei halber Leistung. Wie bei allen Kuchen ist die Oberfläche nach Herausnehmen des Kuchens aus dem Herd für kurze Zeit noch feucht,

trocknet aber sehr bald darauf nach. Das soll nicht dazu verleiten, den Kuchen länger zu backen, es ist für das MW-Kochen charakteristisch, daß das Innere einer Masse wärmer werden kann als die äußerste Schicht.

Der Kuchen läßt sich halbwarm gut stürzen; man übergießt ihn vor dem Servieren mit den Resten aus dem Kompottglas. Hat man frisches oder Tiefkühlobst verwendet, so bereitet man ein besonders gutes Kompott, indem man die entsteinten Früchte mit wenig Zucker ohne Wasser im MW-Herd kurz kocht.

Ofenschlupfer (H.) (3 Personen)

Dies ist ein Ofenschlupfer ohne Ofen, aber man kann ihn natürlich zum Schluß im Ofen oder unter dem Grill fertigbacken, ohne daß dieses besonderen Einfluß auf den Geschmack hätte. Man buttert 3 zylindrische Förmchen von etwa 300 ml Inhalt, schneidet *6 dünne Weißbrotscheiben* zu, so daß sie hineinpassen, bestreicht sie mit *Butter* und läßt sie auf einem großen Teller bei voller Leistung trocknen, bis sie etwas braun sind. Man muß sie ein- oder zweimal umsetzen. Man kocht *30 g Rosinen* mit *je 2 EL Wermuth und Weißwein* auf und fügt sie zu *3 geschälten kleingeschnittenen Äpfeln* zusammen mit dem *Saft ½ Zitrone* und *2 EL Zucker*. Man verteilt die Hälfte der Apfelmischung auf die Förmchen, gibt je 1 Scheibe Brot darüber, wiederholt dieses und gibt dann eine *gut geschlagene Mischung von 50 ml Sahne, 100 ml Milch, 1 großes Ei, 1 EL Zucker* und *wenig Vanilleextrakt* darüber sowie zum Schluß *20 g Butterflöckchen*. Die oberen Brotstücke sollen gut befeuchtet sein. Nun erhitzt man bei halber Leistung *etwa 10 Minuten*, bis die Ei-Milch-Mischung einigermaßen fest geworden ist.

Dazu gab es bei uns zu Hause immer Kompott von getrocknetem Obst, ähnlich wie auf S. 75.

Brown Betty (H.)

Dies ist wieder ein Rezept, das genausogut im MW-Herd wie im Ofen gelingt. Man gibt *pro Person 1 geschälten und in kleine Stücke geschnittenen Apfel, 1 gestrichenen EL Zucker* und *2 TL Zitronensaft* in ein Förmchen von etwa 300 ml Inhalt. In einem anderen Gefäß erhitzt man *pro Person 4 flache EL Haferflocken, 3 TL braunen Zucker, Zimt* mit *15 g Butter* bei halber Leistung, bis die Butter schäumt und leichte Bräunung auftritt. Dies gibt man über die Äpfel, mischt leicht, fügt *pro Person 1 EL Wasser* dazu und erhitzt bei halber Leistung *etwa 15 Minuten,* wenn das Rezept für 4 Personen ausgeführt wird.

Apfelcharlotte (T.)

1 kg saftige Speiseäpfel, 50 g Butter, 50 g Zucker, eine Handvoll Rosinen, 1 EL Orangenmarmelade, etwas Zimtrinde, Saft und Schale von 1 Zitrone, dünne Weißbrotscheiben, weitere *ca. 30 g Butter* zerlassen, zum Tauchen der Brotscheiben.

Mürbes Gebäck oder französisches Weißbrot schneidet man in 2–3 mm dicke Scheiben, häuft sie auf die Platte des MW-Herdes und backt sie einige Minuten hindurch, bis sie, zumindest teilweise, leicht gebräunt sind – während des Trocknungsvorgangs mehrmals umschichten –, taucht sie in die flüssige Butter (30 g) und klebt sie nebeneinander an die Wände eines Glasmodels oder einer Charlottenform. Die geschälten, in Spalten geteilten Äpfel häuft man in eine zweite größere Schüssel, gibt dazu 50 g Butter, den Zucker, reichlich Rosinen, die Orangenmarmelade, ein Stück Zimtrinde, den ausgepreßten Saft einer Zitrone und einige dünne Schnitze der ungespritzten Zitronenschale, bedeckt die Schüssel mit Folie und dämpft das Ganze *10 Minuten* bei voller Leistung. Das entstandene, sehr aromatische Apfelkompott schöpft man in den ausgekleideten Model und drückt die Masse etwas zusammen. In dem verbliebenen Apfelsaft tränkt man so viele Brotscheiben, als zum Abdecken der Apfelmasse nötig sind, bedeckt damit die Charlotte, gießt, was noch an Saft und Butter verblieben ist, obenauf, verteilt, wenn notwendig, noch weitere Butterflocken darüber, denn die Kruste darf nicht zu trocken werden. Die wieder mit Folie bedeckte Charlotte wird im MW-Herd *15–18 Minuten* bei voller Leistung gebacken. Nach kurzem Auskühlen kann die Charlotte gestürzt werden.

Nicht immer gelingt es, daß die Charlotte, die saftig bleiben soll, auch nach dem Stürzen ihre ideale Form behält, daher unser Rat, sie lieber in einer hübschen Schüssel zuzubereiten und sie ungestürzt zu Tisch zu bringen. Die Charlotte ist warm und kalt sehr gut.

Weitere Charlottenrezepte (T.)

In alten Kochbüchern findet man, daß auch andere Fruchtarten sehr gut für diese Verarbeitung geeignet sind, zum Beispiel Marillen (Aprikosen), Pfirsiche, Birnen und Zwetschken oder eine zusammenpassende Kombination aus verschiedenen Früchten. Auch im Ganzen gefrorenes Tiefkühlobst läßt sich sehr gut so behandeln, wenn man dafür sorgt, daß das noch ungekochte Obst gleich verarbeitet wird und nicht an der Luft auftaut. Die Zuckermenge muß natürlich der jeweiligen Obstsorte angepaßt sein, Marillen zum Beispiel brauchen ungefähr doppelt soviel Zucker wie säuerliche Äpfel.

Auch was die Kruste betrifft, gibt es einige Variationsmöglichkeiten. Anstelle von Weißbrotscheiben läßt sich die Modelwand mit in Wein getränkten Biskotten beschichten, besonders für Marillenfülle. Oder extrem anders: Man mischt die Brösel von *sehr dunklem Schwarzbrot* mit *Zucker* und *Butter* und kleidet damit ca. 6 mm dick die Charlottenform aus. Mit etwas Phantasie lassen sich die apartesten Kombinationen ausdenken.

Wiener »Mehl«-Speisen (T.)

Dieses Kapitel verdankt natürlich besonders viel T., der Österreicherin. Sie schreibt als Einleitung zu ihrem Beitrag:

»Was nun folgt, ist eine Reihe alter Wiener Mehlspeisrezepte, die auszuführen mir früher niemals in den Sinn gekommen wäre, aus Scheu vor zu viel Kocherei. Bei meinem Stöbern durch alte Kochbücher bin ich auf diese halbvergessenen Rezepte gestoßen, und meine Neugier, sie im MW-Herd auszuprobieren, war größer als meine Abneigung. Dabei zeigte es sich, daß vieles bequem zu machen und der Aufwand nicht so

190

schlimm ist. Familie und Freunde sind jedenfalls sehr zufrieden, auf diese Weise Urgroßmutterspeisen wieder vorgesetzt zu bekommen.

Für Nicht-Wiener muß erläutert werden, daß ›Mehl‹-Speise bei uns nicht unbedingt etwas mit Mehl zu tun haben muß. Eigentlich sind es hausgemachte, meistens warme *Süßspeisen* mit Kaiserschmarren und Topfenstrudel an der Spitze; aber auch Topfen-Grießknödel und sogar Schneenockerln und Mohr im Hemd gehören dazu.«

Kaiserschmarren
3 Dotter, 1 EL Zucker, ¼ l Milch, 100 g Mehl, 1 Prise Salz, geriebene Zitronenschale, Schnee von 3 Eiklaren, 50 g Butter, 1 EL Rosinen.

Das Bräunungsgeschirr wird *7 Minuten* bei höchster Leistung aufgewärmt. Währenddessen rührt man die Dotter, Zucker, Mehl, Milch, Zitronenschale und Salz mit dem Handrührer zu einem glatten, ziemlich flüssigen Teig, der mit dem steifen Schnee gemischt wird. Das inzwischen heiß gewordene Bräunungsgeschirr wird mitsamt dem Drehteller aus dem Herd gezogen, ein Butterstück (ca. 30 g) wird rasch in die Schüssel gegeben. Die Butter schmilzt und bräunt sehr schnell, darum muß der breiartige Schmarrenteig fast gleichzeitig in die Schüssel geleert werden. Er bedeckt die ganze Schüssel 2–3 cm hoch.

Nun werden die Rosinen gleichmäßig über die ganze Oberfläche ausgestreut, und der Schmarren kommt für *2–3 Minuten* bei mittlerer Leistung in den Herd. Die schaumige Masse soll ein wenig aufgehen und so weit fest werden, daß der Schmarren gewendet werden kann. Es schadet nicht, wenn er bei dieser Prozedur in einige Teile zerfällt, da der Schmarren ohnehin später in viele Stücke zerrissen wird. Beim Wenden wird man feststellen, daß der Mittelteil des Teiges, über dem heißen Fleck im Bräunungsgeschirr, schön braun gefärbt ist; die äußeren Partien sind zwar heller, aber durch die gebräunte Butter auch von angenehmer Farbe. Der Teig wird vorsichtig mit nicht-metallischem Gerät zerrissen, ohne dabei zusammengedrückt zu werden. Auf den dabei freiwerdenden Schüsselboden verteilt man die restliche Butter; ein guter Schmarren muß fett und sehr locker sein. Darum soll das Fertigbacken nach dem Wenden bei mittlerer Leistung nur *2–3 Minuten* betragen, gerade soviel, daß die Schmarrenstücke innen nicht mehr flüssig sind. Wer einen guten Kaiserschmarren bereiten will, muß das Fertiggaren genau beobachten, den Herd mehrmals abschalten, die Stücke umverteilen, gegebenenfalls etwas mehr zerkleinern oder noch etwas Butter zugeben. Auf diese Weise kann das Entstehen harter und trockener Ränder vermieden werden, und der Schmarren bleibt flaumig.

Der fertige Kaiserschmarren wird mit Zucker bestreut und mit Preiselbeer-Kompott gegessen.

Topfenschmarren

250 g Topfen (= Quark), 80 g Mehl, 2 Dotter, etwas Salz, die *geriebene Schale 1 Zitrone, 3 Tropfen Vanilleessenz* werden mit dem Mixer glattgerührt, der *Schnee der beiden Klare* untergehoben. Die weitere Zubereitung erfolgt wie beim Kaiserschmarren oder dem Bratenschmarren. Der heiße Schmarren wird vor dem Anrichten gezuckert. Dazu wird ein Fruchtmus gereicht.

Grießschmarren

Das Originalrezept klingt einfach: Man kocht ein weiches, leicht gezuckertes *Grießkoch* (Grießbrei), verbessert den Geschmack mit *1 Prise Salz, geriebener Zitronenschale* und *1 Handvoll Rosinen*, gießt den Brei, zusammen mit *viel Butter*, in eine Kasserolle und dünstet die Masse langsam aus. Der Schmarren soll fett, aber trotzdem locker sein und einige braune Krusten haben. Die Mengenangaben für Milch und Grieß variieren in den alten Kochbüchern, das heißt, die Zusammensetzung der Masse ist nicht allzu kritisch. Ich habe mit einem Grieß-Milch-Verhältnis von 1 : 4 bis 1 : 6 gute Erfahrungen gemacht. Die hier angegebenen Mengen reichen als Nachtisch für 3 Personen, das Bräunungsgeschirr faßt nahezu die doppelte Menge.

300 ml Milch, 50 g Grieß, 50 g Butter, etwas Salz, geriebene Schale von 1 Zitrone, 1 EL Rosinen.

Milch, Grieß, Salz, etwa die Hälfte der Butter und 50 g Zucker kommen in eine weite Schüssel, damit die Milch nicht überkocht. Hat man ein MW-Herd-Modell mit Drehteller, dann ist es hier vorteilhafter, anstatt die Schüssel wie üblich mit Folie zu bedekken, einen »Rührer« in den Brei zu hängen, der bereits an früherer Stelle beschrieben wurde. Ich verwende als Rührer einen ziemlich schweren ehemaligen Senflöffel aus Porzellan, der sich als einziger Überlebender aus einem alten Service bis in meine Tage gerettet hat. Der Löffel ist an weißes Garn geknüpft und ist ausreichend massiv, um in Saucen und dünnem Brei zu versinken. Der Faden wird, wie beschrieben, in der Herdtüre festgeklemmt, und der Löffel baggert sich durch die auf dem Drehteller rotierende Masse. Nach etwa *9 Minuten* bei halber Leistung ist der Grießbrei gekocht und wird mit dem Handmixer glattgerührt. Zitrone und Rosinen werden beigegeben. Das Bräunungsgeschirr wird *5 Minuten* bei voller Leistung aufgewärmt. Man bereitet alles vor, um die restliche Butter und den Brei möglichst rasch in die heiße Schüssel zu bringen. Der Brei wird mit dem Kochlöffel zunächst dünn über die ganze Fläche ausgestrichen, sehr bald aber zerteilt, umverteilt und gewendet, der Mittelteil soll nicht zu dunkel werden, dafür sollen aber auch noch andere Partien Farbe bekommen. Nun wird auf niedriger Leistungsstufe *etwa 10–15 Minuten* lang weitergedünstet, dazwischen gelegentlich umgerührt und umverteilt, bis der Schmarren nicht mehr mehlig schmeckt. Die Speise hat zum Schluß durch die heiße Butter eine hellbraune Farbe mit vielen dunklen Krusteln dazwischen.

Der fertige Schmarren wird überzuckert und mit Kompott, Fruchtsauce oder – original – mit Zwetschkenröster gegessen.

Türkentommerl

Ein Steirisches Gericht, so genannt, weil es aus Maisgrieß zubereitet wird, den man in Österreich zum Teil mit der Türkenzeit assoziiert. Es zeichnet sich durch seine besonders einfache Zubereitung aus.

250 g Zwetschken, 50 g Maisgrieß (mit Weizengrieß geht es auch!), *¼ l Milch, 2 Eier, 30 g Butter, 1 Prise Salz.*

Die entsteinten Zwetschken werden in eine mit Butter ausgestrichene, weite flache Schüssel gegeben. Gratinierformen eignen sich hier sehr gut, weil sie eine große Oberfläche und einen ausreichend hohen Rand haben, falls die Milch überfließen möchte. Alle übrigen Zutaten werden mit dem Handrührer glattgemischt und über die Zwetschken geleert. Die Garzeit beträgt ungefähr *15 Minuten* bei voller Leistung. Es empfiehlt sich, die Schüssel auf zwei leere Glasschüsselchen oder dergleichen zu stellen (vgl. S. 203), damit die Mikrowellen auch von unten Zutritt finden, der Mittelteil der Speise könnte sonst speckig bleiben.

Wenn die Zwetschken genügend reif sind, braucht man keinen zusätzlichen Zucker. Statt der Zwetschken lassen sich natürlich auch alle anderen Obstsorten für das Tommerl verwenden.

Die bewährte Mme. Rokitansky führt nicht weniger als 6 verschiedene Tommerl-Rezepte an, mit und ohne Eier, mit Obers, 5 Dottern und dem dazugehörigen Schnee, aber auch mit Mehl und Haidemehl (Buchweizen).

Schneenockerln

Für Schneenockerln ist der MW-Herd vorteilhafter als konventionelle Kochmethoden, weil die Nocken nicht nur einseitig von unten her, sondern gleichmäßig von innen heraus erhitzt werden. Dadurch erhalten sie, ohne gewendet werden zu müssen, eine gleichmäßige Konsistenz, es kommt nicht vor, daß sie von der einen Seite zu fest und von der anderen Seite noch zu feucht sind.

½ l Milch, versetzt mit *1 kleinen Vanilleschote* und *1 EL Zucker*, wird in einem möglichst großflächigen Geschirr erhitzt, aber nicht zum Kochen gebracht (*2–3 Minuten*, höchste Leistung). Während dieser Zeit schlägt man *4 Eiklare* mit *140 g Zucker* zu einem sehr steifen Schnee, zieht die heiße Milch aus dem Herd, sticht mit einem Suppenlöffel mittelgroße Nocken aus dem Schnee und setzt diese locker auf die Milch, mit Abständen voneinander, weil die Nocken in der Hitze wachsen. Bei halber Leistung kocht man die Nocken *3–4 Minuten*, die Zeit hängt von der Menge der eingebrachten Nocken ab. Die Nockerln sind fertig, wenn sie sich, mit der Fingerspitze berührt, fest anfühlen. Fertige Nockerln legt man auf ein Sieb oder auf Küchenkrepp zum Auskühlen. Der Vorgang wird wiederholt, bis der Schnee verbraucht ist.

Für die Zubereitung der *Vanillesauce* nimmt man die Schote aus der Milch, leert die Milch in eine tiefere Schüssel, in der sie bequem mit dem Handmixer geschlagen werden kann, und rührt *3 Dotter* und *1 EL Zucker* ein. Die Schüssel kommt für *etwa 90 Sekunden* bei höchster Leistung in den Herd zurück, die Milch wird hierauf wieder mit dem Mixer geschlagen, wieder in den Herd zurück, nach *ca. 1 Minute* wieder geschlagen usw., bis die Creme beginnt, dick zu werden. Man muß dabei gut aufpassen, den richtigen Zeitpunkt nicht zu überschreiten, damit die Dotter nicht gerinnen. Das klingt schwieriger, als es tatsächlich ist. Mit dem Handmixer sind kleine Sünden wieder ausglättbar. Die Creme muß auch noch während des Auskühlens geschlagen werden, damit sie glatt bleibt; man kühlt dabei die Rührschüssel von außen her mit kaltem Wasser, ganz so wie man das beim konventionellen Kochen auch tut. Die erkaltete Creme kommt in eine möglichst weitausladende Servierschüssel, die inzwischen ebenfalls kühlen Nockerln werden vorsichtig in die Creme gelegt, das Ganze mit Folie abgedeckt und in den Kühlschrank gestellt, wo es auch über Nacht bleiben kann.

Anmerkung: Der hier geschilderte Rührvorgang tritt an die Stelle von Rühren im Wasserbad in der konventionellen Küche, das, zugegebenermaßen, weniger dramatisch abläuft, dafür aber mehr Zeit in Anspruch nimmt. Wenn man sich diese Methode einmal angewöhnt hat, wird man alle dottergebundenen Cremes und Saucen nur noch im MW-Herd zubereiten. Chaudeau, Englische Creme oder legierte Suppen mache ich nurmehr im MW-Herd. Ein Modell mit aufklappbarer Herdtüre ist hier bequemer als ein Schwenktürmodell.

Schneenockerln-Variante

Wer es eilig hat, seinen Gästen aber trotzdem etwas Besonderes vorsetzen möchte, kann Schneenockerln auch in einer Art Blitz-tour herstellen: Der gezuckerte, mit Vanilleextrakt etwas aroma-tisierte steife Eischnee wird, wie beschrieben, in Nocken ausge-stochen. Diese setzt man aber ohne zusätzliche Flüssigkeit auf eine große flache Schüssel und gart sie bei niedriger Leistung, bis sie, mit dem Finger berührt, sich leicht fest anfühlen. Das Garen geht hier schneller als in Anwesenheit der Milch, die einen gro-ßen Teil der MW-Energie aufnimmt. Serviert werden die Nok-kerln in Einzelportionen, bedeckt mit Butter-Karamelsauce, etwa nach dem Rezept Radetzky-Reis (S. 185).

Apfelstrudel

Ausgezogene Strudel – Glanzstücke der österreichischen Küche – sind im Rohr gebackene, knusprig-braune Teiggebilde mit den verschiedensten saftigen Füllungen. Am berühmtesten sind Apfelstrudel und Topfenstrudel. Es gibt aber noch viele weitere, weniger bekannte süße und salzige Strudel, die, mit Ausnahme der gekochten, alle resch sein müssen, das heißt außen frisch getrocknet, zart spröde und blättrig. Diese Eigenschaften schei-nen es unmöglich zu machen, Strudelbacken im MW-Herd auch nur zu versuchen. Trotzdem ist es mit einem einfachen, durch-aus erlaubten Trick gelungen, knusprige Strudel auf den Tisch zu bringen.

Als Strudelteig verwende ich gekaufte tiefgekühlte oder vaku-umverpackte Strudelblätter. Puristen sei es unbenommen, aus *350 g feinem Mehl, 1 Ei, 1 EL Öl, etwas Salz* und *lauwarmem Wasser* einen seidig glatten Teig zu kneten und diesen, nach eini-gem Rasten, auf einem mit bemehltem Leinentuch bedeckten 1½ qm großen Tisch papierdünn auszuziehen. Beim Ausziehen bitte nicht vergessen, nur mit bemehltem Handrücken unter den Teig zu greifen und in dieser unbequemen Stellung den Teig von allen Seiten über die Tischkante zu ziehen. Die weitere Verarbei-tung ist für hausgemachten wie für gekauften Teig die gleiche. Die für die Fülle angegebenen Mengen beziehen sich auf die

Packung mit zwei 40 mal 50 cm großen Teigblättern. Für den MW-Herd empfehle ich folgende Vorgehensweise:

In einer kleinen tiefen Schüssel läßt man *40 g Butter* schmelzen (*1 Minute*, volle Leistung), mischt *50 g Semmelbrösel* in die weiche Butter, streicht die Masse glatt und flach und »röstet« die Brösel *ca. 3½ Minuten* lang. Die Brösel sind dann an der Oberfläche noch hellgelb, im Innern aber schon braun (vgl. Oberflächeneffekt). Die Brösel werden gemischt, damit die Farbe einheitlich ist, und zunächst beiseite gestellt. *Weitere 40 g Butter* werden weich bis flüssig gemacht, am besten direkt in der Backform, die auf diese Weise gleich eingefettet ist.

In der Zwischenzeit hat man ein Leinentuch in Wasser getaucht, nachher fest ausgedrückt und auf der Tischplatte aufgelegt. Die beiden Strudelblätter werden erst im letzten Moment dem Päckchen entnommen, sie trocknen sehr leicht und werden dann brüchig. Das erste Blatt legt man auf das feuchte Tuch, begießt es mit etwas zerlassener Butter aus der Backform und verteilt die Butter mit einem Pinsel gleichmäßig über das ganze Blatt. Ein kleiner Teil der gerösteten Brösel wird ebenfalls über den Teig verteilt, bevor das nächste Teigblatt darübergelegt wird. Das Bestreichen mit Butter wiederholt man. Die Teigränder zu beiden Seiten werden etwas eingeschlagen, über die eine Hälfte der verbliebenen Teigfläche wird folgende *Fülle* verteilt:

300–400 g geschälte, geschnittene, säuerliche Äpfel, 1–2 EL Zukker, 1 Handvoll Rosinen, etwas Zimtpulver (etwa 30 g geriebene Nüsse), geriebene Zitronenschale, ein paar Tropfen Zitronensaft und ungefähr ¾ der gerösteten Brösel. Nun wird der Strudel mit Hilfe des unterlegten Tuchs zusammengerollt, die Ränder eingefaltet, damit die Fülle nicht austritt, dabei immer wieder mit Butter bestrichen. Gut durchfetteter Teig ist das Geheimnis eines knusprigen Strudels.

Die im Handel erhältliche Backwanne aus Kunststoff ist für den Strudel das geeignete Geschirr. Wir haben darin bereits zu Anfang die Butter geschmolzen. Nun verteilen wir die Reste gleichmäßig über Boden und Seitenwände und bestreuen die

Form mit einem Teil der zurückbehaltenen gerösteten Brösel. Der Strudel wird vorsichtig aus dem Tuch in die Backform gerollt und seine Oberseite mit allen noch übrigen Bröseln bedeckt. Diese Brösel außen und rund um den Strudel herum sind der eingangs erwähnte Trick für den MW-Herd: Die Teighülle ist nach Beendigung des Backvorgangs zwar trocken und knusprig, aber von bleicher Farbe. Die Brösel bewirken, daß der Strudel trotzdem appetitlich braun aussieht, sie tragen überdies zur Geschmacksverbesserung bei.

Folgende Temperatureinstellung während des Backens hat sich bewährt:

2 Minuten bei voller Leistung zum Anheizen, *12 Minuten* etwas langsamer erwärmen (halbe Leistung), damit genügend Zeit gegeben ist, daß die Wärme bis ins Strudelinnere vordringt, und am Ende *nochmals 2 Minuten* bei höchster Leistung, zur Trocknung der Außenseiten. Es gibt MW-Herd-Modelle, bei denen man die Zeitfolgen für verschiedene Leistungsstufen eingeben kann, bei den einfacheren Ausführungen muß nach Ablauf der vorgegebenen Zeit auf die andere Leistungsstufe umgeschaltet werden. Der Apfelstrudel wird mit Zucker bestreut und heiß serviert.

Kirschenstrudel

Die Vorbereitung von Teig und Bröseln geschieht wie beim Apfelstrudel. Die Fülle besteht hier aus *300–400 g entsteinten Kirschen (netto)* und *30 g grobgehackten ungeschälten Mandeln.* Die Zuckerzugabe richtet sich nach der Kirschensorte. Reife süße Knorpelkirschen brauchen fast keinen Zucker. Auch das Zuckern des fertigen Strudels entfällt hier. Der Kirschensaft wird von den Bröseln und den Mandeln aufgesogen. Der Kirschenstrudel hat ein angenehmes Bittermandelaroma.

Grießstrudel

Fülle: 250 ml saurer Raum, 2 Dotter, 1 Prise Salz und 50 g Grieß werden mit dem Mixer glattgerührt und mindestens ½ Stunde stehen gelassen, bevor der *steifgeschlagene Schnee der beiden Klare* dazukommt. Diese Masse streicht man auf die Teigblätter, die vorher so behandelt wurden wie oben beschrieben. Geröstete Brösel kommen bei diesem Rezept nur zwischen die Teigblätter und außen, besonders oben, auf den Strudel.

Den Grießstrudel ißt man gezuckert oder salzig, als kleines Gericht oder als Beilage zu Fleisch. In die Füllmasse von gesalzenem Strudel kann man auch eine kleine gehackte, in Butter gelbgedünstete Zwiebel geben.

Topfen(Quark)strudel

Für diesen Strudel findet man in alten Büchern eine Unmenge von mehr oder weniger voneinander abweichenden Rezepten. Manche verwenden nur Topfen mit etwas saurem Rahm verdünnt, manche geben in Milch eingeweichtes Weißbrot dazu, andere wieder etwas Stärkemehl. Auch über die optimale Zuckermenge herrschen verschiedene Auffassungen. Wichtig ist, daß die Topfenfülle flaumig leicht ist und ein durch Zitronenschale und wenig Vanille abgerundetes Aroma besitzt. Das Einrühren von Butter kann man sich ersparen, wenn man als Ausgangsprodukt aufgefetteten Topfen (25%igen Quark) und Crème fraîche anstelle gewöhnlichen sauren Rahms verwendet.

Das folgende Rezept ist recht gut gelungen:
2 Dotter, 250 g fetter Topfen, ⅛ l Crème fraîche, 80 g Zucker werden mit dem Rührer glattgerührt, *1 Handvoll Rosinen, das Abgeriebene von 1 Zitrone* und *ein paar Tropfen Zitronensaft, wenig Vanilleessenz* und *1 Prise Salz* werden eingemischt, der *sehr steife Schnee der beiden Eiklare* wird untergezogen. Das übrige vollzieht sich wie bei den anderen Strudelarten.

Milchrahmstrudel

Der berühmte Milchrahmstrudel ist dem Topfenstrudel nahe verwandt: Die Fülle wird durch Zugabe *von 1 weiteren Ei, etwas mehr Zucker und Butter* und vor allem durch eine Handvoll geschälte, in *feine Streifen geschnittene Mandeln* verfeinert. Das Hauptmerkmal des Milchrahmstrudels besteht aber darin, daß der Strudel, nachdem er in die Backwanne gelegt wurde, 1–2

Fingerhoch mit *gezuckerter Milch* übergossen wird, die während des Backens langsam eingesogen wird. Dieser Strudel soll nicht knusprig, sondern eher weich sein. Man bedeckt ihn daher auch weniger mit gerösteten Bröseln, sondern gießt besser *zerlassene Butter* obenauf. Serviert wird er zusammen mit »*Canarienmilch*«, das ist ¼ l *gewärmte gezuckerte Milch*, in der 2 *Dotter* versprudelt wurden.

In dem schon öfter zitierten Buch der Edlen von Rokitansky sind noch zahlreiche Schmarren- und Strudelspeisen angegeben. Wenn man den ziemlich einfachen Trick der Zubereitung einmal herausgefunden hat, kann man getrost seiner eigenen Phantasie freien Lauf lassen und Schmarren und Strudel nach eigenem Geschmack erfinden.

Topfen-Grießknödel

Rezepte für Topfen-(Quark-)Knödel oder Grießknödel findet man in der altösterreichischen Küche in verschiedensten Abwandlungen mit größerem Aufwand, was die Zubereitung betrifft. Sie können salzig als Beilage oder süß zum Nachtisch serviert werden, wobei es leicht passiert, daß die Knödel im Wasser zerfallen oder daß sie, aus Angst vor dem Zerfallen mit viel Mehl versehen, zu fest und trocken werden. Das folgende Gericht gibt eine flockig-leichte Grieß-Topfenspeise, die mit einem Minimum an Aufwand im MW-Herd gelingt. Weil der Teig sehr weich ist – nicht mehr selbsttragend wie Semmel- oder Zwetschkenknödel –, wird der Trick mit der Mokkatasse angewandt. Das Produkt ist zwar nicht mehr ganz knödelförmig, sondern sieht eher aus wie ein kleiner Krapfen, aber seine diversen Vorzüge lassen diesen kleinen Schönheitsfehler vergessen.

250 g Topfen (Quark), 1 ganzes Ei, 1 EL Grieß und *1 Prise Salz* werden gut verrührt und für eine Weile stehengelassen. Inzwischen legt man in 4 Mokkatassen *je ein kleines Butterflöckchen*, stellt die Tassen zusammen für *20 Sekunden* in den MW-Herd, verstreicht dann die weiche Butter gleichmäßig über Boden und Wände der Tassen und läßt sie abkühlen. Die Grieß-Ei-Topfenmasse verteilt man auf die vier Schälchen, erhitzt sie für *5 Minu-*

ten bei voller Leistung und stürzt sie, noch warm, auf kleine Teller. Als Dessert serviert man sie warm oder kalt mit einer Fruchtsauce. Traditionell gehört dazu entweder Zwetschkenröster (etwas eingedicktes kernloses Pflaumenkompott) oder Powidlsauce (aus Pflaumenmarmelade mit etwas Wasser, ganz wenig Butter und einem Schuß Slivovitz gerührte warme Sauce). Man kann die Knödel auch gesalzen, mit brauner Butter oder à la polonaise mit Gemüse als kleines Gericht oder als Beilage zu magerem Gebratenem servieren.

Kuchen und Torten (T.)

Bei aller Vielfalt, die, wie wir gesehen haben, das Kochen im MW-Herd erlaubt, denkt man an die Möglichkeit des Kuchenbackens sicherlich zuletzt. Nun, wir haben es unternommen, und der erste schüchterne Versuch wird anschließend am Beispiel Linzer Torte ausführlich beschrieben. Inzwischen sind diesem ersten eine Reihe weiterer Versuche gefolgt, das Ergebnis war ermutigend, so daß wir wenigstens einige ausprobierte Rezepte angeben wollen, um zu zeigen, wie es gemacht wird. Dem Pioniergeist künftiger MW-Fans sei damit der Weg gewiesen, noch viele weitere Kuchenrezepte zu erproben.

Zunächst wollen wir ganz allgemein feststellen, was man vom MW-Herd erwarten darf und was bei aller Kunst nicht möglich ist.

Da ist vor allem die äußere Braunfärbung. Bräunung ist immer ein Zeichen von Trocknung. Im Backrohr, in dem die hohe Temperatur den Kuchen von außen trifft und erst im Laufe des Backens ins Innere eindringt, ist es ganz natürlich, daß Kuchen von außen braun sind. Im MW-Herd lassen sich, wie wir gesehen haben, auch Bräunungseffekte erzielen, zum Beispiel an Bröseln; dabei waren aber immer kleine Mengen im Spiel, und, wie wir ebenfalls schon wissen, die Farbe ist in diesen Fällen im Inneren stets dunkler als außen. Es wäre also sinnlos zu versuchen, einen Kuchen durch langes Garen zu bräunen, das Ergebnis wäre ein »Kohleflöz«.

Dieses Problem stellt sich nicht, wenn der Kuchenteig von sich aus gefärbt ist, durch Zutaten wie Nüsse und Mandeln, durch Schokolade, Kakaopulver oder durch genügend viele Eidotter.

In der Praxis verläuft das Backen im MW-Herd sehr ähnlich wie im Ofen. Der Teig wird in eine der üblichen Formen gestrichen: Backwanne, Torten- oder Gugelhupfmodel, alle aus Kunststoff oder Glas und im Handel erhältlich. Die Backdauer reduziert sich im MW-Herd, der Methode entsprechend, etwa auf die Hälfte oder sogar noch weniger. Andererseits soll aber die Leistungsstufe nicht zu hoch eingestellt sein, damit im Teig nicht zu große Luftblasen entstehen. Sehr bald nach dem Einschalten beginnt der Teig zu steigen, um nach einiger Zeit stehenzubleiben, ein Zeichen des nahenden Backzeit-Endes. Die Herdtüre bleibt am Anfang besser verschlossen, damit der weiche Teig nicht wieder in sich zusammenfällt. Der Backvorgang läßt sich durch das Fenster sehr gut beobachten. Erst wenn deutlich angenehmer Kuchengeruch sich auszubreiten beginnt, soll man nachschauen, wie weit der Kuchen gediehen ist: Eingestochene spitze Gegenstände sollen beim Herausziehen trocken bleiben, ganz wie nach der alten Backmethode. Wenn man den Kuchen durch Berühren mit der Fingerspitze testet, soll er dem Druck einen gewissen Widerstand entgegensetzen. Man wird dabei feststellen, daß sich der Kuchen ziemlich kühl und etwas klebrig anfühlt. Das schadet nicht, denn der im Inneren heiße Kuchen trocknet bald auch an der Oberfläche. Wenn man sieht, daß der Kuchen sich von der Gefäßwand etwas zurückzieht, das heißt, ein wenig geschrumpft ist, dann ist er fertiggebacken. Der Kuchen wird während des Auskühlens noch deutlich fester. Zu langes Backen macht den Kuchen innen fest bis hart. Richtig gebackene Kuchen sind flaumiger und saftiger als solche, die aus dem konventionellen Ofen stammen.

Unter- und Oberhitze im MW-Herd

Auch im MW-Herd hat man es bis zu einem gewissen Grad in der Hand, das Maß der Erwärmung an der Ober- und Unterseite des Kochguts zu beeinflussen. Die Größe des Effekts hängt von der jeweiligen Herdkonstruktion ab. Bei Herden mit einer metallischen Drehplatte von fast gleichem Durchmesser wie die gläserne Auflageplatte wird zum Beispiel die Mitte einer großen Torte von der Unterseite her weniger rasch erwärmt als die Randpartien und die Oberseite. Dem wird abgeholfen, wenn man die Tortenform sozusagen auf Stelzen stellt, weil dann an der Drehplatte gespiegelte Mikrowellen die Torte auch von unten treffen. Die Gefahr des Sitzenbleibens der Torte ist so gebannt. Auch Oberhitze-Effekte werden dadurch erzielt, daß die Torte höher steht und sich damit näher an der Quelle der Mikrowellen befindet.

Schließlich bringt die schon vielfach beschriebene Folienabdeckung auch bei Torten eine effektivere Erwärmung in der Mitte der Oberseite und trägt zum besseren Gelingen bei. Gegen Ende der Backzeit, wenn der Teig schon fest geworden ist, hat die Folie ihre Funktion erfüllt und kann entfernt werden.

Linzer Torte

In dem fast 90 Jahre alten, mit Goldmedaillen in Wien und Paris ausgezeichneten Kochbuch »Die österreichische Küche« der Marie von Rokitansky stehen nicht weniger als 13 Rezepte für Linzer Torte, was deren Beliebtheit beweisen möge. Ich gestehe, nicht alle 13 ausprobiert zu haben, aber doch aufgrund zahlreicher verspeister einen gewissen Überblick auf diesem speziellen Tortensektor zu besitzen. Das Charakteristikum ist ihr mürber, aber trotzdem saftiger Teig, der nach feinen Gewürzen schmeckt. »Das berühmte alte Rezept« der Rokitansky sieht vor, daß nur die Hälfte des Teiges in die Tortenform gefüllt und mit Ribisel-(Johannisbeer-)Salse bestrichen wird, während man aus dem Rest dünne Teigschlangen formt und sie gitterartig über die Salse legt. Das Backen der Torte dauert im Ofen etwa eine Stunde.

Da die Tortenmasse Mandeln, mit der Schale gerieben, und

außerdem Gewürze wie Zimt, Nelken und Muskat enthält, ist sie von Natur aus schon ziemlich dunkel gefärbt, und es war naheliegend, mit dieser Masse eine Backprobe im MW-Herd zu versuchen.

280 g kalte Butter wird mit dem Messer in kleine Stücke zerteilt und mit *280 g griffigem Mehl* (gröbere, gehaltvolle Mehlsorte) mit den Händen gut »abgebröselt«. Die Weiterverarbeitung des Teiges kann auch mit einer der üblichen Küchenmaschinen erfolgen. *120 g mit der Schale geriebene Mandeln* und *120 g Zucker* werden zugemischt. Zur weiteren Dunkelfärbung des Teiges kann man *80 g feine Lebkuchenbröseln*, aber auch *40 g weiche Schokolade* zugeben. Zur Masse kommen noch *2 ganze Eier, Saft und abgeriebene Schale von 1 Zitrone* und die *Gewürze:* Etwa *Teelöffelmengen von Zimt- und Nelkenpulver* und, wenn man will, auch *etwas Muskat.* Die Mengen der einzelnen Gewürze will ich nicht vorschreiben, sondern dem jeweiligen Geschmack überlassen, möchte aber nochmals betonen, daß der kräftige Gewürzgeschmack ein besonderes Kennzeichen für diese Torte alter österreichischer Tradition ist.

Nachdem alle Zutaten gleichmäßig verrührt sind, läßt man die Masse im Kühlschrank ruhen. Etwa 60 Prozent der Masse kommen in die Tortenform und werden mit etwas eingedickter Marmelade aus schwarzen Ribiseln (Johannisbeeren) bestrichen. Das Ausrollen des restlichen Teiges in fingerdicke Schlangen ist eine für heutige Zeit unzumutbare Plage, auch wenn man den klebrigen, leicht schmelzenden Teig zwischen 2 Kunststoff-Folien zu formen versucht. Der Ausweg war hier der Dressiersack, aus dem man mit tragbarem Aufwand ein Rautengitter und einen netten Randwulst über die Marmelade legen kann.

Auch im MW-Herd verbessert es das Aussehen der Torte, wenn die Oberseite mit Dotter bestrichen wird. Die Tortenform wird auf mehrere ca. 4 cm hohe Glasschälchen gestellt, um eine bessere MW-Einwirkung auch von unten zu erreichen, und außerdem mit Folie überspannt. Auf diese Weise erwärmt sich besonders die Tortenmitte, was sehr erwünscht ist, damit die Torte in der Mitte nicht »sitzenbleibt«.

Nach etwa *15 Minuten (1 Minute* volle Leistung *und 14 Minuten* halbe Leistung) ist die Torte gebacken und aussehensmäßig und qualitativ mindestens ebenso gut wie die im Rohr gebakkene Urform. Mit dieser teilt meine Torte die Eigenschaft, daß ihr Geschmack am zweiten Tag noch besser ist als unmittelbar nach dem Backen.

Törtchen aus Linzer Teig

Will man die Vorzüge der Linzer Torte genießen, ohne sich die viele Mühe mit der gitterförmigen Verzierung zu machen, dann füllt man den Linzerteig in einzelne Kunststoff-Torteletteformen, die man zum Backen nebeneinander in den MW-Herd stellt. Die angegebene Teigmenge reicht für 10 Torteletten. Sie werden nach dem Backen mit kurz überkochten Früchten gefüllt oder mit Obst aus dem Rumtopf. Gute Erfahrungen machten wir mit tiefgekühlten Erdbeeren, die unaufgetaut nebeneinander auf eine flache Schüssel gesetzt, mit reichlich Zucker bestreut, abgedeckt mit Folie, im MW-Herd kurz gegart werden. Die noch hellroten Früchte werden aus dem sirupartigen Saft genommen, der sich beim Kochen bildet und auf die Törtchen gesetzt. Der Saft wird in einem Kännchen dazu serviert.

Diplomatenkuchen (Nuß und Schokolade)

Das ist ein polnisches Rezept, das ich einer lieben Freundin verdanke. Die angegebene Menge reicht aus, um eine Tortenform von 30 cm Durchmesser zu füllen. Ich backe meistens nur ⅔ bis ¾ der Gesamtmenge, das heißt ungefähr 900–1000 g, in der Backwanne und fülle mit dem Rest 4 der schon erwähnten Torteletteformen (à ca. 100 g). Die gebackenen kleinen Torten werden, in Alufolie verpackt, in der Tiefkühltruhe aufbewahrt. Aufgetaut schmecken sie sehr gut mit kurz überkochter Obstfüllung, besonders mit Pfirsichen.

250 g Butter, ⅛ l Wasser, 375 g Zucker, 3 gehäufte EL Kakaopulver werden zusammen in einer temperaturfesten Rührschüssel bis zum Kochen erhitzt (*6 Minuten* volle Leistung), dazwischen mehrmals umgerührt, damit der Zucker sich löst. Dazu kommen *320 g geriebene Walnüsse, 180 g glattes Mehl, Vanille, Schale ½ Zitrone*, nach entsprechender Abkühlung *3–4 Dotter* und der steifgeschlagene *Schnee* der dazugehörigen Klare. Die halb- oder ⅔gefüllte Backwanne wird mit Folie bedeckt und, zwecks Unterhitze, auf 2 Tassen gestellt. Backzeit: *1 Minute* volle Leistung, *15 Minuten* halbe Leistung (entsprechend der Teigmenge).

Sollte trotz aller Warnung, getäuscht durch das feuchte Aussehen der Oberfläche, der Kuchen zu lange im MW-Herd geblieben sein, dann erhält man einen zwar ungewohnt festen, trotzdem aber noch immer sehr wohlschmeckenden Kuchen.

Schneekuchen

5 geschlagene Eiklare, 140 g Zucker, 100 g Mehl, 70 g Haselnüsse (Mandeln), ganz oder halbiert, 80 g kandierte Orangenschalen, geschnitten, 50 g Rosinen, geriebene Schale von 1 Zitrone, 100 g weiche Butter. Zum Färben der Teigmasse *1 EL Kakao* oder *1 EL Orangenmarmelade.*

Backwanne auf »Stelzen«, *1 Minute 600 W, ca. 14 Minuten 300 W*; Folienabdeckung.

Der Kuchen hat seinen Namen, weil er keine Dotter, sondern nur geschlagenen Eierschnee enthält. Für den MW-Herd könnte man den Namen aber auch anders interpretieren: Nach dem Backen im MW-Herd ist der Kuchen innen und außen schneeweiß, abgesehen von den eingestreuten Nüssen und Früchten, während ofengebackene Kuchen durch ihre äußere bräunliche Kruste die Bleichheit ihrer Masse übersehen lassen. Der Geschmack des Kuchens wird von der Art seiner Herstellung nicht beeinflußt, er wird im wesentlichen durch die Menge der Zitrusfrüchte und durch die Nüsse bestimmt. Wird der weiße Kuchen unter dem Namen »Schneekuchen« angeboten, sehen die Gäste voll Erwartung einer aparten Neuschöpfung entgegen. Ohne psychologische Vorbereitung wird es sicher manchmal Mißtrauen und Ablehnung geben. Aber natürlich kann man das Problem ganz vermeiden, indem man von vornherein den Teig durch 1 EL Kakaopulver oder Orangenmarmelade bräunlich

färbt, oder indem man mittels einer Schokolade- oder Zucker-
glasur die bleiche Oberfläche dem Auge und dem Bewußtsein
der Gäste entzieht.

Sandtorte
*240 g Butter, 240 g Zucker, 4–5 Dotter, Schale von 1 Zitrone,
Vanille, 240 g griffiges Mehl*; gebutterte Tortenform auf Stelzen,
Folienabdeckung, *3 Minuten* volle Leistung, *20–22 Minuten* halbe
Leistung, Folie nach etwa *16 Minuten* entfernen.
Die Teigzubereitung geht genauso vor sich, wie es in jedem
konventionellen Kochbuch beschrieben wird: Die Butter wird
mit fast der ganzen Zuckermenge schaumig abgerührt, nach und
nach kommen die einzelnen Dotter hinzu, reichlich Zitronenschale verbessert den Geschmack, man kann auch ein paar Tropfen Vanilleextrakt dazutun. Mit dem Zuckerrest werden die 4
Klare sehr steif geschlagen und zur Masse getan, zum Schluß
wird das Mehl eingerührt und die Masse in die Form gefüllt.
Diese Torte kommt auch aus dem MW-Herd leuchtend gelb,
so daß man sich über ihre Farbe keine Sorgen machen muß.
Ängstliche können zu den vorgeschriebenen 4 Dottern noch ein
fünftes dazutun. Im üblichen Backrohr bleibt der schwere Teig –
zum Kummer der Köchin – sehr oft sitzen. Mehrere unter der
Tortenform als Stelzen aufgestellte Gläser verhindern im MW-
Herd das »Speckigwerden«. Das gleichmäßige Durchbacken
einer so großen Menge ist gar keine so einfache Sache, die
Folienabdeckung – so absurd sie vielleicht über einem Torten-
teig aussehen mag – ist hier sehr förderlich. Sobald es nach
Kuchen zu riechen beginnt, nimmt man die Folie ab und testet
dann auch schon bald, wie weit das Backen fortgeschritten ist.
Wieder ist die Oberfläche zunächst klebrig-feucht. Nur keine
Angst, sie trocknet später schon nach. Die Sandtorte kann auch
ruhig in den Randpartien ein bißchen fester erscheinen als die
übrigen Teile. Auch das gleicht sich später wieder aus. Für das
klaglose Aus-der-Form-Stürzen ist eine festere Torte bequemer.
Die noch warme Torte wird mit Staubzucker bestreut.

Früchtegateau

Der gleiche gerührte Sandtortenteig, wie im vorigen Rezept, wird auch hier verwendet, die Zubereitung ist dementsprechend dieselbe. Anstelle der Tortenform nimmt man eine flache Schüssel von mindestens 30 cm Durchmesser. Hat man keine so große, oder erlaubt der Herdraum kein großes Gefäß, so muß man den Kuchen in 2 Portionen backen. Der Teig darf nur niedrig in der Schüssel stehen. Frisches Obst, Kompott oder auch tiefgekühlte Früchte und Beeren, alles in nicht zu großen Stücken, wird über die Kuchenoberfläche vorsichtig verteilt. Der Kuchen wird wieder auf »Stelzen« gestellt und mit Folie bedeckt. Die Backzeit verlängert sich entsprechend der zusätzlich in den Herd eingebrachten Wassermenge in den Früchten.

Ein gutgebackener Früchtekuchen überzeugt auch die letzten Zweifler an der MW-Methode!

Bischofsbrot

2 ganze Eier und 1 Dotter werden zusammen mit *120 g Zucker* in der Rührmaschine sehr schaumig gerührt – in alten Kochbüchern wird für diese Art von Kuchen eine Stunde Rührzeit vorgeschrieben! *120 g glattes Mehl* wird löffelweise zugerührt, dazu kommt die geriebene *Schale von 1 Zitrone* und, wenn man will, auch *etwas Vanilleessenz.* Zu dieser Masse werden nacheinander, je nach persönlichem Geschmack, insgesamt *300–500 g* der verschiedensten aromatischen *Trockenfrüchte*, alle etwas zerkleinert, zugesetzt, besonders *Aranzini und Zitronat, Nüsse, Haselnüsse oder Mandeln, Feigen*, auch *kleine Schokoladenwürfel.* Die fertige Teigmenge soll die gefettete Backwanne zu ⅔ anfüllen. Um bessere Wärmeverteilung während des Backens zu erreichen, wird die Backform mit Folie bedeckt und auf 2–3 cm hohe Stützen (Teller) gestellt. Die Backzeit beträgt bei mittlerer Leistung *15–18 Minuten.* Während der letzten Minuten wird die Folie entfernt. Das Backzeit-Ende kündigt sich an durch angenehmen Kuchengeruch. Das Bischofsbrot ist fertig, wenn ein eingestochener spitzer Gegenstand unbenetzt herauskommt. Der Kuchen hat sich dann von den Wänden der Backform etwas

208

zurückgezogen, die Oberfläche ist zunächst noch etwas feucht und klebrig, trocknet aber während des Auskühlens. Richtig gebackenes Bischofsbrot ist flaumig, zu lange Backzeit macht den Kuchen fest und trocken.

Sechste Lektion

Wir nähern uns dem Ende unserer lose organisierten Einführung in die MW-Kochkunst. Wir wollen jetzt noch einige Lücken füllen, die bei den Rezepten geblieben sind. Und dann wollen wir etwas mehr von Kocharten sprechen, die wir bisher nur am Rande erwähnt haben, nämlich vom Kochen mit Mikrowelle *und* konventionell, gleichzeitig oder nacheinander. Der Schluß des Buches soll dann einer systematischeren Darstellung der Methoden und Hilfsmittel und einer geordneten Zusammenstellung der Rezepte gewidmet sein.

Kartoffeln, Körner, Teigwaren (H.)

Bisher haben wir mehr nebenbei von den Speisen gesprochen, die in Deutschland unentbehrlicher Teil aller Hauptgänge sind. Wir möchten dazu noch einiges nachholen. Der MW-Herd ist für Kartoffeln, soweit sie nicht gebraten oder gebacken werden, sehr geeignet. Auch für Reis und Körner hat er fast immer Vorteile. Nudeln und Spaghetti wird man zwar meistens auf dem Herd in Wasser kochen, aber für die Zutaten ist wieder die Mikrowelle gut.

Kartoffelpüree (2 Personen)
300 g weichkochende Kartoffeln schälen, sehr klein schneiden, in einem hohen Glasgefäß mit *150 ml Sahne*, mit Folie zugedeckt, *15 Minuten* kochen, dabei nach dem ersten Aufkochen die Leistung schwächer stellen, so daß kein Überkochen stattfindet. *Salz, Pfeffer* und *20 g Butter* zugeben, mit dem elektrischen Schneebesen schlagen, bis die Kartoffeln püriert sind.

210

Mit diesem Rezept braucht man nur *einen* Topf für die Herstellung des Kartoffelbreis; man kann ihn sogar darin servieren. Wenn die Kartoffeln nicht weich genug werden, wird man sie doch vielleicht mit weniger Flüssigkeit kochen, im Food Processor zerkleinern und den Rest der Sahne, mit Salz, Pfeffer, Muskat und Butter zum Schluß zugeben und noch einmal erhitzen.

Kartoffelsalat

50 g Zwiebeln und *100 g feingewürfelten, mageren Speck* bei voller Leistung, zugedeckt, etwa *5 Minuten* erhitzen, bis am Rand Bräunung sichtbar wird. *500 g Salatkartoffeln* (nicht weichkochende) geschält, in Würfeln von etwa 1½ cm Seitenlänge und dazu *2 EL Fleischbrühe* zugeben, mit Folie zugedeckt *10 Minuten* bei voller Leistung erhitzen; nach der halben Zeit umrühren. *1 EL Balsamico-Essig* (oder anderen nicht scharfen Essig) mit *2 EL Öl, Salz, Pfeffer, 1 TL Senf*, schlagen und vorsichtig untermischen.

Pellkartoffeln mit grüner Sauce (2 Personen)

4 mittelgroße, weichkochende Kartoffeln waschen und der Länge nach halbieren, mit der Schnittseite nach oben in eine flache Form legen, mit *15 g Butterstückchen* belegen, *salzen, 4 EL Wasser* zugeben; mit Folie bedeckt aufkochen und bei voller Leistung *8 Minuten* weichkochen.

Grüne Sauce

50 g Kräuter (was man hat oder bekommt oder was man mag; Phantasie und Probieren sind erwünscht) in der Messermühle zerkleinern, dann *ebensoviel Weißbrot, Salz, Pfeffer* dazugeben und das Ganze in einer Schüssel mit *50 ml Olivenöl* verrühren. In dieser Form kann man die grüne Sauce im Eisschrank aufbewahren oder auch einfrieren. Kurz vor dem Servieren *½–1 EL Essig* zumischen.

Die grüne Sauce ist vielseitig verwendbar. Man kann etwas davon zu frischen Salaten geben, auch zu Kartoffelsalat, oder man serviert sie zu gekochtem Fleisch oder Huhn.

Man wird zu den Kartoffeln – außer der grünen Sauce – noch *Butter* und *Salz* reichen sowie vielleicht *mit Sahne, Salz, Pfeffer angerührten Quark*. Wir meinen, daß der Quark ohne alle anderen Zutaten am besten schmeckt. Man kann im MW-Herd heißgemachte Würstchen, etwa Debreciner oder Pfälzer oder Frankfurter, dazuservieren. Grüner Salat paßt auf jeden Fall dazu. Man kann auch *150 ml saure Sahne* mit *ebensoviel Quark* und *4 EL Schnittlauch* mischen.

Gekochter Reis

Wir haben schon früher (S. 89) den in viel Wasser gekochten Reis beschrieben und auch die einfachste Kochart: Reis in kochendes Wasser (das 1½fache seines Volumens) eingießen, Salz zugeben und *15 Minuten* zugedeckt bei schwacher Leistung kochen.

Es fehlen noch die Zubereitungsarten, bei denen von Anfang an Zwiebeln oder Bouillon oder andere Zutaten zugegeben werden.

Reis italienisch

1 Tasse Reis, 10 g Butter, wenn nötig, *wenig Salz* zugeben, bei voller MW-Leistung *2 Minuten* offen erhitzen, dabei einmal umrühren. *2 Tassen heiße Fleischbrühe* zugeben, etwa *15 Minuten* zugedeckt bei kleinster Leistung erhitzen. Zum Schluß noch *15 g Butter* vorsichtig untermischen.

Risotto mit Tomaten und Oliven (2 Personen)

60 g Reis mit *10 g Butter* und *1 EL Olivenöl*, in einer Guglhupf-Form, mit Plastikfolie zugedeckt, bei voller Leistung *3 Minuten* erhitzen, bis der Reis ein wenig verfärbt ist. Darüber *20 Oliven*, deren Fruchtfleisch in Streifen vom Kern abgelöst wurde. Darüber *2 große Tomaten*, in große Würfel geschnitten, *Salz, Pfeffer, Sariette, Thymian, Basilikum* (möglichst frisch) geben und, wieder zugedeckt, bei voller Leistung zum Kochen bringen, bis die Tomaten viel Flüssigkeit abgegeben haben. Die Tomaten herausnehmen und den Rest noch *12 Minuten* kochen lassen, dabei am Anfang mit voller Leistung, die man verringert, wenn die

Flüssigkeit zu sehr abnimmt. Alles vermischen; wenn man will, *20 g geriebenen Gruyère* untermischen oder diesen getrennt servieren. Mit Salat und, wenn man will, mit Hammelkoteletts servieren.

Reis nach Mailänder Art

½ mittelgroße Zwiebel kleingehackt mit *20 g Ochsenmark, 30 g Butter* zugedeckt bei voller Leistung etwa *3 Minuten* erhitzen, bis am Rande Bräunung beginnt. *1 Tasse Reis* untermischen und *2 Minuten* weitererhitzen. *2 Tassen Fleischbrühe, Pfeffer, Salz* zugeben, aufkochen und bei schwacher Leistung zugedeckt weitererhitzen. Nach *10 Minuten* *½ TL Safran* untermischen, *noch 10 Minuten* weiterkochen. Am Schluß *20 g Butter* und *50 g geriebenen Parmesan* unterziehen.

Risotto mit Lauch

300 g Lauch in fingerdicken Scheiben mit *70 ml Milch* und *10 g Butter* bei voller Leistung, mit Folie bedeckt, *10 Minuten* kochen. *70 g Reis* mit *15 g Butter* bei voller Leistung *3 Minuten* erhitzen, dabei einmal rühren. Die Butter soll ganz wenig braun werden. Mit *50 ml* kochender Fleischbrühe den Reis aufgießen, dazu restliche Flüssigkeit vom Kochen des Lauchs, mit Folie zugedeckt; aufkochen und bei kleiner Leistung *15 Minuten* weiterkochen. Den Lauch und *200 g* ausgebeintes und gewürfeltes *Hühnerfleisch* unterziehen. Noch einmal *2 Minuten* erhitzen, mit *geriebenem Parmesan* servieren.

Wilder Reis

Wilder Reis ist botanisch eine andere Art als Reis selbst. Er hat schwarze Körner, die beim Kochen ganz aufgehen, so daß der Reis fast wieder weiß aussieht. Man kann ihn als sehr wohlschmeckende Variante zu besonderen Gerichten geben.

1 Tasse wilden Reis mit *3 Tassen Wasser* bei voller Leistung zum Kochen bringen. *5 Minuten* offen kochen. *1 Stunde* stehen lassen. Das Wasser durch neues ersetzen, salzen, *25–30 Minuten* mit Folie bedeckt bei kleiner Leistung kochen.

Hirsering

Wir haben eine Zuneigung zu Hirse entwickelt. Man muß sie aber auslesen, um schlechte Körner und schwarze Verunreinigungen zu entfernen. Außerdem braucht Hirse viel Sahne oder Butter.

1 Tasse Milch und *½ Tasse ausgelesene Goldhirse, 30 g Butter, Salz, Pfeffer.* In einer kleinen Ringform aus Porzellan oder Plastik, mit Folie bedeckt, bei voller Leistung aufkochen, umrühren und bei kleiner Leistung *10 Minuten* weiterkochen. Man kann die Hirse dann leicht stürzen und sie, wenn man will, mit wenig *geriebenem Parmesan* bestreuen.

Hirse mit Tomaten (1–2 Personen)

200 g Hirsebrei, mit *Wasser* und *Sahne* gekocht, in einer Schale mit *100 g* geschälten, halbierten und ausgedrückten *Tomaten* bedecken. Darüber *30 g geriebenen Käse*, sodann eine Schicht von mit der Schere geschnittener glatter *Petersilie, Salz, Pfeffer* und *30 ml Sahne.* Bei voller Leistung, mit Folie bedeckt, *4 Minuten* erhitzen, nach dem Aufkochen auf schwache Leistung gehen.

Spaghetti mit Tomatensauce

1 Zwiebel, 1 Karotte, 50 g Basilikum, alles feingeschnitten, mit *2 EL Öl* zugedeckt *3 Minuten* erhitzen, dabei einmal mischen. Dann mit *500 g Tomaten, Salz, Pfeffer 45 Minuten* zugedeckt aufkochen, bei kleiner Leistung weiterkochen, passieren und *25 g Butter* zugeben. Die Sauce über *500 g normal gekochte Spaghetti* geben, mit *Parmesan* – getrennt – servieren.

Zwei Lasagne-Aufläufe

300 g Lasagne werden in *reichlich Salzwasser* mit *1 EL Öl 12 Minuten* gekocht. Aus *250 g Rahmquark, 3 Eiern, Salz, Pfeffer, Muskat, 70 g frisch geriebenem Weißbrot* und *300 g* in wenig Sahne *5 Minuten* lang gedünsteten kleinen *Gurkenwürfeln* macht man eine Fülle, die man in 2 Portionen teilt. Die eine Hälfte wird mit *100 g in Streifen geschnittenem, rohem Schinken* sowie *30 g geriebenem Emmentaler* vermischt, die andere mit *4 EL kleingeschnittener*

214

Petersilie und *100 g Roquefort* in kleinen Stücken. Je eine flache Form (etwa 30 cm Durchmesser) wird mit *30 g Butter* im MW-Herd erwärmt, und dann werden in der Form die Lasagne-Blätter mit der Fülle bestrichen und aufgerollt, so daß sie schließlich die ganze Form nebeneinanderliegend erfüllen. Darüber kommen noch je *30 g frisch geriebenes Weißbrot* und *30 g Butterflöckchen. 2 Minuten* bei voller Leistung und *10 Minuten* bei schwacher Leistung erhitzen, bis das Ganze ein wenig aufgeht.

Dazu gibt es *200 g geschälte und gewürfelte Tomaten*, die mit *20 g Olivenöl* im MW-Herd nach dem Aufkochen *2 Minuten* weitererhitzt wurden. Man würzt sie am Tisch mit *Pfeffer und Salz*, und wenn man will, gibt man dazu frische Butter.

Serviettenknödel, Palffyknödel (T.)
Vorteilhaft im MW-Herd und überhaupt sehr einfach und zeitsparend in der Zubereitung sind Serviettenknödel, eine altösterreichische Zuspeise, an die man sich neuerdings wieder zu erinnern beginnt.

250 g frisches Toastbrot mit weicher Rinde wird in der Messermühle zu lockeren Flocken verarbeitet oder in kleine Würfel geschnitten. In einer Rührschüssel vermischt man das Weißbrot mit *200 ml Milch, 50 g flüssiger Butter, 3 Dottern, Salz, feingehackter Petersilie* und *wenig Muskat*, läßt die Masse *20 Minuten* rasten, bevor man zuletzt den *steifgeschlagenen Schnee der 3 Eiklare* beigibt. Ein sauberes Leinentuch, zum Beispiel eine große Serviette, taucht man in Wasser, windet es hierauf sehr gut aus – zuviel Feuchtigkeit verlangsamt den Prozeß im MW-Herd – und legt es auf der Tischfläche auf. Der mittlere Teil der Serviette, der mit der Knödelmasse in Berührung kommen soll, wird ziemlich dick mit Butter bestrichen, die Masse gibt man locker quer über die Mitte des Tuches in einem nicht zu breiten Streifen. Durch Zusammenklappen des oberen und unteren Teiles des Tuches und Einbiegen der Enden entsteht eine 7–8 cm dicke Wurst, die in den MW-Herd gelegt wird. Beim Zusammenfalten des Tuches ist darauf zu achten, daß der luftgefüllte Teig genügend Platz hat, um während des Kochens aufgehen zu können. Gekocht wird etwa *6 Minuten* bei voller Leistung. Nach kurzem Auskühlen befeuchtet man die Rolle von außen mit etwas kaltem Wasser, dann läßt der Knödel sich leicht aus der Serviette ausrollen.

Der richtig zubereitete Serviettenknödel ist sehr flaumig, er wird scheibenförmig aufgeschnitten zu Wild und zu anderem Fleisch und Sauce serviert oder mit zerlassener Butter und gerösteten Bröseln, mit Salat oder süß mit einer Obstsauce gegessen.

Der berühmte Palffy-Knödel besteht aus der gleichen Grundmasse, vermischt mit *40–50 g kleingeschnittenen,* leicht ausgelassenen *Selch(Räucher)speckwürfeln,* jedoch ohne Muskat oder Petersilie.

Schweinsmedaillons im Serviettenknödel (T.)

350 g Schweinslungenbraten werden im Bräunungsgeschirr oder im Römertopf fast fertig gegart – sie sollen innen noch deutlich rosa sein. Man bereitet eine Knödelmasse wie bei »Serviettenknödel« (S. 215) beschrieben, streicht davon die Hälfte auf eine mit Butter bestrichene Serviette, legt darauf die längshalbierten Lungenbraten, bestreut sie mit *getrockneten Steinpilzen oder Gewürzpilzen (Mousserons),* die vorher kurz in kaltem Wasser erweicht wurden, und gibt die zweite Hälfte der Teigmasse darüber. Die locker gedrehte Knödelrolle wird im MW-Herd *3 Minuten* bei 600 W und *12 Minuten* bei 150 W gegart, so langsam, um sicher zu sein, daß das Innere ausreichend warm wird, ohne daß das Fleisch zu hart wird.

Die scheibenförmig aufgeschnittenen Schweinsmedaillons serviert man mit einem Gemüsepüree, zum Beispiel Selleriepüree oder Kohlrabipüree.

Fisch (H.)

Wir haben bisher sehr wenig von Fisch gesprochen und kaum Beispiele von Rezepten gebracht. Die Schwierigkeit beim Kochen von Fisch im MW-Herd ist vor allem die, daß Fisch nicht bei 100 Grad kochen soll, sondern schon bei etwa 70 Grad gart. Beim MW-Herd ist es aber – im Gegensatz zum normalen Kochen – unmöglich, im Innern eine niedrigere Temperatur als außen zu erreichen. Wenn man Fisch in kochendes Wasser legt, zieht die Wärme langsam ins Innere, man rechnet *4 Minuten pro cm Dicke* des Fisches. Dabei kühlt sich die Flüssigkeit außen allmählich ab, und man kann durch sanfte Erwärmung von unten dafür sorgen, daß 100 Grad nicht wieder erreicht werden. Beim Kochen im MW-Herd kann man dasselbe versuchen. Wir geben als Beispiel Forelle, die mir am besten schmeckt als Forelle blau: einfach in Wasser und Salz mit vielleicht ganz wenig Essigzugabe.

Forelle blau
In einem Gefäß, das groß genug ist, die Forellen aufzunehmen, *so viel Wasser mit Salz* und *½ EL Essig* pro Forelle aufkochen, daß die Forellen später davon bedeckt werden. Die Forellen zugeben, zudecken, nach *1 Minute* kleinste Leistung einschalten und etwa *8 Minuten* ziehen lassen. Es soll kein Kochen mehr eintreten. Bei Anzeichen von neuer Blasenbildung den MW-Herd vorübergehend ausschalten.
Man kann Fisch auch ohne Flüssigkeit garen. Man braucht dann allerdings Kriterien, um den Garzustand zu beurteilen, oder man muß sich nach einer einmal gewonnenen Erfahrungsregel über das Kochen einer bestimmten Menge in einem bestimmten Gefäß richten.

Forelle blau in Blättern zubereitet (T.)
4 Fische, zusammen 1700 g. Jeden Fisch reichlich mit *Zitronensaft* beträufeln, damit er blau wird, salzen. Große grüne Blätter (Mangold, Salat) in einem Leinentuch *5 Minuten* bei voller Leistung blanchieren. 2–3 Blätter so auflegen, daß ein Fisch darauf Platz hat und noch ein Rand zum Umschlagen frei bleibt. Der darauf gelegte Fisch wird der Länge nach mit *geraspelten jungen Karotten*, feingeschnittenen Ringen von *Frühlingszwiebeln*, blanchierten, gelben Blättchen aus dem Herzteil von *Staudensellerie*,

möglichst auch einigen *Sauerampferblättchen*, dünn belegt, mit etwas *geschmolzener Butter* begossen, mit weiteren Blättern belegt und mit den untergelegten Blättern zu einem Paket verschlossen. Man legt die Fische nebeneinander in eine große flache Schüssel. Nach *10 bis 12 Minuten* soll man vorsichtig nachschauen, ob die Fische schon gar sind. Sie sollen in der Bauchhöhle gerade nicht mehr blutig sein.

Vorteil der Methode: Der Geschmack ist aromatischer und konzentrierter, die Konsistenz ist etwas fester, und die Haut sieht appetitlicher aus als bei gekochten Fischen. Die Vorbereitung in den Blättern nimmt weniger Zeit als die Herstellung des Suds. Die Fische behalten besser ihre Form und sind leichter zu servieren.

Forellen in der Ringform

In eine große Ringform legt man *4 Forellen* so, daß die Schwanzenden übereinanderliegen, so daß die Gesamtdicke überall etwa gleich ist. Die Bauchseite soll nach außen zeigen. Man erhitzt *2 Minuten* bei voller Leistung (oder bis zum ersten Anzeichen von Kochen am äußeren Rand) und dreht dann die Fische um, so daß die Rückenseite außen liegt. Dann erhitzt man weiter bei schwacher Leistung. Kriterien des Garseins: Die Augen sollen weiß sein und die Bauchhöhle nicht mehr blutig. Eine Flosse soll leicht herausgezogen werden können.

Eine Variante, die sehr wohlschmeckend ist und zum Beispiel auch für Seezungen angewendet werden kann, ist folgende:

Bachforellen in Butter

2 Bachforellen (sie unterscheiden sich von den normalen Zuchtforellen dadurch, daß man bei ihnen auch die Haut essen kann) werden in *100 g geschmolzene Butter* gelegt mit *2 EL kleingeschnittenem Salbei, Salz, Pfeffer* bei voller Leistung erhitzt und dabei einmal gewendet. Bei Anzeichen, daß die Butter kocht, wird die Leistung auf schwach gestellt.

Dazu kann man Salzkartoffeln geben und weißgekochte Blumenkohlröllchen mit Muskat, beides natürlich ganz ohne Butter; dazu grünen Salat.

218

Eine andere Methode für das Garen von Fisch ist die, daß man am Rand des Gefäßes Kräuter oder Gemüse schichtet, die kochen dürfen. Der Fisch kommt in die Mitte, wo die Mikrowellen weniger stark wirken. Sobald am Rande Kochen beobachtet wird, stellt man die Leistung auf ganz klein und kocht mit Folie bedeckt weiter nach der Regel: *4 Minuten pro cm Dicke*. Bei größeren Stücken ist es wichtig, daß die Hitze auch von unten kommen kann. Bei einem MW-Herd, bei dem dies nicht der Fall ist, wird man das Kochgefäß auf Tassen stellen. Wir geben zwei Beispiele:

Fischfilet mit Tomaten

150 g Zwiebeln und *150 g blanchierte Speckwürfel* etwa *7 Minuten* bei voller Leistung dämpfen, bis Bräunung sichtbar wird. *100 ml Sahne* zugeben, *Salz, Pfeffer, Rosmarin oder Dill*, aufkochen. *500 g Fischfilet* in der Mitte des Gefäßes anordnen, darüber *750 g gewürfelte Tomaten*, bei voller Leistung erhitzen, bis am Rand Kochen auftritt, dann bei schwacher Leistung *4 Minuten* weitererhitzen.

Fischfilet mit Gemüsen

100 g kleingeschnittene Zwiebeln und *Sellerie* mit *30 g Butter* *5 Minuten* bei voller Leistung erhitzen. *10 g Äpfel, 100 g Pilze*, kleingeschnitten, dazugeben und *2 Minuten* weitererhitzen. Mit *100 g frisch geriebenem Weckmehl, 1 Ei, Salz, Pfeffer* und *1 EL kleingeschnittenen Salbeiblättern* mischen. *500 g Fischfilet* in die Mitte einer gebutterten Form legen. Die Gemüsemasse darüberschichten und am Rande etwas anhäufen. *2 EL Weißwein* zugeben, mit Folie bedeckt etwa *8 Minuten* bei voller Leistung erhitzen, bis sich Anzeichen von Kochen zeigen. Dazu gibt man eine *Sauerrahmsauce* mit Zitronensaft, Mayonnaise und Petersilie.

Schollenfilet mit Zwiebeln in Curryrahmsauce (T.)

Für *4 Fischfilets 500 g dünne Zwiebelringe* in *20 g Butter* in einer mit Folie bedeckten Schüssel weichdünsten; sie sollen aber noch nicht verfärbt sein. In einer großen, flachen Schüssel die Filets zwischen den Zwiebeln ausbreiten, ¼ l *sauren Rahm, Salz* und *wenig Curry* darübergeben, mit Folie *wenige Minuten* bei voller Leistung garen.

Fischpudding

Eine andere Möglichkeit ist die, daß man Fisch zusammen mit Ei verarbeitet. Das Aufgehen der Eier zeigt, daß die Temperatur genügend hoch ist.

2 Pfund Kabeljau in einem *Fischsud* kurz ziehen lassen, in Würfel schneiden, in kleine Förmchen füllen. Darüber gibt man eine Masse aus *3 kleingehackten Zwiebeln*, die in *100 g Butter 5 Minuten* bei voller Leistung gedämpft sind, *100 g frischen Semmelbröseln, 3 verrührten Eiern, 250 ml Milch, 100 ml Fisch- oder Fleischbrühe, Salz, Pfeffer, Ingwerpulver.* Bei voller Leistung etwa *10 Minuten* erhitzen. Jeweils die Förmchen herausnehmen, bei denen die Masse aufgeht. Dazu *Tomatensauce.*

Fleisch und Geflügel (H.)

Man kann heute eine gewisse Neigung feststellen, Fleisch nicht nur in der Pfanne oder im Backofen zu braten. Man findet mehr und mehr Rezepte, bei denen das Fleisch gedünstet wird oder in Flüssigkeit gekocht, wobei kochen nicht sieden heißt, sondern ein Garwerden bei wenig unter 100 Grad (siehe S. 85 und S. 118). Die Gewohnheit, alles in Fett anzubraten, mag auch deshalb abnehmen, weil das Fett, das man dabei verwendet, an Wert verliert und im allgemeinen, etwa bei der Herstellung von Saucen, sorgfältig entfernt werden muß. Das Kochen von Fleischstücken im MW-Herd unterscheidet sich kaum von dem im Topf mit viel Wasser oder Fleischbrühe. Ein Vorteil ist, daß die Wärme nicht nur vom Rand des Topfes zugeführt wird, sondern in der Flüssigkeit selbst entsteht. Dadurch wird die Bewegung des Wassers durch das Kochen geringer, und die Oberfläche des Fleisches wird geschont. Man muß darauf achten, daß das Fleisch nicht aus dem Wasser ragt, und kann es etwa durch

Beschweren mit einem Teller unter der Wasseroberfläche halten. Man wird im allgemeinen mit heißer Flüssigkeit ansetzen oder auch mit kochender Flüssigkeit beginnen und bis zum Kochen oder Wiederaufkochen mit voller Leistung zugedeckt erhitzen, um dann zunächst auf halbe Leistung zurückzuschalten, bis das Kochen wieder einsetzt, und schließlich bei kleiner Leistung fertigkochen. Die Zeiten sind gegenüber den normalen Rezepten auf dem Herd kaum verändert.

Beispiele sind: das klassische Ochsenfleisch, Suppenhuhn, auch Lamm, Ente, Truthahn, seltener Schweinefleisch und Gans. Man wird in allem den bekannten Rezepten folgen. Wir geben ein Beispiel, das wohl zu wenig bekannt ist:

Huhn mit Spargelscheiben
1 schönes Suppenhuhn, das *1 Stunde* lang gewässert hat, wird mit Stücken von *Spargel* gefüllt, die aus dem unteren Drittel vom ungeschälten Spargel stammen. Dazu *Salz* und *Pfeffer* geben. Die Öffnung wird mit Bindfaden verschlossen. Man kocht das Ganze mit Wasser bedeckt, etwa *70 Minuten*. Man kann einen Teil des Wassers durch Wein ersetzen. *10 Minuten* vor dem Ende des Kochens gibt man *300 g dünne Spargelscheiben*, die aus dem mittleren Drittel der ungeschälten Spargel stammen, dazu. Das Huhn wird tranchiert und dabei enthäutet und mit den Spargelscheiben in der sehr heißen Brühe mit *30 g Butter* serviert.

Wenn beim Kochen von Fleisch dieses ganz mit Flüssigkeit bedeckt sein muß, wird man sich trotzdem wünschen, möglichst wenig Flüssigkeit zu verwenden. Wir geben hierfür ein Rezept, bei dem anstelle eines Topfes Bratfolie verwendet wird. Das Volumen wird durch Zusammenschnüren auf ein Minimum begrenzt.

Gekochtes Huhn in der Bratfolie
50 g gehackte Schalotten mit *3 g Rosmarinblättern* und *10 g Butter*, mit Folie bedeckt, *ca. 4 Minuten* bei voller Leistung erhitzen, bis die Schalotten ein wenig gebräunt sind. *50 g Sauerampfer*

221

waschen, in Haushaltspapier einschlagen, etwa *50 Sekunden* bei voller MW-Leistung erhitzen, bis die Blätter zusammenfallen, dann sie grob zerkleinern und mit *70 g frischem Weckmehl, Salz, Pfeffer, Muskat* zu den *Schalotten* geben und mischen. *10 g Butter* und *2 EL Fleischbrühe* zugeben und im MW-Herd *30 Sekunden* erhitzen. *1 Ei* untermischen und in ein nicht fettes Brathuhn locker füllen, dessen Innenraum vorher *gesalzen* und *gepfeffert* wurde.

Das Huhn allseitig mit *200 g Lauch* und *200 g Karotten*, beides in langen Stangen, und *100 g* stabförmig geschnittener *Sellerieknolle* verschnüren, so in eine Bratfolie füllen, daß das Huhn allseitig von Gemüse umgeben ist, und von außen mit Bindfaden derart zusammenbinden, daß nur wenig freies Volumen in der Tüte ist. Jetzt gut gewürzte *Fleischbrühe* einfüllen, so daß alles mit Flüssigkeit bedeckt ist. Die Tüte locker verschließen und in einer hohen Schüssel mit der Öffnung nach oben anordnen. Bei voller MW-Leistung zum Kochen bringen *(ca. 8 Minuten)* und dann noch *20 Minuten* bei schwacher Leistung weiterkochen.

Beim *Servieren* ermöglicht der MW-Herd *kleine Verfeinerungen*, die man dankbar empfinden wird. Wir geben einige Beispiele:

Kleine Mahlzeit mit Ochsenfleisch

1–2 Scheiben gekochtes Ochsenfleisch pro Person auf einen normalen Teller geben, darüber *Salz, Pfeffer, 3–5 EL Fleischbrühe* und *5–10 g Butter* in großen, dünnen Schnitten. Man kann *kleingeschnittene feine Kräuter*, vor allem *Basilikum*, darübergeben und im MW-Herd erhitzen, bis die Butter einigermaßen geschmolzen ist. Dazu *1 Scheibe Weißbrot*, mit der man die Flüssigkeit auftunkt.

Dies schmeckt hervorragend, besonders wenn das Fleisch frisch gekocht und noch ganz saftig ist. In diesem Fall braucht man nur sekundenlang zusätzlich zu erhitzen. Ein Kochen soll sowieso immer ausgeschlossen sein. Das ist eine schöne Belohnung für die langweilige Fleischbrühenherstellung.

222

Fleischsuppe mit Mischgemüsen
In der Fleischbrühe verschiedene Gemüse, je nach Jahreszeit, in etwa 1 cm großen Stücken im MW-Herd zugedeckt weichkochen. Das gekochte Rindfleisch in ebenso großen Würfeln zugeben, kaum mehr kochen, zum Schluß Butter zugeben.

Mussaka mit gekochtem Ochsenfleisch
300 g Auberginenscheiben, die mit *Salz* gezogen haben und mit *40 g Butter* im MW-Herd gedämpft sind, in 1½ cm große Würfel schneiden. Dazu *300 g gekochten Reis* (Gewicht nach dem Kochen) mit *Safran* (S. 213) und *500 g gekochtes Ochsenfleisch* in ebensolchen Würfeln. *2 Eier* schlagen, dazu *250 ml Milch, Salz, Pfeffer* und wenn man will, *frisches Basilikum*. Alles in einem großen flachen Gefäß anordnen, die Eiermilch darübergießen, im MW-Herd bei voller Leistung erhitzen, und wenn die Masse am Rand fest wird, einmal durchmischen. Dazu *Tomatensauce* und Salat.
Man kann das Gericht einfrieren, aber dann darf man Milch und Gewürzkraut erst nach dem Wiederauftauen dazugeben.

Poschierter Lammrücken mit Kraut
Den ausgelösten *Lammrücken (ca. 1 kg)* in kochender Fleischbrühe, die mit den *Knochen, 1 Zwiebel, 1 Karotte, 50 g Lauch, 30 g Sellerie, 1 Lorbeerblatt, etwas Thymian, 20 Pfefferkörnern* und *Salz* hergestellt ist, etwa *10 Minuten* ziehen lassen. Herausnehmen, *100 g mageren Speck*, blanchiert in kleinen Würfeln, und *10 g Butter*, etwa *2 Minuten* dünsten. *400 g Weißkraut* von Strunk und den groben Blätterrippen befreien und fein hacken, über den Speck geben und bei voller Leistung in etwa *2 Minuten* zusammenfallen lassen. *Muskat, Pfeffer* und *50 g Butter* zugeben und *10 Minuten* bei mittlerer Leistung fertigkochen.
4 EL Olivenöl, 1 EL nicht zu starken *Weinessig, ½ EL Senf, 1 EL Fleischbrühe* im MW-Herd leicht erwärmen und mit dem elektrischen Rührer zu einer gleichmäßigen Masse schlagen. Die Lammfilets, in dünne Scheiben geschnitten, auf 4 Teller verteilen. Die Essigsauce darübergeben und das heiße Kraut danebenlegen, im MW-Herd jeden Teller *½ Minute* erwärmen.

Sehr oft wird man Fleisch nicht in viel Wasser kochen, sondern versuchen, die Flüssigkeitsmenge möglichst zu verringern.

Rindfleischragout mit Paprikagemüse

150 g mageren, ungeräucherten Speck, in Streifen geschnitten, im MW-Herd bei voller Leistung, mit Papier zugedeckt, etwa *3 Minuten* erhitzen. Er soll ein wenig gebräunt, aber noch nicht hart sein. Den Speck herausnehmen, *70 g kleingeschnittene Zwiebeln* zufügen, dazu *1 EL Sahne*. Bei voller Leistung, mit Folie bedeckt, dünsten, bis alle Flüssigkeit verdunstet ist und leichte Bräunung beginnt. *350 g Rindfleisch* zum Schmoren, etwa Schulter, in 1,5 cm große Würfel geschnitten, *1 große Karotte* in Scheiben, *1 rote Paprikaschote* in Streifen (ohne Kerne und das weiße Innere), *1 ungeschälte Knoblauchzehe, 1 EL Weinessig* (nicht zu stark), *Salz, wenig Kümmelpulver*. Den *Speck* und *300 ml Wasser* zugeben, aufkochen (etwa *5 Minuten* bei voller Leistung) und bei etwa 200 W Leistung 2 Stunden kochen lassen oder bis das Fleisch weich und die Flüssigkeit auf etwa ⅓ reduziert ist. Sämigkeit und voller Geschmack stellen sich erst gegen Schluß ein. Das lange Kochen ist bei diesem Gericht wesentlich. Vor dem Servieren die Knoblauchzehe herausnehmen.

Marinierte Hühnerbeine (2 Personen)

4 rohe Hühnerschenkel so ausbeinen, daß je ein schnitzelartiges Stück daraus entsteht. Mit *je 2 EL* stark eingekochter *Hühnerbrühe, Weißwein und Gemüsebrühe, Salz, Pfeffer, Petersilie 2 Stunden* unter Wenden marinieren. Mit *40 g Butter* in einem offenen Gefäß unter mehrmaligem Wenden und Umsetzen mit dieser Marinade *3 Minuten* erhitzen.

Brathähnchen mit Zwiebel-Tomatensauce

Von *2 Brathähnchen* die Brust ablösen und die Schenkel entbeinen, so daß aus jedem Bein ein schnitzelartiges Stück entsteht, beiseite stellen. Die übrigen Teile kleinhacken und in der Bratfolie mit *2 Tassen Wasser, Salz, Pfeffer 1 Stunde* kochen. Dabei mehrmals wenden. Die Kochflüssigkeit soll sich auf etwa ⅓

reduzieren. Die Geflügelstücke herausnehmen und die Hühnerbrüste und -beine zugeben, noch *5 Minuten* weiterkochen, *100 g
kleingeschnittene Zwiebeln* und *3 geschälte und gewürfelte Tomaten*
zugeben und weitere *5 Minuten* kochen. Die Hühnerstücke auf
Tellern anrichten und *20 g Butter* darübergeben. Die Sauce mit
den Tomaten daneben servieren.

Hühnerbrust mit Béchamelsauce (ohne Mehl) und Ei (T.)

120 ml wenig gesalzene Fleischbrühe zusammen mit *½ Lorbeerblatt,
1 Nelke, Schale von ½ Zitrone* und *100 g gekochtem Brustfleisch* von
1 Suppenhuhn im MW-Herd bei voller Leistung auf etwa ⅓ der
Flüssigkeitsmenge eindampfen. Lorbeerblatt, Zitronenschale
und Nelke herausnehmen und *70 ml Crème fraîche* zugeben, noch
4 Minuten weiterkochen. In ein Förmchen füllen, darüber ein mit
Salz, Pfeffer und *wenig Sahne geschlagenes Eiweiß* und das *ganze
Eigelb* geben. Noch etwa *2 Minuten* bei schwacher Leistung
erhitzen. Mit Weißbrot und Salat servieren.

Truthahnfleisch mit Pilzen und Nudeln (5 Personen)

50 g Butter in einem 1 l fassenden Gefäß heißmachen, *250 g*
geputzte und in grobe Scheiben geschnittene *Champignons* mit
½ EL Zitronensaft zugeben. *2 Minuten* erhitzen. *4 EL Sherry,
Rosmarin oder Basilikum, Salz, Pfeffer* zufügen, noch einmal aufkochen. *400 g gekochtes Truthahnfleisch* in 1-cm-Würfeln unter
250 g gekochte Nudeln untermischen. *½ l Hühnerbrühe* aufkochen.
2 Eier, Salz, Pfeffer, Muskat schlagen, und die heiße Brühe langsam einrühren. Das Ganze über die Fleisch-Nudel-Mischung
gießen. Darüber *40 g geriebenen Käse* und *40 g Butter* geben. Bei
voller Leistung noch einmal *3 Minuten* erhitzen.

Römertopf und Marmite im MW-Herd (T.)

Der bekannte Vorteil des irdenen Römertopfes besteht darin,
daß er die Wirkungen des Dünstens und des Bratens kombiniert.

In den heißen Backofen gestellt, baut sich in seinem Innenraum zunächst eine feuchtigkeitsgesättigte Atmosphäre auf, die aber mit zunehmender Temperatur während des Bratvorgangs immer trockener wird. Auf diese Weise trocknet, zum Beispiel beim Fleischbraten, das Stück während des Garens bedeutend weniger aus als bei direkter Bratrohrhitze. Ein gewisser Nachteil ist die beachtliche Verlängerung der Bratdauer, weil sich zusätzlich zu der normalen Bratzeit auch noch die Zeit addiert, die das an sich langsam erwärmbare Tongeschirr braucht, um auf Rohrtemperatur aufgeheizt zu werden.

Im MW-Herd ist dieser Nachteil weitgehend kompensiert. Die MW-Leistung führt zwar zu einer Erwärmung der Wand des Römertopfes wegen der darin enthaltenen Feuchtigkeit, behindert aber das Eindringen der Wärme ins Innere nicht wesentlich. Andererseits sind die Wärmeverluste nach außen wegen der großen Wandstärke und des dicht schließenden Deckels sehr gering. Deshalb kann man nach dem ersten Aufheizen mit sehr kleiner MW-Leistung auskommen und vermeidet so das Austrocknen und Hartwerden, das man bei starker Leistung fürchten muß. Ähnliche Wirkung kann man bei allen dickwandigen Gefäßen mit gut schließendem Deckel, etwa bei der Marmite, erwarten.

Wenn man im übrigen beherzigt, was wir bisher über Zubereitung von Fleisch im MW-Herd empfohlen haben (S. 118), dann gibt es eine Reihe von weiteren Fleischgerichten, die mit Vorteil im MW-Herd zubereitet werden können.

Kalbsbraten im Römertopf
1 kg Kalbskarree, davon 180 g Knochen, 1 mittlere Karotte (80 g), 1 halbierte große Zwiebel (80 g), 50 g Selchspeck, Salz, Pfeffer. Die Knochen des Karrees läßt man am besten vom Fleischer herausnehmen und kleinhacken. Der Braten wird mit Küchengarn gebunden, damit er Form behält. Unter den erhältlichen Römertopf-Modellen bevorzugen wir die, deren Unterteil im Inneren mit einer keramischen Glasur versehen sind. Sie wirken appetitlicher und sind hygienischer, weil sie in die Geschirrspülmaschine gegeben werden können.

Der Boden des Römertopfs wird mit den kleingehackten Knochen belegt, darauf kommt der gerollte Braten mit der Hautseite nach oben. Sie bildet einen gewissen Schutz gegen das Austrocknen. Mit dem in Scheiben geschnittenen Speck belegt man sorgfältig die seitlichen Schnittflächen des Stücks. Die Zwiebel wird in ihre einzelnen Blätter zerlegt, die Karotte in Streifen geschnitten und damit ebenfalls die Fleischoberfläche überall gut abgedeckt. Nur die etwas fettere Haut kann teilweise frei bleiben, sie kann an diesen Stellen am Ende sogar etwas Farbe bekommen. Der mit dem Tondeckel verschlossene Topf kommt in den Herd, der zunächst für *6 Minuten* auf volle Leistung gestellt wird. Dann vermindert man die Leistung für die gleiche Zeit auf 150 W, damit die Wärme in das Fleischinnere eindringen kann, ohne daß die Oberfläche hart wird. Dieser Vorgang wird nochmals, diesmal für *jeweils 5 Minuten* wiederholt, worauf zum Schluß für *1 Minute* noch mit voller Leistung aufgeheizt wird. Die gesamte Bratzeit beträgt somit *23 Minuten* für die beschriebenen Bedingungen. Kalbfleisch darf bekanntlich nicht zu lange gegart werden, sonst entsteht beim Kauen im Mund das Gefühl, der Bissen quillt!

Schweinsbraten im Römertopf

In ähnlicher Weise läßt sich auch eine nicht zu fette *Schweineschulter* zubereiten. Statt der Knochen gibt man hier ein Bett von gewürfeltem Gemüse: *Kohlrabi, Sellerie, Karotte, wenig Zwiebel*, im ganzen nur wenig, sonst entsteht zu viel Flüssigkeit. Das Fleisch wird mit der Schwarte nach oben aufgelegt, zuvor wurde in die Schwarte ein engmaschiges Rautengitter geritzt. Das Fleisch wird zum Schluß mit 2 Lagen *Salatblättern* bedeckt. Diese schützen es zu Beginn und sind am Ende selbst so trocken, daß sie den Bratvorgang nicht behindern. Dickere Blätter, zum Beispiel von Kraut oder Kohl, sind nicht geeignet, denn sie geben zu viel Flüssigkeit. Das Braten vollzieht sich, wie geschildert, indem man Aufheizzeiten und Wärmeverteilungszeiten miteinander abwechseln läßt. Schweinebraten gerät nicht so leicht wie Kalbsbraten. Man muß daher manchmal den Topf aufmachen und nachschauen, ob alles nach Wunsch verläuft, und Bratzeit und Leistung dementsprechend regeln. Das Öffnen des Römertopfs, im Ofen verpönt, ist hier erlaubt, weil durch die Wirkung der Mikrowelle die nötige Hitze im Inneren des Topfs sehr schnell wieder erreicht ist.

Sellerie-Huhn

Ein nicht ganz alltägliches Gericht, von Gästen sehr begrüßt und in kurzer Zeit zubereitet, ist das Sellerie-Huhn in Bratfolie im MW-Herd gegart. Wir haben die Methode schon in der ersten Lektion vorgestellt (S. 61, *Estragonhuhn*). Auch hier wird die Innenseite eines *jungen Huhns (1200 g)* mit *Salz* und *Zitronensaft* gründlich gewürzt, bevor die Höhlung mit den in ca. 10 cm lange Stücke geteilten, zarten inneren Stengeln und den gelben Blättchen einer *Staudensellerie* dicht angefüllt wird. Die Haut des Huhns wird, außer mit Salz, auch noch mit einer sehr kleinen Menge eines der scharf schmeckenden Gewürze – *Chili oder das afrikanische Peri-peri* – präpariert, gerade nur eine Spur davon, es darf nicht selbständig vorschmecken. Das für Estragon empfohlene Dressieren mit Spagat entfällt hier, denn Selleriehuhn eignet sich nicht für nachträgliches Bräunen unter dem Grill, das zarte Aroma ginge verloren.

Das gewürzte und gefüllte junge Brathuhn wird in die Bratfolie gesteckt, die genügend lang geschnittenen Enden der Folie werden unter das Huhn geklappt. Dieses Paket wird überdies noch in den Römertopf gelegt, mit dem man es in den MW-Herd stellt. Diese Anordnung gewährleistet eine sehr gleichmäßige Wärmeverteilung, und auch die Feuchtigkeit bleibt innerhalb der Folie. Wenn man es richtig macht, bleibt der Römertopf innen ganz trocken. Das Huhn ist auf diese Weise saftiger, es muß während der Garzeit nicht gewendet werden, und die Garzeit verkürzt sich, weil nur sehr wenig Wärme nach außen verloren geht.

Man erhitzt *12 Minuten* bei voller Leistung.

Das Huhn ist fertig, wenn der in der Folie sich sammelnde Saft nicht mehr blutig ist. Man läßt den Saft aus der Folie direkt

228

in eine Sauciere fließen, das Huhn wird tranchiert und auf eine entsprechende Platte gelegt, die Selleriestengel ordnet man daneben als Garnierung. Die Haut bleibt bei diesem Verfahren blaßgelb, sie ist aber fest, trocken und aromatisch. Man kann sie beim Tranchieren entfernen, fast genausogut aber auch mitessen.

Verwendung der Mikrowelle zusammen mit konventionellen Methoden

Auch der begeistertste Fan des MW-Kochens wird ihm keine Monopolstellung in der Küche zuordnen wollen. Ein schön gebräuntes Steak bleibt der Pfanne vorbehalten, und ein Brot fast immer dem Backofen. Andererseits gibt es vieles, das keine Bräunung braucht, wie viel, ist eine Frage der persönlichen Neigung und Erfahrung und auch der künftigen Weiterentwicklung des Umgangs mit der Mikrowelle, der Ausarbeitung optimaler Rezepte und der Gewöhnung an sie in Konkurrenz zu den jahrhundertealten Erfahrungen mit der traditionellen Küche.

Es gibt aber auch noch etwas anderes, nämlich die Verwendung von mehr als einer Methode bei demselben Gericht. Daß die Ente vor dem Einschieben in den Backofen in der Pfanne angebräunt wird, ist ebenso normal, wie daß die französische Zwiebelsuppe nach dem Aufstreuen des Käses für kurze Zeit unter den Grill kommt.

So ist es auch mit Mikrowelle und Grill oder mit Mikrowelle und Ofen. Man kann sich denken – wenn auch individuelles Denken und verschiedener Geschmack immer eine gewisse Breite des Urteils erzwingen –, daß es für jede Speise eine optimale Herstellungsart gibt, rein konventionell, rein Mikrowelle oder eine Kombination von beiden. Dabei kann diese auf die verschiedenste Weise zustande kommen: mehr von dem einen, mehr von dem andern, das eine oder das andere länger oder stärker, das alles abhängig von der Menge des Gerichts und von der Größe des Gefäßes. Dazu kommt noch eine neue Möglichkeit, die jetzt mehr als früher angeboten wird, nämlich die gleichzeitige Anwendung von Mikrowelle und Ofen oder von Mikrowelle und Grill. Das sind aufregende Möglichkeiten, die der systematischen Erforschung harren. Wir selbst haben erst spät begonnen, und es scheint, daß die kleine Kochkunst dieser gleichzeitigen Anwendung noch nirgends weit entwickelt ist. Wir wollen hier unter den bisherigen Rezepten diejenigen betrachten, die für die Kombination der Methoden in Frage kommen, und zum Schluß wollen wir einige neue Rezepte dafür angeben.

Französische Zwiebelsuppe (S. 33)
Das im Rezept vorgeschlagene Grillen der mit Käse bestreuten Oberfläche kann sicher mit Vorteil noch während des Erhitzens mit Mikrowelle stattfinden.

Zwiebelringe (S. 37, 176)
Vielleicht kann das Zuschalten des Grills bewirken, daß auf der Oberfläche die Bräunung ebenso früh sichtbar wird wie im Innern. Damit wäre die hübsche Methode noch leichter durchzuführen.

Filet Chateaubriand (S. 53)
Das Zuschalten der Mikrowelle (schwach) zum Grill oder zum Ofen kann bewirken, daß die Wärme sich rascher nach innen ausbreitet, daß dabei aber gleichzeitig ein Austrocknen durch Austreten von Dampf nach außen verhindert wird, weil durch die vorherige Behandlung mit dem Grill (oder in der Pfanne) die Oberflächentemperatur nahe bei 100 Grad liegt.

Estragonhuhn (S. 61)
Hier bietet sich wohl die Verwendung einer Bratfolie an. Dann kann man das Huhn im Ofen bei gleichzeitiger Mikrowelle garen.

Das Auftauen von Brötchen und Brot
– ein alltägliches und deshalb wichtiges Problem, kann erleichtert werden, wenn man mit Backofen oder Grill zuerst dafür sorgt, daß die Temperatur der Oberfläche nahe an 100 Grad kommt. Wenn dann das Innere noch nicht aufgetaut ist (vor allem bei Brot), kann man mit der Mikrowelle kurz nachhelfen.

Braten im MW-Herd
Die Verwendung des Bräunungsgeschirrs ist ein wenig problematisch, wenn man auch nicht leugnen kann, daß sich damit in einer Anzahl von Fällen wohlschmeckende, zarte Speisen ergeben, weil ein zu starkes Bräunen von Anfang an ausgeschlossen ist. Man kann etwa das leere Bratgefäß gleichzeitig mit der Butter mit dem Grill erhitzen, dann das Fleisch mit der Butter bestreichen, es anschließend in das ganz heiße Gefäß legen und mit Grill und Mikrowelle fertigbraten. Natürlich ist das eine Sache des Probierens, aber auch des Geschmacks. Es gibt sicher Gerichte, wo die Pfanne die Methode der Wahl ist. Andererseits scheint es eine gewisse Tendenz weg von starkem Bräunen sowohl bei Fleisch wie bei Gemüse zu geben. Wir können hier keine Partei ergreifen. Wir können nur verschiedene Wege aufzeigen. Der Leser wird selbst entscheiden.

Schinkenfleckerln (S. 137)
werden sonst meist im Backofen gegart. Das MW-Rezept scheint uns aber zu zeigen, daß man ohne Ofen und nur mit Zufügen vorher gebräunter Brösel ein zarteres und damit wohlschmeckenderes Gericht erhält.

Nudelauflauf (S. 36)
Das soeben Gesagte gilt für fast alle Aufläufe oder »Gratins«. Hier wird man eine der Hauptanwendungen der kombinierten Methode sehen dürfen.

Eierkuchen (S. 138)
Wenn man bei diesem Rezept von Anfang an den Grill einschaltet, kann man eine angenehme Bräunung der Oberfläche erhalten. Der Vorteil der Mikrowelle, daß nämlich das Garen gleichmäßig im Innern erfolgt, wird dadurch angenehm ergänzt.

Aufläufe und Puddings (S. 142 ff.)
Die hier beschriebenen Rezepte sind meiner Meinung nach Beispiele dafür, daß ein »Auflauf« nicht notwendig gebacken sein muß und mit Vorteil eher wie ein Pudding behandelt werden kann. Für Puddings aber ist der MW-Herd ideal.

Schmarren (S. 136 f.)
Hier haben wir ein interessantes Beispiel für die Vielseitigkeit der uns zur Verfügung stehenden Kochmethoden. Man kann einen Schmarren in der Pfanne machen, mit Bräunungsgeschirr und Mikrowelle, und man kann den Grill zur Bräunung der Oberfläche dazuschalten. Wegen der geringen Dicke der Schmarren ist es ganz leicht, mit der Mikrowelle ein schnelles Durchgaren und einen angenehmen Geschmack zu erreichen.

Bei **Auberginen in Obers (Rahm)** (S. 152)
kann das Einschalten des Grills nützlich sein. Rahm auf Gemüsen mit leichter Bräunung ergibt einen guten Geschmack.

Auberginen-Gratin und einige der folgenden Rezepte (S. 154 ff.)
Bei ihnen liegt natürlich die Verwendung des Grills nahe, aber es empfiehlt sich doch, Gerichte dieser Art mit und ohne Grill auf ihren Geschmack zu untersuchen.

Spinat oder Mangold (S. 175)
überbacken. Wieder ein Beispiel für die mögliche gleichzeitige Verwendung von Mikrowelle und Grill.

Meringuen
Unsere bisherigen Versuche mit Mikrowelle haben noch keine
überzeugenden Resultate ergeben. Wir vermuten, daß es ein
Vorteil ist, mit dem Ofen (bei einer Temperatur um 110 Grad)
zu beginnen, und erst wenn die Meringuen außen fest sind, mit
Mikrowelle schwach das Trocknen im Innern zu beschleunigen.
Man muß dabei aber vorsichtig sein. Die Meringuen werden im
Inneren schwarz, ohne daß man das von außen sieht.

Ofenschlupfer (S. 188)
Hier ergibt sich wohl ein gewisser Geschmacksvorteil, wenn die
Oberfläche mit dem Grill leicht gebräunt wird.

Für **Brown Betty** (S. 188)
gilt vielleicht das gleiche.

Süße Schmarren (S. 190 ff.)
Über Schmarren ist schon auf S. 232 etwas gesagt worden.

Süße Strudel (S. 196 ff.)
Hier wird es (außer beim *Milchrahmstrudel*) sicher einen Dissens
geben. Die von T. angegebenen Rezepte nur mit Mikrowelle
sind, zum Teil dank der geschickten Anwendung von gerösteten
Bröseln, sehr wohlschmeckend, aber es gibt sicher viele Anhänger des leicht gebräunten Teigs. Man wird also die Verwendung
von Ofen und Mikrowelle gleichzeitig in Erwägung ziehen
müssen. Zart knusprig wird der Teig allerdings auch mit der
Mikrowelle.

Kuchen und Torten (S. 201 ff.)
Natürlich gilt hier ähnliches wie bei den Strudeln. Ich finde es
sehr bemerkenswert, daß man mit der Mikrowelle in einigen
Fällen so gute Resultate erhalten hat. Das zwingt dazu, darüber
nachzudenken, nach welchen Kriterien man die optimale
Methode für die verschiedenen Kuchenarten suchen müßte,
wobei man sich in erster Linie vom Geschmack leiten lassen

sollte. Das Kriterium wäre dann, ob man sich nach dem besonderen Geschmack des braunen Teiges, der ja auch durch die Konsistenz bedingt ist, und der Oberflächenzutaten (Butter, Käse, Koriander o. ä.) sehnt oder ob das mit der Mikrowelle vielleicht zartere Innere als das Beste erscheint. Man kann gespannt sein, wie hier die Entwicklung gehen wird.

Zwei Lasagne-Aufläufe (S. 214)

Einer der vielen Fälle, wo man das Gericht sowohl als eine Art Pudding wie als einen Auflauf betrachten kann. Im letzteren Fall wird man etwa die letzten 6 Minuten den Grill zuschalten.

Bachforellen in Butter (S. 218)

Hier kann man, sobald die Butter heiß ist – oder noch besser von Anfang an –, den Grill zuschalten und die Forellen, wenn man sie zugegeben hat, gleich einmal wenden.

Fisch (S. 216 ff.)

Auch hier kann man einen Auflauf machen, indem man den Fisch in eine größere Form legt, nach dem Zugeben der Eiermilch etwa 5 Minuten erhitzt und dann die schon etwas fest gewordene Oberfläche mit Semmelbröseln und vielleicht daruntergeriebenem Käse bestreut. Außerdem gibt man etwa 20 g Butter in kleinen Flöckchen darüber, dafür vermindert man die frühere Butterzugabe von 100 auf 70 g.

Rindfleischragout (S. 224)

Man kann das Rindfleisch nach dem Zugeben mit dem Grill braun werden lassen, wenden, noch einmal bräunen. Das alles, ehe die weiteren Zutaten dazukommen.

Siebte Lektion

Schlußteil: Systematische Zusammenstellung der Methoden, Hilfsmittel und Rezepte

Wir danken dem Leser, daß er uns auf unserer etwas erratischen Wanderung in das Reich des MW-Kochens begleitet hat. Wir hoffen, daß er dabei auch genügend eigene Versuche gemacht hat, um eine gewisse Vertrautheit zu gewinnen. MW-Kochen ist eine neue und noch nicht vollständig verstandene Kunst, ganz anders als die vielhundertjährige Erfahrung, auf der die traditionelle Kochkunst ruht. Wir haben absichtlich unsere Darlegung nicht mit einer vollständigen »Theorie« begonnen. Lernen heißt ja nicht, daß man etwas liest und versteht und es dann »wie ein Alter« anwendet. Zum Lernen gehört Üben und Gewöhnung, und man darf nicht zuviel auf einmal wollen.

Wir gestehen, daß wir auch selbst im Verlauf des Kurses gelernt haben. Manches haben wir mit der Zeit besser verstanden, manches Technische, aber auch manches, was gutes Kochen betrifft. Wir hatten ja nicht viele Vorbilder; die Kochbuchliteratur der Welt steht noch an einem eher bescheidenen Anfang. Das wird sich jetzt rasch ändern. In einigen neueren Büchern, vor allem in den USA, haben wir manches von dem gefunden, was wir selbst gelernt hatten. Jetzt warten wir darauf, daß ein großer Koch sich der neuen Methode annimmt.

In den nächsten Abschnitten wollen wir kurz, aber mit einer systematischen Ordnung und mit Hinweis auf ausführlichere Darstellungen im früheren Text, alles zeigen, was dem Leser hilft, die neue Technik mit der konventionellen Kochkunst zu verbinden. Nicht alles, was wir sagen werden, ist endgültig. Wir alle warten auf neue Ideen und neue Erfahrungen. Wir erwarten auch Fortschritte bei den Herstellern von MW-Herden und deren Zubehör. Wir sind allerdings der Meinung, daß die Herde, die man heute kaufen kann, durchaus befriedigend sind in dem Sinn, daß man damit alles gut machen kann, was mit der Mikrowelle möglich ist.

Grundlagen des Mikrowellenkochens

Wir möchten hier zusammenfassend noch einmal die physikalischen Grundlagen darstellen, die man ein wenig kennen muß, wenn man das MW-Kochen verstehen will. Es handelt sich um eine Wiederholung von früher Gesagtem, die aber vielleicht zum zusammenhängenden Nachlesen und zu einem übergreifenden Verständnis nützlich ist.

Mikrowellen erzeugen schnell wechselnde elektrische Felder (2,5 milliardenmal in der Sekunde). Sie wirken vor allem auf Wasser. Jedes Wassermolekül besteht aus einem Sauerstoffatom und zwei Wasserstoffatomen. In flüssigem Wasser oder in Eis sind diese Wassermoleküle so angeordnet, daß jedes Sauerstoffatom von vier anderen Sauerstoffatomen als nächsten Nachbarn umgeben ist. Die Wasserstoffatome sitzen zwischen jedem Paar von Sauerstoffatomen, aber nicht in der Mitte, sondern immer näher bei einem der Sauerstoffatome und zwar so, daß jedes Sauerstoffatom zwei Wasserstoffatome in seiner Nähe hat. Die Mikrowellen üben auf die Wasserstoffatome Kräfte aus, durch die sie manchmal von der Stellung nahe einem Sauerstoffatom in die Stellung fern von diesem Sauerstoffatom geraten. Aber darauf müssen weitere Umstellungen von Wasserstoffatomen folgen, so daß schließlich wieder jedes Sauerstoffatom zwei ihm nahestehende Wasserstoffatome hat. Am Ende hat sich also chemisch nichts verändert. Aber das Bewegen von Atomen verlangt Energie, dadurch werden die Mikrowellen geschwächt. Sie verlieren Energie, und durch die Bewegung der Wasserstoffatome erhöht sich die Temperatur des Wassers und der Materie, von der das Wasser ein Teil ist, also fast aller Lebensmittel. Diese Erwärmung kann bis zum Kochen des Wassers bei 100 Grad führen, dann verdampft das Wasser, und das Lebensmittel, zum Beispiel Kartoffeln, kann eine unangenehme lederartige Beschaffenheit erhalten, was man natürlich zu vermeiden sucht.

Viele Lebensmittel, zum Beispiel Zwiebeln, magerer Speck oder Brot, enthalten etwas Wasser, das fester gebunden ist als normal und also nicht so leicht verdampft. In diesem Fall hört die Erhitzung nicht bei 100 Grad auf, sondern man kann Bräunung erhalten. Schokolade wird sogar ins Brennen geraten mit einem unangenehm riechenden Rauch. Bräunen und Verbrennen fangen innerhalb der Substanz an, nicht auf der Oberfläche, und werden deshalb nicht leicht bemerkt. Meringuen können innen schwarz sein, ohne daß man davon außen etwas sieht.

Dies kommt daher, daß Mikrowellen Wärme innerhalb der Substanz erzeugen. Beim normalen Kochen kommt alle Hitze von außen, vom Metall des Kochtopfs, von heißem oder kochendem Wasser, das das Kochgut umgibt, von heißer Luft oder durch Strahlung von heißen Teilen im Ofen oder Grill. Es ist also immer zuerst die Oberfläche, die heiß wird. Sie kann dabei auch gebräunt werden, aber nahe der Oberfläche wird es dann immer einen Bereich geben, wo die Temperatur genau 100 Grad ist, weil dort Wasser verdampft, und alle Erwärmung innen muß durch Wärmeübergang in der so definierten 100-Grad-Grenzfläche stattfinden. Die Temperatur innerhalb dieser Fläche kann also nie größer sein als 100 Grad.

Bei Mikrowellen ist der Prozeß fundamental anders. Die Wärme kommt nicht von der Oberfläche, es sei denn, man verwendet ein spezielles Bräunungsgeschirr, das Mikrowellen absorbiert und das man vorheizen kann, ehe man das Kochgut hineingibt. Die Mikrowellen werden, wie wir schon sagten, beim Eindringen in wasserhaltiges Material geschwächt, die Wärmeproduktion ist deshalb auf eine Zone von etwa 2 cm von der Oberfläche nach innen beschränkt. Die Oberfläche selbst wird nicht der Ort sein, wo die Temperatur am höchsten ist, denn sie wird etwas gekühlt durch die Wand des Kochgefäßes oder durch die umgebende Luft. Das Maximum der Temperatur liegt deshalb etwa 5 mm innerhalb des Kochguts, und dort beginnt dann auch das Verdampfen von Wasser, das Austrocknen oder die innere Bräunung, die man meist nicht haben will.

Wärmeübergangsprozesse

Die bekannteste, sozusagen normale Art von Wärmeübergang ist der Transfer der thermischen Bewegung von Molekülen zu anderen Molekülen in kälteren Teilen durch *Wärmeleitung*, die so lange andauert, bis die Temperatur im ganzen Volumen die gleiche ist. Ein Beispiel ist Fisch in fast kochendem Wasser. »4 Minuten pro cm Dicke« zeigt die Zeitdauer an, bis die Temperatur von beiden Seiten nach der Mitte hin sich ausgebreitet hat und die gewünschte Garung erreicht ist.

In Flüssigkeiten besteht der Hauptprozeß in der *Konvektion*, also im Transport heißer Teile der Flüssigkeit an kältere Stellen. Ein Beispiel ist Porridge in einer runden Schale. Wenn genügend Wasser vorhanden ist, kann man eine Strömung der äußeren, durch die Mikrowellen erhitzten Teile beobachten, die nach oben und innen gehen, während die inneren Teile sich nach unten und außen bewegen. Konvektion ist beim normalen Kochen stärker als bei Mikrowellen, weil bei diesen die Hitze nicht nur an der Oberfläche, sondern in einem Volumen nahe der Oberfläche erzeugt wird. Deshalb sind mit Mikrowellen die Temperaturgradienten (die Temperaturänderung pro cm) kleiner. Wir glauben, daß dieses ein Vorteil ist, zum Beispiel wenn man Rindfleisch kocht, weil durch die geringe Strömung das Fleisch weniger ausgelaugt wird.

Wenn das Kochgut ein Brei ist oder aus einzelnen festen Stücken besteht, muß man oft *rühren*, um künstlich eine Konvektion zu erzeugen. Wir hoffen, daß die Produzenten bald mechanische Rührer liefern werden, die sehr nützlich wären, zum Beispiel wenn man etwa Suppen mit Crème, Eiweiß oder Rahm bindet. Eine der wirksamsten Arten von Wärmeübergang ist die durch *Dampf*. Sobald irgendein Teil des Inhalts eines Topfes zu kochen anfängt, wird sich der Dampf ausbreiten, und soweit er nicht nach außen entweicht, wird er sich irgendwo auf einer Oberfläche niederschlagen, die noch kälter ist als 100 Grad. Die Kondensation von Dampf erzeugt stärkere Hitze, wie jeder weiß, der mit seinen Händen in heißen Dampf geraten ist. Es wird also einen starken Wärmeübergang geben, bis alle Oberflächen eine Temperatur von nahezu 100 Grad erreicht haben. Von da an wird die Hitze durch normale Wärmeleistung in das Innere transportiert.

Wir haben diesen Kondensationseffekt benützt (es gibt jetzt auch Angaben darüber in der amerikanischen Literatur), indem wir das Kochgefäß mit *Plastikfolie* bedeckt haben, die nicht ganz dicht aufliegt oder in die wir mit einer Nadel einige kleine Löcher gestochen haben, damit Luft und Dampf entweichen können. Wenn die MW-Leistung hoch oder mittelhoch ist, dann erreicht man damit nicht nur den Wärmeübergang zu allen Oberflächen, sondern auch, daß das Austrocknen vermieden wird in Lebensmitteln, die nicht viel Wasser enthalten – etwa Kartoffeln, Karotten und vor allem Fisch. Der Prozeß dabei ist der folgende: Die Verdampfung beginnt, wie wir sehen, einige Millimeter innerhalb des Kochguts. Ein Teil des verdampften Wassers wird weiter innen kondensiert, was keinen Nachteil bedeutet, aber der Hauptstrom des Dampfes wird nach außen verlorengehen. Wenn andererseits in der umgebenden Atmosphäre fast nur Dampf bei 100 Grad sich befindet, dann wird für beinahe jedes Wassermolekül, das nach außen verdampft, ein anderes aus dem Dampf kondensiert werden, und es wird das Austrocknen verhindert oder verlangsamt. Wir meinen, daß dies eine wichtige Methode ist, die immer dann funktioniert, wenn die MW-Leistung weder zu groß noch zu klein ist.

Es gibt noch eine andere Art von Wärmetransport, einmal durch *kochende Milch oder Sahne* oder aber durch *Zuckersirup*. Auch wenn nur eine dünne Schicht davon im Kochgefäß ist, wird sie beim Überkochen eine viel größere Menge, etwa bei Kartoffeln oder Gemüsen, übersteigen, ihnen Wärme übertragen und sie zugleich feucht halten. Das ist der Fall auch zum Beispiel bei Apfelkompott, dem etwas Wein, Zitronensaft und 1 EL Zucker pro Apfel zugefügt worden ist. Beim Kochen bildet sich ein Sirup mit dem Wein und dem ausgetretenen Apfelsaft, der dafür sorgt, daß nach dem Überkochen alle Äpfel in etwa 4 Minuten weich sind. Man kann dafür entweder ein hohes Glasgefäß verwenden, etwa ein Becherglas, wie es die Chemiker benutzen, oder einen Topf, der mit Plastikfolie bedeckt ist. Kleine Mengen von Sahne, die man für diesen Zweck verwendet, können zum Schluß fast vollständig verdampfen oder in den Lebensmitteln, etwa Kartoffeln, aufgesaugt werden, so daß man nichts mehr von ihnen bemerkt außer einer Geschmacksverbesserung. Dies wirkt sich besonders günstig aus bei Zwiebeln für Zwiebelsuppe oder für Béchamelsauce oder für Kraut und andere Gemüse. Die Gemüse werden ganz zart und erhalten einen sanften Geschmack.

Wenn wir in einer offenen Pfanne auf dem Herd Lebensmittel erhitzen, müssen wir vorsichtig sein, um sie nicht anzubrennen. Bei Mikrowellen gilt das nicht, aber wir müssen darauf gefaßt sein, daß die Erhitzung nicht überall gleichmäßig ist. Die Konstrukteure von MW-Herden bemühen sich, eine homogene Verteilung der MW-Energie im ganzen Volumen und in allen Richtungen zu erreichen, aber das Kochgut selbst ist ja ein Hindernis, weil es Strahlung absorbiert und dadurch eine ungleichmäßige Verteilung der Strahlen bewirkt. Eine flache Schicht wird nahe den Rändern stärker erhitzt als in der Mitte, weil die Ränder von den Mikrowellen aus allen Richtungen erreicht werden können, aber dabei die inneren Teile zum Teil abschirmen. Die verschiedenen Arten von Wärmeübertragung, von denen wir oben gesprochen haben, können da helfen, aber oft muß man rühren oder einzelne Stücke umsetzen, so daß die Randpartien nach innen kommen. Man kann eine *Ring- oder Gugelhupf-Form* aus Porzellan oder Plastik verwenden, oder man kann die Speise in *kleine Töpfchen* verteilen. Man kann auch etwa Gemüse in einer *Plastiktüte* mit wenig Wasser kochen, anschließend dreht man diese um, damit sich die Wärme und die Flüssigkeit umverteilen.

240

Eier im Glas haben wir bei niedriger MW-Hitze gleichmäßig erwärmt, indem wir das Glas in eine mit Wasser gefüllte Schale gestellt haben. Während das Wasser kocht, wird das Ei innen gleichmäßig gar. Man kann flache Gefäße mit einem Ring von Aluminiumfolie umgeben, um die starke Erhitzung von außen zu mildern. Man muß dabei aber Spitzen vermeiden und einen Abstand zur Wand einhalten, sonst gibt es Funken oder kleine Brände.

Leistung und Kochdauer

Die Wahl der Leistung und die Kochdauer bilden Probleme, die beim MW-Kochen zwar nicht schwieriger, aber anders sind als beim normalen Kochen. In den meisten Fällen kann man annehmen, daß die ganze MW-Energie in dem Kochgut absorbiert wird und sowohl dieses wie indirekt durch Wärmeleitung auch den größten Teil des Kochgefäßes erhitzt. Bei 600 Watt MW-Leistung werden 100 g in der Sekunde 1 Grad wärmer (1 kg wird entsprechend in 10 Sekunden um 1 Grad wärmer); wenn die Temperatur von 100 Grad erreicht ist, verdampfen bei 600 Watt 12 g Wasser in der Minute. Damit ist leicht auszurechnen, wie lang die Zeit bis zum Kochen ist. Wie lange man dann nachher im allgemeinen bei kleiner Leistung weiterkocht, hängt von der Art der Speise ab, die wir in unseren Rezepten behandeln. Ein guter Anhaltspunkt ist, halb so viel Kochzeit zu planen, wie sie in traditionellen Kochbüchern angegeben wird. Dabei heißt eine goldene Regel: Im Zweifelsfall weniger lange kochen und probieren. Die MW-Leistung nach dem Ankochen soll hoch genug sein, um das Weiterkochen zu garantieren. Man darf dabei aber nicht vergessen: 600 Watt etwa bedeutet eine große Leistung für eine Menge von 100 g, aber eine kleine Leistung für eine Menge von 1 kg.

Praxis des Mikrowellenkochens

Wir geben eine Anzahl von Anweisungen wieder, die im Hauptteil des Buches eine Rolle gespielt haben und nach denen man bei jeder Anwendung des MW-Kochens handeln kann oder muß. Wir beginnen mit dem Fall, daß etwas gekocht, also bis zur Dampfentwicklung gebracht werden soll.

Flüssigkeiten

Aufkochen bei voller Leistung in einem genügend hohen Gefäß. Das Aufkochen ist im allgemeinen leicht zu beobachten. Man kann die Zeit ungefähr richtig einstellen nach dem Gewicht des Kochguts einschließlich dem des Gefäßes: 80 Sekunden pro 100 Gramm, wenn die Ausgangstemperatur 20 Grad ist.

Mit Flüssigkeit bedecktes Kochgut

etwa Pot-au-feu: Hier gilt dasselbe, aber nach dem ersten Aufkochen ist das Innere der festen Bestandteile noch von 100 Grad entfernt. Man muß also noch eine Zeitlang, vielleicht 15 Prozent der bisherigen Kochzeit, mit mittlerer Leistung weitererhitzen, bevor man dazu übergehen kann, bei ganz schwacher Leistung das Kochen gerade aufrechtzuerhalten, bis die Speise gar ist.

Hier kann es gut sein, das Gefäß mit einer Kunststoff-Folie zu bedecken, die 100 Grad aushält. Die Folie darf nicht ganz dicht aufliegen; am besten sticht man einige kleine Löcher hinein.

Durch die Wölbung der Folie kann man den Beginn des Kochens leicht sehen, und man kann von da an bei geringerer Leistung das Kochen aufrechterhalten. Für Kochen mit ganz geringer Leistung (oder für das Kochen großer Mengen) ist es noch günstiger, einen gut isolierenden Topf (eine Marmite) mit entsprechendem, gut schließendem Deckel zu verwenden. Wenn alles erst einmal heiß ist, braucht man fast keine Leistung mehr, um den Kochprozeß aufrechtzuerhalten.

Kochen mit wenig Flüssigkeit, das Kochgut ragt heraus
Auch hier gibt es die Möglichkeit, das Gefäß mit Folie nicht
ganz dicht zu bedecken. (Man kann einige Löcher mit einer
Nadel machen.) Man kocht, bis die Folie sich wölbt, und dann
noch etwa 15 Prozent der Zeit länger und stellt anschließend auf
schwache Leistung. Es kann günstig sein, nach dem ersten Aufkochen noch einmal umzurühren oder das Kochgut umzusetzen.

Kochen mit wenig Milch, Sahne oder Sirup
Mit Flüssigkeiten, die beim Kochen stark aufschäumen, erreicht
man eine gute Befeuchtung und Erwärmung aller Teile. Man
muß eventuell die Leistung verkleinern, um ein Überschäumen
zu vermeiden. Man kann mit Folie oder, vielleicht besser, mit
Küchenkrepp bedecken, oder einfach mit einem Deckel.

Bedecken mit Gemüsen oder Blättern
Kochgut, vor allem Fleisch, das beim Erhitzen austrocknet,
kann man in Blätter, etwa Salat und Sauerampfer, Mangold
oder Kraut, einwickeln oder mit Gemüsen, etwa Tomaten,
bedecken, die beim Erhitzen Feuchtigkeit liefern.

Eindampfen
Wir vermeiden das Eindampfen, wo wir können, indem wir im
Bedarfsfall von Anfang an mit wenig Flüssigkeit auszukommen
suchen oder indem wir flüssigkeitsreiches Kochgut, etwa Toma-
ten, möglichst wenig erhitzen. Das Eindampfen soll in einem
Gefäß mit großer Oberfläche erfolgen.

Kochgut ohne Wasser
Eier neigen dazu, zu platzen, ja zu explodieren, auch einige Zeit
nach dem Kochen. Man darf nur sehr kleine Leistung verwenden, oder man muß das Eiweiß vorher etwa mit Sahne schlagen.

Festes Kochgut
wird zuerst im Innern heiß und kann dort verbrennen oder mindestens austrocknen. Man muß dies durch kleine Leistung und

durch Beobachtung der Kochdauer vermeiden. Beispiele sind Schokolade, Brot, Kuchen.

»Blanchieren« ohne Wasser

Blattgemüse wie Spinat, Sauerampfer oder Kraut kann man nach dem Waschen in ein reines Leinentuch oder in weißes Küchenkrepp einwickeln und ganz kurz bei voller Leistung erhitzen, bis die Gemüse zusammenfallen. Sie behalten dabei ihre Farbe fast so, wie wenn sie in kaltem Wasser abgeschreckt worden wären.

Bräunen mit Mikrowelle

Zwiebeln, Speck, Brot, auch Butter und sicher noch andere Lebensmittel können auf über 100 Grad kommen, nachdem das freie Wasser verdampft ist. Dies kann man ausnützen. So kann man vor allem in Butter wie auf dem Herd anschwitzen und auch bräunen. Das gilt etwa für Reis und Grieß. Natürlich wird man meistens eher bis zu einer blonden Farbe anschwitzen und starke Bräunung vermeiden. Speck muß man abdecken, weil er spritzt. Er schmeckt am besten, wenn nicht viel mehr als die Hälfte des Fetts ausgelassen ist.

Karamelisieren

Zucker mit etwas Wasser oder Butter erhitzt sich so stark, daß er schmilzt, karamelisiert und schließlich sogar »verbrennt« (schwarz wird), wenn man zu lange erhitzt. Zucker zusammen mit Butter kann heißer werden als 100 Grad.

Wärmen von Speisen

Viele Speisen kann man vorkochen und bei Bedarf portionsweise auf dem Teller wärmen. Dabei sollte man nach dem Kochen für rasche Abkühlung sorgen: Langes Warmhalten ist nie gut. Und man sollte beim Erwärmen jedes Kochen vermeiden. Ein gutes Kriterium ist, daß der Teller unten warm, aber nicht sehr heiß sein darf. »Warm« heißt, daß sich niemand mehr beklagt, sein Essen sei kalt.

244

Auftauen

Wir sind eher sparsam mit der Verwendung tiefgekühlter Gerichte, jedenfalls von der gekauften Sorte. Aber halbfertige selbstgemachte Gerichte, auch zum Beispiel blanchierte Gemüse, kann man oft mit Vorteil einfrieren und dabei viel Zeit sparen. Auftauen soll man immer mit kleiner Leistung, und bei großen Stücken wird man dann trotzdem noch Pausen machen. Bei kleinen oder dünnen Stücken oder bei Speisen, die gerührt werden, ist es oft möglich, sie ohne Auftauen in den Herd zu geben.

Anhang

Stichwörter und diverse Tips, alphabetisch geordnet

Wie findet man schnell, was man kochen möchte? Ein Wegweiser durch die Lektionen

250

Salat:

Knödel (salzig und süß):

Rezepte, alphabetisch geordnet